DR. OETKER
OFENGERICHTE VON A-Z

DR. OETKER
OFENGERICHTE
VON A–Z

Dr. Oetker Verlag

Vorwort

Abkürzungen

EL	=	Esslöffel
TL	=	Teelöffel
Msp.	=	Messerspitze
Pck.	=	Packung/Päckchen
g	=	Gramm
kg	=	Kilogramm
ml	=	Milliliter
l	=	Liter
evtl.	=	eventuell
Fl.	=	Fläschchen
geh.	=	gehäuft
gestr.	=	gestrichen
TK	=	Tiefkühlprodukt
°C	=	Grad Celsius

Kalorien-/Nährwertangaben

E	=	Eiweiß
F	=	Fett
Kh	=	Kohlenhydrate
kJ	=	Kilojoule
kcal	=	Kilokalorie

Hinweise zu den Rezepten

Lesen Sie vor der Zubereitung – besser noch vor dem Einkauf – das Rezept einmal vollständig durch. Oft werden Arbeitsabläufe und Zusammenhänge dann klarer. Die Anzahl der Portionen ist in jedem Rezept angegeben.

Zutatenliste

Die Zutaten sind in der Reihenfolge ihrer Bearbeitung angegeben.

Arbeitsschritte

Die Arbeitsschritte sind einzeln hervorgehoben, in der Reihenfolge, in der sie von uns ausprobiert wurden.

Gartemperaturen und Garzeiten

Die in den Rezepten angegebenen Gartemperaturen und -zeiten sind Richtwerte, die je nach individueller Hitzeleistung des Backofens über- oder unterschritten werden können. Die Temperaturangaben beziehen sich auf Elektrobacköfen. Die Temperatur-Einstellmöglichkeiten für Gasbacköfen variieren je nach Hersteller, sodass wir keine allgemeingültigen Angaben machen können.
Bitte beachten Sie deshalb bei der Einstellung des Backofens die Gebrauchsanweisung des Herstellers. Ein Backofenthermometer hilft, die Backofentemperatur im Blick zu haben.

Zubereitungs- und Garzeiten

Die Zubereitungszeit ist ein Anhaltswert für die Zeit der Vorbereitung und die eigentliche Zubereitung. Die Garzeiten sind die Zeiten, in denen das Gericht im Backofen gart. Sie sind gesondert ausgewiesen. Bei den Rezepten setzt sich die Garzeit manchmal aus mehreren Teil-Garzeiten zusammen. Längere Wartezeiten, wie Kühl- und Auftauzeiten, sind nicht miteinbezogen.

Vorwort

Ofengerichte von A–Z: Das ist kulinarische Rezeptvielfalt aus dem Backofen.

Unkomplizierte Familiengerichte, herzhafte Gästeküche, überbackene Snacks und süße Mahlzeiten gelingen perfekt. Fleisch oder Fisch vorbereiten, Gemüse oder Obst klein schneiden, schnell eine Sauce anrühren oder eine Käsemischung zubereiten, alles zusammengeben und dann ab in den Backofen.

So bleibt ganz nebenbei Zeit für Gespräche mit Freunden und das Zusammensein mit der Familie. Auch um ein gastliches Ambiente können Sie sich in dieser Ofenzeit kümmern: Denn das Herz einer Familie schlägt am Esstisch, das Herz einer Küche im Backofen.

Lassen Sie sich zum Nachkochen anregen. Probieren Sie vegetarische Ofengerichte wie den Brotauflauf mit Datteln, die Eier im Béchamel-Safran-Spinatbett oder das geschmorte Ofengemüse mit Walnusspesto.
Fleisch- und Fischliebhaber freuen sich auf Orangenhähnchen vom Blech, Ofengulasch oder Kürbis-Fisch-Gratin.
Wer es lieber süß mag, der kommt mit Schoko-Kirsch-Crumble und Nussauflauf mit Früchten auf seine Kosten.

Alle Rezepte wurden wie immer ausprobiert und sind so beschrieben, dass sie Ihnen garantiert gelingen.

Guten Appetit!

Ananas-Kasseler im Brotteig
Beliebt
8–10 Portionen (etwa 12–16 Scheiben)

Pro Portion:
E: 44 g, F: 22 g, Kh: 45 g, kJ: 2332, kcal: 556

Für den Teig:
- 1 Pck. Brotbackmischung für Krustenbrot (mit Natursauerteig und Hefe, 500 g)
- 75 g Röstzwiebeln (Fertigprodukt)

Für die Füllung:
- 1,8–2 kg Kasseler (ohne Knochen)
- frisch gemahlener Pfeffer
- 100 g Ananasscheiben (aus der Dose) oder etwa 200 g frische Ananasscheiben

Zubereitungszeit: 45 Minuten, ohne Teiggehzeit
Backzeit: etwa 100 Minuten

1. Für den Teig die Brotbackmischung in eine Schüssel geben. Dann aus der Brotbackmischung nach Packungsanleitung mit der auf der Packung angegebenen Flüssigkeitsmenge einen Brotteig herstellen.

2. Den Teig zu einer Kugel formen, mit etwas Mehl bestäuben und zugedeckt an einem warmen Ort gehen lassen, bis er sich sichtbar vergrößert hat (etwa 30 Minuten). Dann den Teig nochmals durchkneten und dabei die Röstzwiebeln unterkneten. Den Teig nochmals etwa 45 Minuten gehen lassen.

3. Inzwischen Kasseler mit Küchenpapier trocken tupfen. Eine große Pfanne ohne Fett erwärmen. Kasseler darin rundherum kräftig anbraten. Kasseler aus der Pfanne nehmen, kurz abkühlen lassen und mit Pfeffer würzen.

4. Den Backofen vorheizen.
Ober-/Unterhitze: etwa 200 °C
Heißluft: etwa 180 °C

5. In den Kasselerbraten in etwa 2–3 cm Abständen mit einem scharfen Messer tiefe, längliche Taschen einschneiden, dabei den Braten nicht ganz durchschneiden. Ananasscheiben halbieren, dann nochmals waagerecht in je 2 dünne Halbkreise schneiden. Die dünnen Ananasscheiben zwischen Küchenpapier legen und trocken drücken. Jeweils 1 halbierte Ananasscheibe tief in einen Einschnitt stecken.

6. Eine Fettpfanne mit Backpapier auslegen und mit etwas Mehl bestäuben. Den Teig auf dem Backpapier oder einer leicht bemehlten Arbeitsfläche zu einer Platte (etwa 30 x 40 cm) ausrollen. Kasseler so darauflegen, dass das gefüllte Kasseler darin eingeschlagen werden kann.

7. Den Teig um das Fleisch wickeln, sodass das Fleisch vollständig verhüllt ist. Die Nahtstellen fest zusammendrücken, gegebenenfalls den Braten in die Fettpfanne legen.

8. Die Fettpfanne auf mittlerer Einschubleiste in den vorgeheizten Backofen schieben. Das Ananas-Kasseler **etwa 100 Minuten backen.** Evtl. zum Ende der Bratzeit austretenden Bratensaft vorsichtig vom Blech tupfen, wenn der Brotteig beim Backen aufreißen sollte.

Tipps: Die Ananasscheiben nach Belieben in grob geschrotetem Chili wenden. Ananas-Kasseler heiß oder kalt servieren. Am besten mit einem elektrischen Messer schneiden. Lecker dazu schmeckt ein Dip aus Schmand, Joghurt und fein geschnittenem Basilikum.

Ananas-Knusper-Mahlzeit I
Schnell – für Kinder
4 Portionen

Pro Portion:
E: 7 g, F: 21 g, Kh: 63 g, kJ: 1992, kcal: 476

8 Scheiben	Ananas (aus der Dose)
2 EL	Orangenmarmelade
50 g	Butter
100 g	Haferflocken
50 g	Zucker
50 g	gehacktc Mandeln
1	Bio-Orange (unbehandelt, ungewachst)

Zubereitungszeit: 20 Minuten
Backzeit: etwa 10 Minuten

1. Den Backofen vorheizen.
Ober-/Unterhitze: etwa 200 °C
Heißluft: etwa 180 °C

2. Die Ananascheiben etwas abtropfen lassen, evtl. halbieren. Die Hälfte der Ananasscheiben in eine runde Auflaufform (gefettet) legen. Die Scheiben mit Orangenmarmelade bestreichen, die übrigen Ananasscheiben darauflegen.

3. Die Butter in einer Pfanne zerlassen. Haferflocken, Zucker und Mandeln dazugeben, mit der Butter vermengen.

4. Die Masse auf den Ananasscheiben verteilen. Die Form auf dem Rost in den vorgeheizten Backofen schieben. Ananas **etwa 10 Minuten überbacken.**

5. Zum Servieren die Orange heiß abwaschen, abtrocknen und mit einem Zestenreißer einige Zesten (feine Streifen) abschälen. Orange so schälen, dass die weiße Haut mitentfernt wird. Danach die Orange filetieren.

6. Überbackene Ananas warm mit Orangenfilets und -zesten garniert servieren.

Äpfel mit Karamell I

Preiswert – süße Mahlzeit
4 Stück

Pro Stück:
E: 1 g, F: 19 g, Kh: 41 g, kJ: 1418, kcal: 339

Für den Karamell:
- 6 EL Zucker
- 2 EL Wasser
- 100 ml heißes Wasser

Für die Äpfel:
- 4 Äpfel, z. B. Boskop
- 150 ml Wasser
- 2 TL Zucker
- 30 g Butter

Für die Füllung:
- 150 g Schlagsahne
- 1 Pck. Dr. Oetker Vanillin-Zucker

Zubereitungszeit: 20 Minuten
Backzeit: etwa 35 Minuten

1. Den Backofen vorheizen.
Ober-/Unterhitze: etwa 200 °C
Heißluft: etwa 180 °C

2. Für den Karamell Zucker und Wasser in einem Topf so lange ohne umzurühren erhitzen, bis der Zucker honiggelb ist. Das heiße Wasser vorsichtig zugießen. Alles bei geringer Hitze etwa 5 Minuten leicht dicklich einkochen.

3. Die Äpfel abspülen, abtrocknen und das Kerngehäuse mit einem Apfelausstecher ausstechen. Wasser in eine Auflaufform gießen und die Äpfel hineinsetzen.

4. Zucker und Butter in 4 Portionen teilen und in die Äpfel geben. Die Form auf dem Rost in den vorgeheizten Backofen schieben. Die Äpfel **etwa 35 Minuten backen,** evtl. mit Alufolie zudecken. Die Äpfel etwas abkühlen lassen.

5. Für die Füllung die Sahne zusammen mit Vanillin-Zucker steif schlagen. Die Äpfel mit der Sahne füllen. Die Karamellsauce darübergießen und die Äpfel sofort servieren.

Apfel-Lasagne | Süße Mahlzeit
4–6 Portionen

Pro Portion:
E: 23 g, F: 25 g, Kh: 80 g, kJ: 2729, kcal: 653

2	Eier (Größe M)
500 g	Speisequark (20 % Fett)
150 g	Crème fraîche
125 ml (⅛ l)	Milch
70 g	Zucker
3	Äpfel (400 g)
250 g	Lasagneblätter (ohne Vorkochen)
360 g	Apfelmus (aus dem Glas)
30 g	Hagelzucker
1 Msp.	gemahlener Zimt
30 g	Butter

Zubereitungszeit: 30 Minuten
Backzeit: etwa 45 Minuten

1. Eier, Quark, Crème fraîche, Milch und Zucker verrühren. Äpfel abspülen, abtrocknen und die Kerngehäuse ausstechen. Die Äpfel längs halbieren und in Scheiben schneiden.

2. Den Backofen vorheizen.
Ober-/Unterhitze: etwa 180 °C
Heißluft: etwa 160 °C

3. Lasagneblätter und Quarkmasse in je 4 Portionen, Apfelmus und Apfelscheiben in je 3 Portionen teilen. Abwechselnd je eine Schicht Lasagneblätter, Quarkmasse, Apfelmus und Apfelscheiben in eine rechteckige Auflaufform (etwa 2 l Inhalt, gefettet) geben.

4. Diesen Vorgang noch zweimal wiederholen. Nacheinander restliche Lasagneblätter und Quarkmasse daraufgeben.

5. Hagelzucker und Zimt mischen und auf die Quarkmasse streuen. Die Butter in Flöckchen daraufsetzen. Die Auflaufform auf dem Rost in den vorgeheizten Backofen schieben. Die Lasagne **etwa 45 Minuten backen.**

Abwandlung: Anstelle der Äpfel können auch Aprikosen oder Pflaumen verwendet werden.

Apfel-Quark-Auflauf
Für Kinder – süße Mahlzeit
4 Portionen

Pro Portion:
E: 22 g, F: 22 g, Kh: 57 g, kJ: 2178, kcal: 520

75 g	weiche Butter oder Margarine
125 g	Zucker
1 Pck.	Dr. Oetker Vanillin-Zucker
3	Eier (Größe M)
1 Prise	Salz
500 g	Magerquark
1 Pck.	Dr. Oetker Pudding-Pulver Vanille-Geschmack
500 g	säuerliche Äpfel

Zubereitungszeit: 25 Minuten
Garzeit: 25–35 Minuten

1. Den Backofen vorheizen.
Ober-/Unterhitze: etwa 200 °C
Heißluft: etwa 180 °C

2. Die Butter oder Margarine mit Handrührgerät mit Rührbesen auf höchster Stufe geschmeidig rühren. Nach und nach Zucker, Vanillin-Zucker, Eier, Salz und Quark unterrühren.

3. Pudding-Pulver nach und nach auf mittlerer Stufe unterrühren.

4. Äpfel schälen, vierteln und entkernen. Die Hälfte der Äpfel in kleine Würfel, die andere Hälfte in Spalten schneiden. Apfelwürfel unter die Quarkmasse heben.

5. Die Masse in eine große, flache Auflaufform (gefettet, etwa 1,5 l Inhalt) oder 4 kleine Portionsauflaufformen (gefettet, je etwa 400 ml Inhalt) füllen und glatt streichen.

6. Die Apfelspalten auf dem Auflauf verteilen, evtl. etwas eindrücken. Die Form auf dem Rost in den vorgeheizten Backofen schieben. Den Quarkauflauf **25–35 Minuten garen** (in kleinen Formen braucht der Auflauf etwas weniger Zeit, in einer großen Form etwas länger).

Tipps: Wer Rosinen mag, kann noch etwa 50 g Rosinen mit den Apfelwürfeln unterheben. Bestäuben Sie den Auflauf vor dem Servieren noch mit etwas Puderzucker.

Apple-Crumble mit Vanillesauce

Süße Mahlzeit
4–6 Portionen

Pro Portion:
E: 8 g, F: 25 g, Kh: 80 g, kJ: 2468, kcal: 590

    1 kg Äpfel, z. B. Elstar
    Saft von
    1 Zitrone
    2 Pck. Dr. Oetker Bourbon-Vanille-Zucker
    ½–1 EL Zucker
    ½ TL gemahlener Zimt
    60 g Rosinen

Für den Streuselteig:
    150 g Weizenmehl
    60 g Zucker
    1 Pck. Dr. Oetker Vanillin-Zucker
    ½ TL gemahlener Zimt
    100 g weiche Butter

    30 g gehobelte Mandeln

Für die Vanillesauce:
 500 ml (½ l) Milch
    1 Pck. Saucenpulver Vanille-Geschmack zum Kochen
    25 g Zucker

Zubereitungszeit: 45 Minuten
Backzeit: etwa 45 Minuten

1. Den Backofen vorheizen.
Ober-/Unterhitze: etwa 200 °C
Heißluft: etwa 180 °C

2. Äpfel schälen, halbieren, entkernen, achteln und quer in dünne Scheiben schneiden. Apfelscheiben mit Zitronensaft, Vanille-Zucker, Zucker, Zimt und Rosinen mischen und in eine flache Auflaufform (gefettet) geben.

3. Für den Streuselteig das Mehl in eine Rührschüssel sieben. Zucker, Vanillin-Zucker, Zimt und Butter zugeben und mit Handrührgerät mit Rührbesen zu Streuseln verarbeiten. Streusel gleichmäßig auf die Äpfel streuen, Mandeln darüber verteilen.

4. Die Auflaufform auf dem Rost auf mittlerer Einschubleiste in den vorgeheizten Backofen schieben. Apple-Crumble **etwa 45 Minuten backen.**

5. Für die Vanillesauce 3 Esslöffel Milch abnehmen und mit Saucenpulver und Zucker verrühren. Die restliche Milch zum Kochen bringen, angerührtes Saucenpulver mit einem Schneebesen in die kochende Milch rühren, einmal aufkochen lassen und im kalten Wasserbad unter gelegentlichem Umrühren erkalten lassen.

6. Apple-Crumble warm oder kalt mit der Sauce servieren.

Asiatische Hackfleischpizza I

Für die Party
8–10 Portionen

Pro Portion:
E: 40 g, F: 51 g, Kh: 25 g, kJ: 3202, kcal: 764

2	Brötchen (Semmeln) vom Vortag
1 Glas	Tomatenpaprika (Abtropfgewicht 165 g)
1 große Dose	Ananasscheiben (Abtropfgewicht 500 g)
100 g	geröstete, gesalzene Erdnusskerne
2	Zwiebeln
4	Knoblauchzehen
3	Frühlingszwiebeln
1½ kg	gemischtes Gehacktes (halb Rind-, halb Schweinefleisch)
2	Eier (Größe M)
	Salz
	frisch gemahlener Pfeffer
	Paprikapulver rosenscharf
2 TL	Currypulver
	Cayennepfeffer

Für die Tomatensauce:

3	Frühlingszwiebeln
2	Knoblauchzehen
3 EL	Sesamöl
500 g	passierte Tomaten
	Ananassaft (aus der Dose)
3 EL	Sojasauce
2–3 TL	Honig

Zubereitungszeit: 40 Minuten
Garzeit: etwa 60 Minuten

1. Brötchen in kaltem Wasser einweichen. Tomatenpaprika und Ananasscheiben getrennt in Siebe geben und abtropfen lassen, dabei den Ananassaft für die Sauce auffangen. Tomatenpaprika in Streifen, Ananas in kleine Stücke schneiden. Die Erdnusskerne grob hacken.

2. Zwiebeln und Knoblauchzehen abziehen und fein würfeln. Frühlingszwiebeln putzen, abspülen, abtropfen lassen und in feine Ringe schneiden.

3. Den Backofen vorheizen.
Ober-/Unterhitze: etwa 180 °C
Heißluft: etwa 160 °C

4. Die eingeweichten Brötchen kräftig ausdrücken und mit Gehacktem, Eiern, Zwiebel- und Knoblauchwürfeln verkneten.

5. Frühlingszwiebelringe, Tomatenpaprikastreifen, Erdnusskerne und die Hälfte der Ananasstücke zugeben und unterkneten.

6. Die Masse kräftig mit Salz, Pfeffer, Paprikapulver, Currypulver und Cayennepfeffer würzen. Anschließend in einer Fettpfanne (30 x 40 cm, mit Speiseöl ausgestrichen) verteilen und glatt streichen.

7. Die Fettpfanne auf mittlerer Einschubhöhe in den vorgeheizten Backofen schieben. Die Hackfleischpizza **etwa 60 Minuten garen.**

8. In der Zwischenzeit für die Tomatensauce die Frühlingszwiebeln putzen, abspülen, abtropfen lassen und in feine Ringe schneiden. Knoblauch abziehen und würfeln.

9. Öl in einem Topf erhitzen. Frühlingszwiebelringe und Knoblauchwürfel darin andünsten. Die passierten Tomaten und etwas von dem aufgefangenen Ananassaft hinzufügen, zum Kochen bringen und unter Rühren etwas einkochen lassen.

10. Die Sauce mit Chilipulver, Cayennepfeffer, Sojasauce und Honig würzen. Die restlichen Ananasstücke unterheben und darin erhitzen. Die Sauce evtl. nochmals mit den Gewürzen süßscharf abschmecken.

11. Die gare Hackfleischpizza aus dem Backofen nehmen, und falls sich Flüssigkeit gebildet hat, diese abgießen.

12. Die Hackfleischpizza in Stücke schneiden und mit der Sauce servieren.

Asiatische Lachsstücke I
Raffiniert – schnell
4 Portionen

Pro Portion:
E: 35 g, F: 12 g, Kh: 14 g, kJ: 1249, kcal: 298

600 g	Lachsfilet, frisch oder TK-Lachsfilet (ohne Haut und Gräten)
25 g	getrocknete Mu-Err-Pilze (schwarze Baumpilze)
1 Bund	Frühlingszwiebeln (etwa 250 g)
1 Dose	Sojabohnenkeimlinge (Abtropfgewicht 175 g)
1 Dose	Bambussprossen in Streifen (Abtropfgewicht 175 g)
2 EL	Sojasauce
2 EL	Fischsauce
	frisch gemahlener Pfeffer

Außerdem:
Bratfolie oder Bratschlauch

Zubereitungszeit: 25 Minuten
Garzeit: etwa 20 Minuten

1. Das Lachsfilet unter fließendem kalten Wasser abspülen und trocken tupfen. TK-Lachsfilet vorher nach Packungsanleitung auftauen lassen.

2. Mu-Err-Pilze in kaltem Wasser 5–10 Minuten einweichen. Frühlingszwiebeln putzen, waschen, abtropfen lassen und in etwa 3 cm lange Stücke schneiden.

3. Sojabohnenkeimlinge und Bambussprossen getrennt in je einem Sieb abtropfen lassen.

4. Den Backofen vorheizen.
Ober-/Unterhitze: etwa 200 °C
Heißluft: etwa 180 °C

5. Das Lachsfilet mit den Frühlingszwiebelstücken, Sojabohnenkeimlingen und Bambussprossen in einer Schüssel mischen. Sojasauce und Fischsauce hinzufügen und mit Pfeffer würzen.

6. Die Fisch-Gemüse-Mischung auf ein großes Stück Bratfolie oder in einen Bratschlauch geben, nach Packungsanleitung verschließen und auf ein Backblech legen. Das Backblech auf mittlerer Einschubhöhe in den vorgeheizten Backofen schieben. Den Fisch **etwa 20 Minuten garen.**

7. Die Folie aufschneiden. Die asiatischen Lachsstücke auf einer vorgewärmten Platte anrichten und sofort servieren.

Beilage: Curryreis. Dafür etwas Butter oder Speiseöl in einer Pfanne erhitzen. 1 Teelöffel Currypulver hinzufügen. Gegarten Reis hinzugeben und gut verrühren, mit Salz abschmecken.

A

Asiatischer Auflauf mit Glasnudeln und Garnelen
Schnell
4 Portionen

Pro Portion:
E: 25 g, F: 21 g, Kh: 68 g, kJ: 2361, kcal: 561

250 g	Glasnudeln
2	Zwiebeln
2	Knoblauchzehen
1	rote Paprikaschote
200 g	Mungobohnensprossen
200 g	TK-Zuckerschoten
1 Stange	Porree (Lauch)
5 EL	Speiseöl, z. B. Sonnenblumenöl
350 g	TK-Garnelen (ohne Schale und Darm, mit Schwanz, aufgetaut)
2 EL	Sojasauce
1 TL	Sambal Oelek
1 EL	Currypulver
2 EL	Sesamsamen

Zubereitungszeit: 25 Minuten
Garzeit: 10–15 Minuten

1. Die Glasnudeln nach Packungsanleitung zubereiten. Die Glasnudeln in ein Sieb geben, mit kaltem Wasser abspülen und abtropfen lassen.

2. Zwiebeln und Knoblauch abziehen, beides in feine Würfel schneiden. Paprikaschote halbieren, entstielen, entkernen und die weißen Scheidewände entfernen. Die Schotenhälften abspülen, abtropfen lassen und in kleine Würfel schneiden.

3. Die Mungobohnensprossen in ein Sieb geben, unter fließendem kalten Wasser abspülen und gut abtropfen lassen (dazu evtl. auf ein Küchentuch geben).

4. Die Zuckerschoten nach Belieben halbieren. Porree putzen, die Stange längs halbieren, gründlich waschen und abtropfen lassen. Die Porreestange in etwa 2 cm lange Stücke schneiden.

5. Den Backofen vorheizen.
Ober-/Unterhitze: etwa 200 °C
Heißluft: etwa 180 °C

6. Von dem Öl 3 Esslöffel in einer großen Pfanne erhitzen. Die Zwiebel- und Knoblauchwürfel darin andünsten. Die Paprikastücke und Lauchwürfel dazugeben und etwa 8 Minuten mitdünsten lassen. Sprossen mit den Zuckerschoten ebenfalls in die Pfanne geben und kurz mit andünsten.

7. Die Garnelen mit den Glasnudeln mischen, mit Sojasauce, Sambal Oelek und Curry würzen. Die Mischung in eine große, flache Auflaufform (gefettet) geben. Das Gemüse unterheben.

8. Den Auflauf mit Sesamsamen bestreuen und mit dem restlichen Öl beträufeln. Die Auflaufform auf dem Rost in den vorgeheizten Backofen schieben. Den Auflauf **10–15 Minuten garen.**

Tipp: Nach Belieben können Sie die Garnelen-Glasnudel-Mischung zusätzlich mit Austernsauce und Kreuzkümmel würzen, bevor Sie sie in die Auflaufform geben.

Asiatischer Geflügel-Champignon-Auflauf

Raffiniert
4 Portionen

Pro Portion:
E: 34 g, F: 23 g, Kh: 32 g, kJ: 1968, kcal: 471

400 g	Putenbrustfilet
1	Knoblauchzehe
1 Stück	frischer Ingwer (etwa 4 cm)
2–3 EL	Sojasauce
2 Bund	Frühlingszwiebeln
200 g	Champignons
400 g	Möhren
2 EL	Soja- oder Erdnussöl
etwas	Sojasauce
125 ml (1/8 l)	Asia-Sauce süßsauer
100 g	geröstete, gesalzene Erdnusskerne
1	kleine, rote Chilischote
2 EL	flüssiger Honig
1 EL	Speiseöl, z. B. Sonnenblumenöl

Zubereitungszeit: 35 Minuten, ohne Marinierzeit
Garzeit: 10–12 Minuten

1. Putenbrustfilet unter fließendem kalten Wasser abspülen, trocken tupfen und in etwa 2 cm dicke Streifen schneiden. Die Putenstreifen in eine Schale legen. Knoblauch abziehen und Ingwer schälen. Beides fein würfeln, mit Sojasauce mischen und über die Putenstreifen träufeln. Putenstreifen zugedeckt im Kühlschrank etwa 30 Minuten marinieren.

2. Den Backofen vorheizen.
Ober-/Unterhitze: etwa 200 °C
Heißluft: etwa 180 °C

3. Frühlingszwiebeln putzen, abspülen, abtropfen lassen und schräg in breite Ringe schneiden. Pilze putzen, mit Küchenpapier abreiben, evtl. kurz abspülen, gut abtropfen lassen. Große Pilze halbieren. Möhren putzen, schälen, abspülen, abtropfen lassen und in feine Stifte schneiden.

4. Öl in einer großen Pfanne erhitzen. Putenstreifen darin anbraten und dann herausnehmen. Möhren in dem Bratfett etwa 2 Minuten andünsten. Pilze und Frühlingszwiebeln dazugeben und alles unter Wenden etwa 3 Minuten weiterbraten. Die Mischung mit Sojasauce abschmecken und Asia-Sauce untermischen. Das Gemüse in eine große Auflaufform (gefettet) füllen und Putenstreifen darauf verteilen.

5. Nusskerne grob hacken. Chili entstielen, längs aufschneiden und entkernen. Chilischote abspülen und fein hacken. Nusskerne mit Chili, Honig und Öl mischen und auf den Putenstreifen verteilen. Form auf dem Rost auf mittlerer Einschubleiste in den vorgeheizten Backofen schieben und den Geflügel-Champignon-Auflauf **10–12 Minuten garen.**

Tipp: Servieren Sie Duftreis dazu.

Auberginen, gebacken I
Einfach
4 Portionen

Pro Portion:
E: 16 g, F: 31 g, Kh: 10 g, kJ: 1635, kcal: 390

4	schlanke, mittelgroße Auberginen (etwa 800 g)
	Salz
8	Tomaten (etwa 750 g)
4–6	Knoblauchzehen
200 g	Mozzarella-Käse
50 g	Salamischeiben
6 EL	Olivenöl

Zubereitungszeit: 35 Minuten, ohne Ziehzeit
Garzeit: etwa 50 Minuten

1. Auberginen abspülen, abtrocknen, der Länge nach so in etwa 1½ cm dicke Scheiben schneiden, dass sie am Stängelansatz noch zusammenhängen. Die Einschnitte mit Salz bestreuen und die Auberginen etwa 30 Minuten ziehen lassen.

2. In der Zwischenzeit die Tomaten kreuzweise einschneiden und kurz in kochendes Wasser legen. Anschließend mit kaltem Wasser abschrecken, enthäuten, halbieren, die Stängelansätze herausschneiden. Tomaten in Scheiben schneiden.

3. Den Knoblauch abziehen und in dünne Scheiben schneiden. Mozzarella abtropfen lassen und ebenfalls in Scheiben schneiden.

4. Den Backofen vorheizen.
Ober-/Unterhitze: etwa 180 °C
Heißluft: etwa 160 °C

5. Auberginen kurz abspülen, trocken tupfen. Leicht aufgefächert in eine große Auflaufform (gefettet) setzen.

6. Abwechselnd Salami-, Mozzarella- und Tomatenscheiben in die Einschnitte der Auberginen stecken, die Knoblauchscheiben dazwischen verteilen. Das Olivenöl darauftäufeln.

7. Die Form auf dem Rost in den vorgeheizten Backofen schieben. Auberginen **etwa 50 Minuten garen.**

A

A

Auberginen-1001-Nacht I
Für Gäste

4 Portionen

Pro Portion:
E: 43 g, F: 25 g, Kh: 13 g, kJ: 1867, kcal: 446

50 g	Pinienkerne
500 g	Hähnchenbrustfilet
2	Zwiebeln
4	Knoblauchzehen
2	Tomaten
je 1	rote und gelbe Paprikaschote
½ Bund	Petersilie
2 Stängel	Koriander oder
1 Msp.	Korianderpulver
2	Auberginen (etwa 750 g)
3–4 EL	Olivenöl
	Salz
	frisch gemahlener Pfeffer
2 Msp.	Paprikapulver rosenscharf
2 Msp.	gemahlener Kreuzkümmel
250 ml (¼ l)	Geflügelfond
125 g	Schaf- oder Fetakäse

Zubereitungszeit: 35 Minuten
Garzeit: 15–20 Minuten

1. Pinienkerne in einer Pfanne ohne Fett goldbraun rösten und auf einen Teller geben.

2. Hähnchenbrustfilet unter fließend kaltem Wasser abspülen, trocken tupfen und in etwa 1 cm große Würfel schneiden.

3. Zwiebeln und Knoblauch abziehen und in feine Würfel schneiden. Tomaten abspülen, abtrocknen, halbieren und die Stängelansätze herausschneiden. Paprikaschoten halbieren, entstielen, entkernen und die weißen Scheidewände entfernen. Paprika abspülen und abtropfen lassen. Tomaten und Paprika in Würfel schneiden.

4. Kräuter abspülen, trocken tupfen und die Blättchen von den Stängeln zupfen. Einige Kräuterblättchen zum Garnieren beiseitelegen. Restliche Blättchen fein hacken.

5. Auberginen abspülen, abtrocknen und die Stängelansätze abschneiden. Die Auberginen der Länge nach halbieren und mit einem Teelöffel oder Kugelausstecher so aushöhlen, dass ein etwa 1 cm breiter Rand stehen bleibt. Das ausgehöhlte Fruchtfleisch in kleine Würfel schneiden.

6. Von dem Olivenöl 2 Esslöffel in einer Pfanne erhitzen. Die Hähnchenwürfel darin rundherum gut anbraten, mit Salz und Pfeffer würzen und aus der Pfanne nehmen.

7. Das restliche Olivenöl in der Pfanne erhitzen. Die Zwiebel- und Knoblauchwürfel darin anbraten. Tomaten-, Paprika- und Auberginenwürfel sowie die gehackten Kräuter hinzugeben und unter gelegentlichem Rühren mit anbraten. Die Gemüsemischung mit Salz, Pfeffer, Paprikapulver und Kreuzkümmel würzen und zugedeckt etwa 5 Minuten schmoren. Dabei gelegentlich umrühren.

8. Den Backofen vorheizen.
Ober-/Unterhitze: etwa 200 °C
Heißluft: etwa 180 °C

9. Das angebratene Hähnchenfleisch und die Hälfte des Geflügelfonds zu der Gemüsemischung in die Pfanne geben. Die Füllung nochmals mit den Gewürzen abschmecken.

10. Die vorbereiteten Auberginenhälften mit der Aushöhlung nach oben nebeneinander in eine Auflaufform (gefettet) legen. Den Käse in etwa ½ cm dicke Würfel schneiden und unter die Hähnchen-Gemüse-Füllung heben. Die Füllung in den Auberginenhälften verteilen. Die Pinienkerne daraufstreuen und etwas andrücken. Restlichen Geflügelfond mit in die Auflaufform gießen.

11. Die Form auf dem Rost auf mittlerer Einschubleiste in den vorgeheizten Backofen schieben. Die Auberginen **15–20 Minuten garen.**

12. Zum Servieren die Auberginen mit den beiseitegelegten Kräuterblättchen garnieren.

Tipp: Verwenden Sie Pistazienkerne anstelle der Pinienkerne.

Auberginen-Tomaten-Auflauf I
Vegetarisch
2 Portionen

Pro Portion:
E: 26 g, F: 34 g, Kh: 39 g, kJ: 2377, kcal: 568

1	kleine Aubergine
1–2 EL	Sojasauce
2–3	Zwiebeln
1 EL	Olivenöl
3–4	Tomaten
2 Scheiben	Weizenmischbrot
100 g	geriebener Emmentaler Käse
200 g	saure Sahne
1	Knoblauchzehe
etwa	
6 Blätter	frischer Salbei
2–3 Stängel	Thymian
	frisch gemahlener Pfeffer

Zubereitungszeit: 30 Minuten, ohne Marinierzeit
Garzeit: etwa 40 Minuten

1. Die Aubergine abspülen, abtropfen lassen und das Ende abschneiden. Aubergine in Scheiben schneiden, auf einen Teller geben und mit Sojasauce beträufeln. Die Auberginenscheiben etwa 20 Minuten marinieren, dabei gelegentlich wenden.

2. Inzwischen die Zwiebeln abziehen, erst in Scheiben schneiden, dann in Ringe teilen. Das Olivenöl in einer Pfanne erhitzen und die Zwiebelringe darin andünsten.

3. Den Backofen vorheizen.
Ober-/Unterhitze: etwa 180 °C
Heißluft: etwa 160 °C

4. Tomaten abspülen, abtropfen lassen und die Stängelansätze herausschneiden. Die Tomaten in Scheiben schneiden.

5. Das Brot rösten und in eine kleine Auflaufform (mit Olivenöl ausgestrichen) legen. Evtl. das Brot in Größe der Form zurechtschneiden. Brot mit der Hälfte des Käses bestreuen.

6. Saure Sahne in eine Schüssel geben. Knoblauchzehe abziehen, durch eine Knoblauchpresse drücken und hinzufügen.

7. Die Salbeiblätter abspülen, trocken tupfen und fein hacken. Thymianstängel abspülen, trocken tupfen, die Blättchen von den Stängeln zupfen und Blättchen fein hacken. Die Kräuter zur sauren Sahne geben und verrühren. Die Kräutermasse mit Pfeffer abschmecken.

8. Die Auberginenscheiben aus der Sojasauce nehmen, abtropfen lassen und in die Kräutermasse tauchen. Die Auberginenscheiben abwechselnd mit den Zwiebelringen und Tomatenscheiben in die Auflaufform schichten.

9. Zum Schluss die restliche Kräutermasse über die Zutaten geben. Den Auflauf mit dem restlichen Käse bestreuen. Die Form auf dem Rost in den vorgeheizten Backofen schieben. Den Auflauf **etwa 40 Minuten garen.**

Tipp: Wenn Sie es herzhaft mögen, ersetzen Sie den Emmentaler-Käse durch die gleiche Menge Allgäuer Bergkäse.

Auflauf vom Kaiserschmarrn I
Einfach – süße Mahlzeit
6 Portionen

Pro Portion:
E: 21 g, F: 24 g, Kh: 83 g, kJ: 2663, kcal: 634

Für den Kaiserschmarrn:
- 300 ml Milch
- 4 Eier (Größe M)
- 2 Pck. Kaiserschmarrn nach klassischer Art (Süße Mahlzeit)
- 50 g Margarine
- 1 Glas entsteinte Pflaumen (Abtropfgewicht 370 g)

Für den Belag:
- 250 g Magerquark
- 75 g Zucker
- 50 ml Milch
- 2 Eigelb (Größe M)
- 2 Eiweiß (Größe M)
- 50 g gehobelte Mandeln

Für die Sauce:
- 250 ml (¼ l) Pflaumensaft (aus dem Glas)
- 250 ml (¼ l) Apfelsaft
- 1 geh. EL Speisestärke
- gemahlener Zimt

Zum Bestäuben:
- 1 EL Puderzucker

Zubereitungszeit: 30 Minuten
Backzeit: etwa 35 Minuten

1. Für den Kaiserschmarrn die Milch, Eier und Kaiserschmarrnpulver nach Packungsanleitung verrühren. Die Hälfte der Margarine in einer Pfanne erhitzen und die Hälfte des Kaiserschmarrns nach Packungsanleitung zubereiten. Restlichen Kaiserschmarrn auf die gleiche Weise zubereiten.

2. Den Backofen vorheizen.
Ober-/Unterhitze: etwa 200 °C
Heißluft: etwa 180 °C

3. Pflaumen in einem Sieb abtropfen lassen und den Saft dabei auffangen.

4. Fertigen Kaiserschmarrn mit den Pflaumen in eine flache Auflaufform (gefettet) geben.

5. Für den Belag Quark mit Zucker, Milch und Eigelb verrühren. Eiweiß steif schlagen und vorsichtig unter die Quarkmasse ziehen, auf dem Kaiserschmarrn verteilen. Den Auflauf mit Mandeln bestreuen und auf dem Rost auf mittlerer Einschubleiste in den vorgeheizten Backofen schieben. Dann den Auflauf **etwa 35 Minuten backen.**

6. Für die Sauce Pflaumen- und Apfelsaft vermischen und Speisestärke einrühren. In einem Topf unter ständigem Rühren kurz aufkochen lassen. Sauce mit Zimt abschmecken.

7. Den Auflauf nach dem Backen mit Puderzucker bestäuben und mit der Sauce sofort servieren.

Austernpilztoast I

Schnell – vegetarisch

4 Portionen (ergibt 8 Toastdreiecke)

Pro Portion:
E: 7 g, F: 20 g, Kh: 16 g, kJ: 1131, kcal: 270

1	*kleine Zwiebel*
200 g	*Austernpilze*
1	*rote Paprikaschote*
½ Bund	*Schnittlauch*
3 Stängel	*Basilikum*
3–4 EL	*Speiseöl,*
	z. B. Sonnenblumenöl
	Salz
	frisch gemahlener Pfeffer
4 Scheiben	*Toastbrot, z. B. Vollkorn-*
	oder Dreikorn-Toastbrot
150 g	*Doppelrahm-Frischkäse*
	mit Kräutern

Zubereitungszeit: 30 Minuten
Backzeit: etwa 5 Minuten

1. Zwiebel abziehen und fein würfeln. Austernpilze putzen, mit Küchenpapier abreiben, evtl. kurz abspülen, gut abtropfen lassen und in dünne Streifen schneiden.

2. Paprika halbieren, entstielen, entkernen und die weißen Scheidewände entfernen. Die Paprika abspülen, abtropfen lassen und in Streifen schneiden.

3. Den Backofen vorheizen.
Ober-/Unterhitze: etwa 200 °C
Heißluft: etwa 180 °C

4. Die Kräuter abspülen, trocken tupfen. Schnittlauch in Röllchen schneiden. Basilikumblättchen von den Stängeln zupfen. Einige Schnittlauchröllchen und Basilikumblättchen zum Garnieren beiseitelegen und Blättchen fein hacken.

5. Öl in einer Pfanne erhitzen. Die Zwiebelwürfel darin glasig dünsten. Die Paprikastreifen hinzufügen und unter gelegentlichem Rühren 2–3 Minuten bei mittlerer Hitze mitdünsten.

6. Dann die Austernpilzstreifen dazugeben. Das Gemüse unter gelegentlichem Rühren weitere etwa 4 Minuten dünsten.

7. Restliche gehackte Kräuter unter das Gemüse rühren. Gemüse mit Salz und Pfeffer würzen.

8. Toastbrot toasten, diagonal durchschneiden. Die Toastdreiecke auf einem Backblech (mit Backpapier belegt) verteilen.

9. Die Pilz-Gemüse-Mischung auf den Dreiecken verteilen. Frischkäse mit Kräutern mit einem Teelöffel darauf verteilen.

10. Das Backblech in den vorgeheizten Backofen schieben. Die Austernpilztoasts **etwa 5 Minuten überbacken.**

11. Die Toasts mit den beiseitegelegten Schnittlauchröllchen bestreut und mit den Basilikumblättchen garniert servieren.

Tipps: Sie können auch andere Pilze wie Champignons, Pfifferlinge oder Shiitakepilze für diesen Toast verwenden. Oder probieren Sie statt Toastbrot einmal Vollkorn-Brotscheiben. Diese nicht toasten, sondern im Backofen kurz anrösten. Ist der Appetit groß, lassen sich die Zutaten problemlos verdoppeln.

Rezeptvariante: Für mehr Abwechslung bzw. zum Sattessen können Sie zusätzlich **Zwiebel-Tomaten-Toast** (4 Stück) zubereiten. Dazu den Backofen wie im Rezept angegeben vorheizen. 1–2 Gemüsezwiebeln abziehen und in Scheiben schneiden. 2 Esslöffel Olivenöl in einer Pfanne erhitzen. Die Zwiebeln darin unter Wenden anbraten, mit Salz, Pfeffer und Kümmel würzen. 4 Scheiben Vollkornbrot auf ein Backblech (mit Backpapier belegt) legen und die Zwiebeln darauf verteilen. 2 Tomaten abspülen, abtrocknen, halbieren und die Stängelansätze herausschneiden. Tomaten in Scheiben schneiden und auf den Zwiebeln verteilen. Etwa 50 g geriebenen Emmentaler Käse und nach Belieben knapp 1 Teelöffel Kümmelsamen daraufstreuen. Das Backblech in den vorgeheizten Backofen schieben. Die Toasts anschließend etwa 10 Minuten überbacken.

A

Backofengemüse I
Vegetarisch
8 Portionen

Pro Portion:
E: 8 g, F: 16 g, Kh: 45 g, kJ: 1521, kcal: 362

2 kg	festkochende, mittelgroße Kartoffeln
	Salz
	frisch gemahlener Pfeffer
14 EL	Olivenöl (etwa 120 ml)
4	rote Paprikaschoten
2	gelbe Paprikaschoten
3	Zucchini
4 Zweige	Rosmarin
8	Knoblauchzehen

Zubereitungszeit: 30 Minuten
Garzeit: 40–45 Minuten

1. Den Backofen vorheizen.
Ober-/Unterhitze: etwa 180 °C
Heißluft: etwa 160 °C

2. Kartoffeln unter fließendem Wasser gründlich abbürsten, trocken tupfen, längs vierteln, auf ein Backblech legen. Mit Salz und Pfeffer würzen. Mit 4 Esslöffeln Öl beträufeln. Danach das Backblech auf mittlerer Einschubleiste in den vorgeheizten Backofen schieben. Die Kartoffelviertel **etwa 20 Minuten garen.**

3. In der Zwischenzeit Paprikaschoten vierteln, entstielen, entkernen, die weißen Scheidewände entfernen. Die Schoten abspülen, abtropfen lassen und in kleine Stücke schneiden.

4. Zucchini abspülen, abtrocknen und die Enden abschneiden. Zucchini in kleine Stücke schneiden. Das Gemüse mit Salz und Pfeffer würzen und mit dem restlichen Öl vermischen.

5. Die Rosmarinzweige abspülen und trocken tupfen. Knoblauch abziehen, mit dem Gemüse und den Rosmarinzweigen zu den vorgegarten Kartoffeln geben. Alle Zutaten miteinander vermischen.

6. Backblech wieder in den vorgeheizten Backofen schieben. Gemüse **weitere 20–25 Minuten garen.**

Beilage: **Tomatensauce.** Dafür 2 gewürfelte Zwiebeln und 2 gewürfelte Knoblauchzehen in 4 Esslöffel Olivenöl andünsten. 2 Dosen (etwa 800 g) geschälte Tomaten hinzufügen, mit Salz und Pfeffer würzen. Alles zum Kochen bringen und etwa 15 Minuten zugedeckt garen. Ab und zu umrühren. Nach Belieben die Sauce pürieren und mit Salz, Pfeffer, 1 Prise Zucker und Oregano abschmecken.

Bauernterrine | Deftig
4–6 Portionen

Pro Portion:
E: 22 g, F: 39 g, Kh: 25 g, kJ: 2274, kcal: 543

500 g	grobe Bratwurst
1 EL	Speiseöl, z. B. Olivenöl
500 g	säuerliche Äpfel, z. B. Boskop oder Cox Orange
30 g	Butter
500 g	gekochte Kartoffeln
1	mittelgroße Zwiebel
2	Eier (Größe M)
125 ml (⅛ l)	Milch
1 gestr. TL	Salz
1 Msp.	Paprikapulver edelsüß

Zubereitungszeit: 35 Minuten
Backzeit: etwa 30 Minuten

1. Die Bratwurstmasse aus der Hülle herausdrücken. Öl in einer Pfanne erhitzen und die Bratwurstmasse unter gelegentlichem Rühren darin braten.

2. Äpfel schälen, achteln und entkernen. Butter in einem Topf zerlassen. Äpfel hineingeben und zugedeckt kurz andünsten.

3. Den Backofen vorheizen.
Ober-/Unterhitze: etwa 180 °C
Heißluft: etwa 160 °C

4. Gekochte Kartoffeln pellen und in Würfel schneiden. Zwiebel abziehen und in feine Würfel schneiden. Gebratene Bratwurstmasse aus der Pfanne nehmen. Kartoffel- und Zwiebelwürfel im verbliebenen Bratfett anbraten.

5. Nacheinander die Kartoffel-, Apfel- und Bratwurstmasse in eine Terrinen- oder hohe Auflaufform (etwa 2 l Inhalt, gefettet) schichten.

6. Eier mit Milch verschlagen, mit Salz und Paprika würzen und über die eingeschichteten Zutaten gießen.

7. Die Form auf einem Rost im unteren Drittel in den vorgeheizten Backofen schieben und die Terrine **etwa 30 Minuten garen.**

Bitotschki (russische Frikadellen) I
Preiswert
8–10 Portionen

Pro Portion:
E: 36 g, F: 48 g, Kh: 10 g, kJ: 2601, kcal: 621

1–1½ kg	Gehacktes (halb Rind-, halb Schweinefleisch)
2	Eier (Größe M)
	Salz
	frisch gemahlener Pfeffer
etwa 4 EL	Speiseöl oder
	40 g Butterschmalz
3 Bund	Frühlingszwiebeln
750 g	kleine, weiße Champignons
3 Gläser	Cornichons (Abtropfgewicht je 190 g)
1 TL	Speiseöl
etwas	Weizenmehl
500 g	Schlagsahne
2–2½ TL	Paprikapulver edelsüß
2–2½ EL	mittelscharfer Senf
1 Bund	glatte Petersilie

Zubereitungszeit: 45 Minuten
Garzeit: etwa 25 Minuten

1. Gehacktes mit Eiern in einer Schüssel vermengen, mit Salz und Pfeffer würzen. Aus der Masse mit angefeuchteten Händen 24–30 kleine Frikadellen formen. Die Hälfte vom Speiseöl oder Butterschmalz in einer großen Pfanne erhitzen. Die Hälfte der Frikadellen von allen Seiten darin unter gelegentlichem Wenden bei mittlerer Hitze etwa 10 Minuten braten. Frikadellen herausnehmen und beiseitestellen. Restliches Öl oder Butterschmalz erhitzen und die übrigen Frikadellen ebenso braten.

2. Backofen vorheizen.
Ober-/Unterhitze: etwa 200 °C
Heißluft: etwa 180 °C

3. Die Frühlingszwiebeln putzen, abspülen, abtropfen lassen und in Ringe schneiden. Champignons putzen, mit Küchenpapier abreiben, evtl. kurz abspülen, trocken tupfen und halbieren. Cornichons abtropfen lassen und längs vierteln.

4. Speiseöl in einer Pfanne erhitzen. Die Cornichonviertel kurz darin andüsten, dann mit etwas Mehl bestäuben, mit der Sahne übergießen, kurz aufkochen lassen. Das vorbereitete Gemüse mit der Cornichon-Sahne-Mischung in einer Schüssel vermengen. 2 Teelöffel Paprikapulver und Senf unterrühren, mit Salz und Pfeffer abschmecken.

5. Die Gemüse-Sahne-Masse in eine große Auflaufform (gefettet) oder in eine Fettpfanne (gefettet) geben. Frikadellen auf der Gemüse-Sahne-Masse verteilen und mit Paprikapulver bestäuben. Die Form auf dem Rost oder das Backblech in den vorgeheizten Backofen schieben. Alles **etwa 25 Minuten garen.**

6. Inzwischen Petersilie abspülen, trocken tupfen, die Blättchen von den Stängeln zupfen. Petersilie fein hacken. Frikadellen auf dem Gemüse mit Petersilie bestreut servieren.

Beilage: Reis.

Blätterteigpastetchen mit Leberwurst | Für die Party
10 Stück

Pro Stück:
E: 11 g, F: 17 g, Kh: 19 g, kJ: 1194, kcal: 285

- 450 g TK-Blätterteig (10 Scheiben)
- 200 g Leberwurst, z. B. grobe Gutsleberwurst
- 250 g Kasseler Aufschnitt
- 250 g säuerliche Äpfel, z. B. Boskop, Cox Orange
- 1 Zwiebel
- 1 TL gerebelter Beifuß
- 1 TL mittelscharfer Senf

Zubereitungszeit: 20 Minuten, ohne Auftauzeit
Backzeit: 15–20 Minuten

1. Die Blätterteigplatten nebeneinander auf 2 Backbleche (mit Backpapier belegt) legen und bei Zimmertemperatur auftauen lassen.

2. Den Backofen vorheizen.
Ober-/Unterhitze: etwa 200 °C
Heißluft: etwa 180 °C

3. Leberwurst aus der Hülle in eine Schüssel drücken. Kasseler Aufschnitt in kleine Stücke schneiden.

4. Äpfel abspülen, abtrocknen, vierteln, entkernen und in kleine Würfel schneiden. Zwiebel abziehen, halbieren und in feine Würfel schneiden.

5. Die Leberwurst mit Aufschnittstücken, Apfel- und Zwiebelwürfeln vermischen, mit Beifuß und Senf würzen. Leberwurstmasse mit einem Teelöffel in die Mitte der Blätterteigplatten geben.

6. Die Backbleche nacheinander (bei Heißluft zusammen) im unteren Drittel in den vorgeheizten Backofen schieben. Die Pastetchen **15–20 Minuten backen.**

Rezeptvariante: Für **Blätterteigpastetchen mit Blutwurst** können Sie statt der Leberwurst und dem Kasseler Aufschnitt etwa 400 g klein gewürfelte Blutwurst verarbeiten.

B

Blätterteigtaschen mit Spinat-Schafkäse-Füllung I
Einfach – vegetarisch
12 Stück

Pro Stück:
E: 5 g, F: 13 g, Kh: 14 g, kJ: 809, kcal: 193

Für die Blätterteigtaschen:
- 450 g TK-Blätterteig (6 rechteckige Scheiben)
- 1 Zwiebel
- 1 EL Speiseöl, z. B. Sonnenblumenöl
- 225 g TK-Blattspinat
- Salz, frisch gemahlener Pfeffer
- frisch geriebene Muskatnuss
- 100 g Schafkäse
- 4 getrocknete Tomaten in Öl

Zum Bestreichen und Bestreuen:
- 1 Ei (Größe M)
- 2 EL Milch
- 40 g fein gewürfelter Schafkäse

Zum Garnieren:
- evtl. einige Kräuterstängel

Zubereitungszeit: 25 Minuten, ohne Auftauzeit
Backzeit: etwa 20 Minuten

1. Für die Blätterteigtaschen Blätterteig nebeneinander nach Packungsanleitung auftauen lassen.

2. In der Zwischenzeit Zwiebel abziehen und in Würfel schneiden. Öl in einer Pfanne erhitzen. Zwiebelwürfel kurz darin andünsten. Spinat hinzufügen und nach Packungsanleitung mit etwas Wasser darin auftauen lassen. Die Spinatfüllung mit Salz, Pfeffer und Muskat würzen. Pfanne von der Kochstelle nehmen. Schafkäse und die getrockneten Tomaten in kleine Würfel schneiden.

3. Jede Blätterteigscheibe quer halbieren und mit etwas Mehl zu einem kleinen Quadrat ausrollen.

4. Den Backofen vorheizen.
Ober-/Unterhitze: etwa 200 °C
Heißluft: etwa 180 °C

5. Zum Bestreichen das Ei trennen. Eiweiß verquirlen und die Ränder der Blätterteigquadrate damit bestreichen. Jeweils etwas von der Spinatfüllung mit einigen Schafkäse- und Tomatenwürfeln in die Mitte geben. Die Teigscheiben zu Dreiecken zusammenfalten und die Teigränder gut zusammendrücken, am besten mithilfe einer Gabel. Die Teigdreiecke auf ein Backblech (mit Backpapier belegt) legen.

6. Eigelb mit Milch verquirlen und die Teigoberflächen damit bestreichen. Teig mit Schafkäse bestreuen. Das Backblech auf mittlerer Einschubleiste in den vorgeheizten Backofen schieben. Die Blätterteigtaschen **etwa 20 Minuten backen.**

7. Nach Belieben die Blätterteigtaschen in kleinen Porzellangefäßen mit Kräuterstängeln garniert servieren.

Rezeptvariante: Für **Blätterteigtaschen mit Hackfleischfüllung** für die Füllung 1 Esslöffel Olivenöl in einer Pfanne erhitzen. 400 g Gehacktes (halb Schweine-/halb Rindfleisch) darin anbraten. 2 Esslöffel Tomatenmark unterrühren und mit Salz, Pfeffer und Oregano würzen. 2–3 klein gewürfelte Tomaten unterrühren. Die Hackfleischfüllung auf den Blätterteigquadraten verteilen, wie im Rezept beschrieben weiter zubereiten und backen.

Blechkartoffeln mit Kräuterquark I

Einfach – vegetarisch
4 Portionen

Pro Portion:
E: 23 g, F: 25 g, Kh: 43 g, kJ: 2101, kcal: 501

- 1 kg mittelgroße, festkochende Kartoffeln
- 2–3 Knoblauchzehen
- 3 Stängel Thymian
- 2 Zweige Rosmarin
- 5 EL Olivenöl
- Salz, frisch gemahlener Pfeffer

Für den Kräuterquark:
- 500 g Magerquark
- 200 g Schmand (Sauerrahm)
- 1 EL gehackte, gemischte TK-Kräuter

Zubereitungszeit: 20 Minuten, ohne Durchziehzeit
Garzeit: etwa 40 Minuten

1. Die Kartoffeln unter fließendem Wasser abbürsten und abtropfen lassen. Knoblauchzehen abziehen und hacken. Thymian und Rosmarin abspülen und trocken tupfen. Blättchen und Nadeln von den Stängeln zupfen und grob hacken.

2. Das Olivenöl, gehackte Kräuter, Knoblauch, Salz und Pfeffer verrühren. Die Kartoffeln ungeschält der Länge nach halbieren, mit der Ölmischung vermengen und mindestens 30 Minuten durchziehen lassen.

3. Den Backofen vorheizen.
Ober-/Unterhitze: etwa 200 °C
Heißluft: etwa 180 °C

4. Kartoffelhälften mit der Schnittfläche nach oben auf ein Backblech (gefettet) legen. Kartoffeln mit der restlichen Marinade beträufeln. Das Backblech auf mittlerer Einschubleiste in den vorgeheizten Backofen schieben. Kartoffeln **etwa 40 Minuten garen.**

5. Inzwischen für den Kräuterquark den Quark mit Schmand und den Kräutern verrühren. Kräuterquark mit Salz und Pfeffer abschmecken. Den Kräuterquark zu den Blechkartoffeln servieren.

Tipps: Um die Garzeit zu verkürzen, können Sie die Kartoffeln schälen, ganz lassen und etwa 10 Minuten vorkochen. Die Garzeit im Backofen beträgt dann nur etwa 20 Minuten. Wenden Sie die Kartoffeln nach etwa der Hälfte der Garzeit.

Blumenkohlauflauf mit Käsehaube | Einfach
4 Portionen

Pro Portion:
E: 38 g, F: 43 g, Kh: 12 g, kJ: 2485, kcal: 594

	1	Blumenkohl (etwa 1 ½ kg)
500 ml (½ l)		kochendes Salzwasser
	1 TL	eingelegter, grüner Pfeffer
200 g		Schlagsahne
	1	Ei (Größe M)
200 g		gekochter Schinken
125 g		roher Schinken (in dünnen Scheiben)
50 g		Butter
20 g		Weizenmehl
125 ml (⅛ l)		Milch
	3	Eigelb (Größe M)
50 g		geriebener Parmesan-Käse
	3	Eiweiß (Größe M)

Zubereitungszeit: 40 Minuten
Garzeit: etwa 35 Minuten

1. Von dem Blumenkohl die Blätter entfernen und den Strunk abschneiden.

2. Blumenkohl abspülen, in kochendes Salzwasser geben. Blumenkohl 10–12 Minuten kochen, aus dem Topf nehmen, abtropfen lassen und die Röschen vom Strunk lösen.

3. Pfeffer abspülen und abtropfen lassen. Schlagsahne mit Ei und Pfeffer gut verrühren. Die beiden Schinkensorten in sehr kleine Stücke schneiden und unterrühren.

4. Die Hälfte der Schinken-Sahne-Masse in eine Auflaufform (etwa 1 l Inhalt, gefettet) geben. Die Hälfte der Blumenkohlröschen darin verteilen, mit der restlichen Schinken-Sahne-Masse begießen und die restlichen Blumenkohlröschen hineindrücken.

5. Butter in einem Topf zerlassen. Weizenmehl unter Rühren darin erhitzen, bis es hellgelb ist. Milch unter Rühren hinzugießen, dabei darauf achten, dass keine Klümpchen entstehen. Sauce zum Kochen bringen, etwa 5 Minuten köcheln lassen, dann von der Kochstelle nehmen.

6. Den Backofen vorheizen.
Ober-/Unterhitze: etwa 200 °C
Heißluft: etwa 180 °C

7. Eigelb mit Parmesan verschlagen und unter die Sauce rühren. Eiweiß steif schlagen und unter die Käsesauce heben. Die Masse auf dem Blumenkohl verteilen. Die Form auf dem Rost in den vorgeheizten Backofen schieben. Auflauf **etwa 35 Minuten garen.**

Tipp: Servieren Sie eine Tomatensauce dazu.

Bohnenauflauf I
Einfach – schnell
4–6 Portionen

Pro Portion:
E: 44 g, F: 36 g, Kh: 27 g, kJ: 2574, kcal: 616

1 kg	TK-Bohnen (dicke Bohnen)
2	große Zwiebeln
100 g	durchwachsener Speck
½ Bund	Petersilie
125 g	gewürfelter, roher Schinken

Für die Sauce:

3	Eier (Größe M)
150 g	saure Sahne
150 g	Crème fraîche
100 g	geriebener Käse, z. B. Gratin-Käse
	Salz
	frisch gemahlener Pfeffer
	Paprikapulver edelsüß
50 g	geriebener Käse, z. B. Gratin-Käse
20 g	Butter

Zubereitungszeit: 25 Minuten
Garzeit: etwa 30 Minuten

1. Bohnen in einem Topf nach Packungsanleitung bissfest kochen. Anschließend die Bohnen in einem Sieb abtropfen lassen.

2. Den Backofen vorheizen.
Ober-/Unterhitze: etwa 200 °C
Heißluft: etwa 180 °C

3. In der Zwischenzeit die Zwiebeln abziehen und fein würfeln. Den Speck in Würfel schneiden und in einer Pfanne bei mittlerer Hitze auslassen. Zwiebelwürfel dazugeben und darin andünsten. Petersilie abspülen, trocken tupfen, fein hacken und unter die Speck-Zwiebel-Masse rühren. Die Bohnen mit der Speck-Zwiebel-Masse und den Schinkenwürfeln mischen und in eine Auflaufform (gefettet) geben.

4. Für die Sauce die Eier mit saurer Sahne, Crème fraîche und Käse verrühren. Alles mit Salz, Pfeffer und Paprika würzen. Die Sauce auf der Bohnenmischung verteilen. Käse darüberstreuen. Butterflöckchen daraufsetzen. Die Form auf dem Rost auf mittlerer Einschubleiste in den vorgeheizten Backofen schieben. Den Auflauf **etwa 30 Minuten garen.**

Bohnenauflauf mit Gorgonzola I
Raffiniert
4–6 Portionen

Pro Portion:
E: 39 g, F: 49 g, Kh: 22 g, kJ: 2853, kcal: 680

1 Dose	Kidneybohnen (Abtropfgewicht 265 g)
500 g	grüne Bohnen
	Salzwasser
2	Knoblauchzehen
2	rote Zwiebeln
1 EL	Olivenöl
500 g	Gehacktes (halb Rind- und halb Schweinefleisch)
2 EL	Tomatenmark mit Würzgemüse
	Salz
	frisch gemahlener Pfeffer
½ TL	Paprikapulver rosenscharf
½ TL	gerebelter Thymian
500 g	passierte Tomaten (aus dem Tetra Pak®)
100–125 g	Gorgonzola-Käse
250 g	Schlagsahne
100 g	geriebener Gouda-Käse

Zubereitungszeit: 30 Minuten
Garzeit: etwa 30 Minuten

1. Die Kidneybohnen in ein Sieb geben, mit Wasser abspülen und abtropfen lassen.

2. Bohnen putzen, die Enden abschneiden, evtl. abfädeln, abspülen und abtropfen lassen. Salzwasser in einem Topf zum Kochen bringen und die Bohnen darin blanchieren. Die Bohnen mit kaltem Wasser abspülen und abtropfen lasen.

3. Knoblauch und Zwiebeln abziehen und in kleine Würfel schneiden.

4. Olivenöl in einer Pfanne erhitzen. Gehacktes hinzugeben und unter Rühren darin anbraten, dabei die Fleischklümpchen mit einer Gabel zerdrücken. Knoblauch- und Zwiebelwürfel unterrühren und 1–2 Minuten mitbraten.

5. Tomatenmark dazugeben, unterrühren und kurz mitbraten. Gehacktes mit Salz, Pfeffer, Paprikapulver und Thymian würzen. Die passierten Tomaten hinzugießen, unterrühren und kurz aufkochen lassen.

6. Den Backofen vorheizen.
Ober-/Unterhitze: etwa 180 °C
Heißluft: etwa 160 °C

7. Gorgonzola grob würfeln. Sahne in einem Topf unter Rühren kurz aufkochen. Gorgonzola in die Sahne einrühren. Den Topf von der Kochstelle nehmen. Die Gorgonzola-Sahne mit Salz und Pfeffer abschmecken.

8. Kidneybohnen und grüne Bohnen mit der Hack-Tomaten-Sauce vermischen und in eine Auflaufform (gefettet) geben. Die Gorgonzola-Sahne gleichmäßig daraufgießen und mit geriebenem Käse bestreuen.

9. Die Form auf dem Rost im unteren Drittel in den vorgeheizten Backofen schieben. Dann den Auflauf **etwa 30 Minuten garen.**

Beilage: Kartoffelpüree mit frisch gehackter Petersilie oder knuspriges Baguette.

Bohnenauflauf nach Cowboy-Art
Für Gäste
4 Portionen

Pro Portion:
E: 18 g, F: 12 g, Kh: 41 g, kJ: 1442, kcal: 342

    400 g Kartoffeln
    2 Dosen gebackene Bohnen
      (Baked Beans,
      Einwaage je 420 g)
    100 ml Wasser
    2 Zwiebeln
    3 Knoblauchzehen
    3 EL Speiseöl,
      z. B. Olivenöl
    1 Dose Gemüsemais
      (Abtropfgewicht 140 g)
    200 g Tomaten
      Salz
      frisch gemahlener Pfeffer
      Chilipulver
    125 g Frühstücksspeck in Scheiben
      (Bacon)

Zubereitungszeit: 20 Minuten
Garzeit: etwa 60 Minuten

1. Kartoffeln schälen, abspülen, abtropfen lassen und in dünne Scheiben schneiden. Kartoffelscheiben mit Bohnen und Wasser vermischen und in eine hohe Auflaufform (gefettet) geben.

2. Zwiebeln und Knoblauch abziehen und in kleine Würfel schneiden. Olivenöl in einer Pfanne erhitzen. Zwiebel- und Knoblauchwürfel darin andünsten.

3. Den Backofen vorheizen.
Ober-/Unterhitze: etwa 200 °C
Heißluft: etwa 180 °C

4. Mais in einem Sieb abtropfen lassen. Die Tomaten abspülen, abtropfen lassen, halbieren und die Stängelansätze entfernen. Die Tomaten in größere Stücke schneiden.

5. Zwiebel-, Knoblauchwürfel und Tomatenstücke mit dem Mais unter die Kartoffel-Bohnen-Mischung rühren und mit Salz, Pfeffer und Chili würzen. Die Form auf dem Rost im unteren Drittel in den vorgeheizten Backofen schieben. Auflauf **etwa 60 Minuten garen.**

6. **Nach etwa 40 Minuten Garzeit** die Speckscheiben halbieren, auf dem Auflauf verteilen und den Auflauf fertig garen.

Bratäpfel I
Klassisch – mit Alkohol
8 Portionen

Pro Portion:
E: 1 g, F: 4 g, Kh: 20 g, kJ: 644, kcal: 154

1 EL	Rosinen
100 ml	Rum
8	mittelgroße, säuerliche Äpfel
20 g	Butter
20 g	Zucker
1 Pck.	Dr. Oetker Vanillin-Zucker
2 EL	abgezogene, gemahlene Mandeln
2 EL	gestiftelte Mandeln

Zubereitungszeit: 30 Minuten, ohne Quell- und Abkühlzeit
Garzeit: 30–45 Minuten

1. Rosinen und 2 Esslöffel Rum in einen kleinen Topf geben. Rosinen bei schwacher Hitze etwa 20 Minuten quellen und dann abkühlen lassen.

2. Den Backofen vorheizen.
Ober-/Unterhitze: etwa 200 °C
Heißluft: etwa 180 °C

3. Äpfel abspülen und abtrocknen. Die Kerngehäuse von der Blütenseite aus mit einem Apfelausstecher herausbohren. Äpfel dabei nicht ganz durchstechen. Die Äpfel in eine Auflaufform (gefettet) setzen.

4. Die Butter mit Zucker, Vanillin-Zucker, gemahlenen Mandeln und eingeweichten Rosinen mit einem Löffel verrühren.

5. Die Masse mit einem Teelöffel in die Äpfel füllen. Mandelstifte darauf verteilen und leicht andrücken. Übrigen Rum in die Form gießen.

6. Die Form auf dem Rost in den vorgeheizten Backofen schieben. Die Bratäpfel **30–45 Minuten garen.**

Tipps: Dazu passt eine Vanillesauce. Für eine Variante ohne Alkohol können Sie den Rum durch Apfelsaft ersetzen.

Brathähnchen | Für Kinder
3–4 Portionen

Pro Portion:
E: 45 g, F: 21 g, Kh: 5 g, kJ: 1606, kcal: 384

        1 küchenfertiges Hähnchen (etwa 1 kg)
        Salz, frisch gemahlener Pfeffer
        Paprikapulver edelsüß
        1 Zwiebel
        2 Möhren
        2 Tomaten
        1 Lorbeerblatt
125 ml (1/8 l) Hühnerbrühe

Zubereitungszeit: 20 Minuten
Bratzeit: etwa 60 Minuten

1. Den Backofen vorheizen.
Ober-/Unterhitze: etwa 200 °C
Heißluft: etwa 180 °C

2. Hähnchen innen und außen unter fließendem kalten Wasser abspülen, trocken tupfen, mit Salz, Pfeffer und Paprika einreiben.

3. Zwiebel abziehen und fein würfeln. Möhren putzen, schälen, abspülen, abtropfen lassen und in Scheiben schneiden. Die Tomaten abspülen, abtropfen lassen, kreuzweise einschneiden und kurz in kochendes Wasser legen. Tomaten mit kaltem Wasser abschrecken, enthäuten und halbieren. Die Stängelansätze herausschneiden. Tomaten vierteln.

4. Vorbereitetes Gemüse, Lorbeerblatt, Hühnerbrühe und Hähnchen in einen Bräter geben. Den Bräter auf dem Rost im unteren Drittel in den vorgeheizten Backofen schieben. Das Hähnchen **etwa 60 Minuten braten.**

5. Das Hähnchen aus dem Bräter nehmen und warm stellen. Oder das Hähnchen auf eine hitzebeständige Platte legen. Diese auf dem Rost in den Backofen schieben. Das Hähnchen unter dem vorgeheizten Backofengrill (etwa 240 °C) 5–10 Minuten knusprig grillen. Dabei das Hähnchen einmal wenden.

6. In der Zwischenzeit den Bratensud evtl. mit etwas Hühnerbrühe verlängern, zum Kochen bringen. Das Lorbeerblatt entfernen.

7. Die Sauce pürieren oder durch ein Sieb passieren, mit Salz, Pfeffer und Paprikapulver abschmecken. Das Hähnchen mit einer Geflügelschere in Stücke teilen und mit der Sauce servieren.

Beilage: Naturreis.

Brotauflauf mit Datteln und Walnusskernen I

Einfach – vegetarisch
4–6 Portionen

Pro Portion:
E: 18 g, F: 43 g, Kh: 53 g, kJ: 2806, kcal: 670

1	kleine Zwiebel
50 g	Butter
250 ml (¼ l)	Milch
½ TL	gemahlener Zimt
150 g	Weißbrot oder Croissants
140 g	Laugenbrot oder Laugenbrezeln
5	Eigelb (Größe M)
150 g	entsteinte Datteln
150 g	Walnusskerne
5	Eiweiß (Größe M)
	Salz
	frisch gemahlener Pfeffer
	frisch geriebene Muskatnuss

Zubereitungszeit: 20 Minuten, ohne Abkühl- und Ziehzeit
Garzeit: etwa 40 Minuten

1. Die Zwiebel abziehen und in feine Würfel schneiden. Butter in einem Topf zerlassen. Die Zwiebelwürfel darin andünsten. Die Milch unter Rühren hinzugießen. Zimt unterrühren. Die Milch unter Rühren kurz aufkochen lassen, dann etwas abkühlen lassen.

2. In der Zwischenzeit den Backofen vorheizen.
Ober-/Unterhitze: etwa 200 °C
Heißluft: etwa 180 °C

3. Das Brot in kleine Würfel schneiden und in eine Schüssel geben. Die etwas abgekühlte Milch und die Eigelbe hinzugeben, das Ganze vermengen. Die Masse etwas stehen lassen, bis die Flüssigkeit vollständig aufgesogen ist.

4. Datteln in Ringe schneiden und die Walnusskerne grob hacken. Das Eiweiß steif schlagen, zusammen mit den Datteln und Walnüssen nach und nach unter die Brotmasse heben. Die Masse mit Salz, Pfeffer und Muskatnuss abschmecken.

5. Die Brotmasse in einer Auflaufform (gefettet, etwa 25 x 30 cm) verteilen. Die Form sollte etwa zu drei Viertel gefüllt sein.

6. Die Form auf dem Rost im unteren Drittel in den vorgeheizten Backofen schieben. Den Auflauf **etwa 40 Minuten garen.** Den Auflauf aus dem Backofen nehmen und etwa 10 Minuten ruhen lassen.

Buchteln | Beliebt – für Kinder
12 Stück

Pro Stück:
E: 6 g, F: 10 g, Kh: 36 g, kJ: 1091, kcal: 261

Für den Hefeteig:
- 250 ml (¼ l) Milch
- 75 g Butter oder Margarine
- 500 g Weizenmehl
- 1 Pck. Dr. Oetker Trockenbackhefe
- 50 g Zucker
- 1 Pck. Dr. Oetker Vanillin-Zucker
- 4 Tropfen Zitronen-Aroma (aus dem klassischen Röhrchen)
- 1 Prise Salz
- 1 Ei (Größe M)

Zum Bestreichen:
- 50 g Butter

Zum Bestäuben:
- etwas Puderzucker

Zubereitungszeit: 25 Minuten, ohne Teiggehzeit
Backzeit: etwa 25 Minuten

1. Zum Vorbereiten für den Teig die Milch in einem kleinen Topf erwärmen und die Butter oder Margarine darin zerlassen.

2. Für den Teig das Mehl in eine Rührschüssel geben und mit Trockenbackhefe sorgfältig vermischen. Übrige Zutaten und die warme Milch-Fett-Mischung hinzufügen, die Zutaten mit Handrührgerät mit Knethaken kurz auf niedrigster, dann auf höchster Stufe in etwa 5 Minuten zu einem glatten Teig verarbeiten. Den Teig zugedeckt so lange an einem warmen Ort gehen lassen, bis er sich sichtbar vergrößert hat.

3. Den Backofen vorheizen.
Ober-/Unterhitze: etwa 200 °C
Heißluft: etwa 180 °C

4. Teig leicht mit Mehl bestäuben, aus der Schüssel nehmen und auf der leicht bemehlten Arbeitsfläche nochmals kurz durchkneten. Den Teig zu einer Rolle formen und in 12 gleich große Stücke schneiden. Die Stücke zu Bällchen formen und nicht zu dicht nebeneinander in eine Auflaufform (gefettet) legen.

5. Zum Bestreichen Butter zerlassen. Die Teigbällchen damit bestreichen und nochmals an einem warmen Ort gehen lassen, bis sie sich sichtbar vergrößert haben. Die Auflaufform auf dem Rost auf mittlerer Einschubhöhe in den vorgeheizten Backofen schieben. Die Buchteln **etwa 25 Minuten backen.**

6. Die Buchteln nach Belieben mit Puderzucker bestäuben und warm servieren.

Tipp: Dazu Kompott oder Vanillesauce servieren.

Rezeptvariante: Für **Buchteln mit Pflaumenmusfüllung** die Teigbällchen flach drücken, je 1 Teelöffel Pflaumenmus daraufgeben, mit dem Teig umschließen und wieder zu einer Kugel formen.

Bunte Quiche mit Kräuter-Eier-Sahne | Einfach
4 Portionen

Pro Portion:
E: 21 g, F: 35 g, Kh: 46 g, kJ: 2480, kcal: 592

- 1 rote oder gelbe Paprikaschote (etwa 200 g)
- 2 mittelgroße Zucchini (etwa 250 g)
- 200 g Cocktailtomaten
- 4 Eier (Größe M)
- 200 g Schlagsahne
- Salz
- frisch gemahlener Pfeffer
- 25 g TK-Kräuter-Mischung

Für den Quark-Öl-Teig:
- 200 g Weizenmehl
- ½ Pck. Dr. Oetker Backin
- 100 g Magerquark
- 1 Ei (Größe M)
- 3 EL Milch
- 4 EL Rapsöl

Zubereitungszeit: 30 Minuten
Backzeit: etwa 45 Minuten

1. Paprikaschote halbieren, entstielen, entkernen und die weißen Scheidewände entfernen. Schotenhälften abspülen, abtropfen lassen und in Stücke schneiden.

2. Die Zucchini abspülen, abtrocknen und die Enden abschneiden. Zucchini in Scheiben schneiden. Tomaten abspülen, trocken tupfen, halbieren und die Stängelansätze herausschneiden.

3. Eier mit Sahne verschlagen, mit Salz und Pfeffer würzen. Kräuter-Mischung unterrühren.

4. Den Backofen vorheizen.
Ober-/Unterhitze: etwa 180 °C
Heißluft: etwa 160 °C

5. Für den Teig das Mehl mit Backpulver in einer Rührschüssel mischen. Quark, Ei, Milch und Öl hinzufügen. Die Zutaten mit Handrührgerät mit Knethaken zunächst kurz auf niedrigster, dann auf höchster Stufe zu einem Teig verarbeiten (nicht zu lange, der Teig klebt sonst). Den Teig auf der leicht bemehlten Arbeitsfläche zu einer Rolle formen.

6. Teigrolle zu einer runden Platte (Ø etwa 30 cm) ausrollen und in eine Tarteform (Ø 26–28 cm, gut gefettet oder mit Backpapier belegt) legen, dabei einen etwa 3 cm hohen Rand andrücken.

7. Paprikastücke und Zucchinischeiben auf dem Teigboden verteilen und mit der Kräuter-Eier-Sahne übergießen. Tomatenhälften auf dem Gemüse verteilen.

8. Die Form auf dem Rost in den vorgeheizten Backofen schieben. Die Quiche **etwa 45 Minuten backen.**

9. Die Form aus dem Backofen nehmen. Quiche kurz ruhen lassen, in Tortenstücke schneiden und sofort servieren.

Tipps: Statt mit frischem Gemüse können Sie die Quiche auch mit einer TK-Gemüse-Mischung zubereiten. Lecker sind z. B. Gemüsemischungen mit Brokkoli oder mediterrane Mischungen mit Paprikaschoten und Aubergine. Falls Sie TK-Gemüse aus Portionsbeuteln verwenden, etwa 500 g Gemüse entnehmen, auf Küchenpapier legen und leicht antauen lassen. Dann das Gemüse wie im Rezept beschrieben auf dem Teig verteilen und mit der Kräuter-Eier-Sahne übergießen. Die Quiche wie im Rezept angegeben fertig backen. Statt der Sahne die gleiche Menge saure Sahne verwenden.

Calzone | Für Gäste

2 Stück/etwa 4 Portionen

Pro Portion:
E: 44 g, F: 46 g, Kh: 73 g, kJ: 3722, kcal: 889

Für den Hefeteig:

300 g	*Weizenmehl (Type 550)*
1 Pck.	*Dr. Oetker Trockenbackhefe*
4 EL	*Speiseöl, z. B. Sonnenblumenöl*
1 gestr. TL	*Salz*
knapp	
125 ml (⅛ l)	*lauwarmes Wasser*

Für den Belag:

1 Glas	*ganze Champignons (Abtropfgewicht 380 g)*
5	*Tomaten*
150 g	*Salami*
250 g	*Gouda-Käse*
100 g	*gekochter Schinken*
1	*mittelgroße Zwiebel*
8 EL	*Tomatenmark*
2 EL	*Semmelbrösel*
	Salz
	frisch gemahlener Pfeffer
	Paprikapulver edelsüß
	Knoblauchsalz
	gerebelter Oregano
1–2 EL	*Speiseöl, z. B. Sonnenblumenöl*

Zubereitungszeit: 50 Minuten, ohne Teiggehzeit
Backzeit: etwa 25 Minuten

1. Für den Teig Mehl in eine Rührschüssel geben, mit Trockenbackhefe sorgfältig vermischen. Speiseöl, Salz und Milch hinzufügen.

2. Die Zutaten mit Handrührgerät mit Knethaken zunächst kurz auf niedrigster, dann auf höchster Stufe in etwa 5 Minuten zu einem glatten Teig verarbeiten. Sollte der Teig kleben, noch etwas Mehl hinzufügen. Den Teig zugedeckt so lange an einem warmen Ort gehen lassen, bis er sich sichtbar vergrößert hat.

3. Den Teig leicht mit Mehl bestäuben, aus der Schüssel nehmen, auf einer leicht bemehlten Arbeitsfläche

nochmals kurz durchkneten und halbieren. Die Teighälften jeweils zu einer runden Platte (Ø etwa 25 cm) ausrollen.

4. Für den Belag Champignons in einem Sieb abtropfen lassen und in Scheiben schneiden.

5. Tomaten abspülen, kreuzweise einschneiden und mit kochendem Wasser übergießen. Die Tomaten mit kaltem Wasser abschrecken, enthäuten, halbieren, entkernen und die Stängelansätze herausschneiden. Tomatenhälften in Scheiben schneiden.

6. Salami in Scheiben schneiden, Käse und Schinken in kleine Würfel schneiden. Zwiebel abziehen, zuerst in Scheiben schneiden, dann in Ringe teilen.

7. Tomatenmark mit Semmelbröseln verrühren, mit Salz, Pfeffer, Paprika und Knoblauchsalz würzen.

8. Die Teigplatten nacheinander jeweils auf eine Hälfte eines Backbleches (mit Backpapier belegt) legen, jeweils mit der Hälfte der Tomatenmark-Masse bestreichen. Tomatenscheiben darauflegen, mit Salz, Pfeffer, Paprika und Knoblauchsalz bestreuen. Champignonscheiben, Salamischeiben, Käse-, Schinkenwürfel und Zwiebelringe darauf verteilen, mit Pfeffer, Paprika und Oregano bestreuen.

9. Die Teigplatten zur Hälfte zusammenklappen und die Ränder gut festdrücken. Die Calzone mit Speiseöl bestreichen und nochmals so lange an einem warmen Ort gehen lassen, bis sie sich sichtbar vergrößert haben.

10. In der Zwischenzeit den Backofen vorheizen.
Ober-/Unterhitze: etwa 200 °C
Heißluft: etwa 180 °C

11. Das Backblech in den vorgeheizten Backofen schieben. Calzone **etwa 25 Minuten backen.**

12. Die Calzone vom Backpapier nehmen und sofort servieren.

Tipp: Die Calzone vor dem Backen zusätzlich mit Oregano und geraspeltem Käse bestreuen.

Calzone-Braten | Beliebt
6 Portionen

Pro Portion:
E: 49 g, F: 15 g, Kh: 14 g, kJ: 1662, kcal: 396

60 g	getrocknete Tomaten in Öl
12	schwarze Oliven ohne Stein
je 1	kleine, gelbe, rote und grüne Paprikaschote (je etwa 150 g)
2	mittelgroße Zwiebeln
2	Knoblauchzehen
2 Scheiben	Toastbrot
3 EL	Olivenöl
2 Pck.	TK-8-Kräuter-Mischung (je 25 g)
	Salz, frisch gemahlener Pfeffer
	Paprikapulver edelsüß
1,2 kg	Schweinefleisch (aus der Oberschale)
250 ml (¼ l)	Gemüsebrühe
2 Dosen	stückige Tomaten (je 400 g)
einige	Holzstäbchen oder Küchengarn

Zubereitungszeit: 30 Minuten, ohne Ruhezeit
Garzeit: etwa 50 Minuten

1. Tomaten abtropfen lassen und in Streifen schneiden. Oliven halbieren oder vierteln. Paprikaschoten vierteln, entstielen, entkernen und die weißen Scheidewände entfernen. Die Schoten abspülen, abtropfen lassen und in feine Streifen schneiden. Die Zwiebeln abziehen, halbieren und in feine Streifen schneiden. Knoblauch abziehen und würfeln. Toastbrot entrinden und in kleine Würfel schneiden.

2. Den Backofen vorheizen.
Ober-/Unterhitze: etwa 250 °C
Heißluft: etwa 230 °C

3. Öl in einem Topf erhitzen. Paprikastreifen, Zwiebeln und Knoblauch darin andünsten. Brotwürfel, Kräuter, Tomatenstreifen und Oliven zugeben und alles mit Salz, Pfeffer und Paprikapulver abschmecken.

4. Das Schweinefleisch mit Küchenpapier trocken tupfen, waagerecht in der Mitte so weit einschneiden, dass es an einer Seite noch zusammenhält. Das Fleischstück auseinanderklappen, flach klopfen und mit Salz und Pfeffer bestreuen.

5. Die Hälfte der Gemüse-Brot-Masse auf eine Längsseite des Fleischstückes geben, die andere Seite darüberschlagen und die Öffnung mit Holzstäbchen feststecken oder mit Küchengarn zusammenbinden.

6. Das Fleischstück in eine große, flache Auflaufform (gefettet) oder einen Bräter (gefettet) geben und auf dem Rost in den vorgeheizten Backofen schieben. Den Braten **etwa 10 Minuten garen,** die Gemüsebrühe hinzugießen, **weitere etwa 20 Minuten garen.**

7. Die restliche Gemüse-Brot-Masse und die stückigen Tomaten hinzufügen.

8. Backofentemperatur um etwa 50 °C auf Ober-/Unterhitze: etwa 200 °C, Heißluft: etwa 180 °C herunterschalten. Alles **noch etwa 20 Minuten garen,** dabei die Gemüse-Brot-Mischung gelegentlich umrühren. Evtl. noch etwas Wasser hinzufügen.

9. Die Auflaufform oder den Bräter aus dem Backofen nehmen. Das Fleisch zugedeckt und warm gestellt etwa 10 Minuten ruhen lassen. Das Gemüse evtl. mit den Gewürzen abschmecken. Zum Servieren das Fleisch in Scheiben schneiden. Gemüse dazureichen.

Cannelloni auf Blattspinat I
Vegetarisch
4 Portionen

Pro Portion:
E: 30 g, F: 39 g, Kh: 41 g, kJ: 2690, kcal: 643

1	Zwiebel
1 EL	Speiseöl, z. B. Rapsöl
600 g	TK-Blattspinat
	Salz
	frisch gemahlener Pfeffer
	frisch geriebene Muskatnuss

Für die Sauce und die Füllung:

50 g	Butter oder Margarine
30 g	Weizenmehl
250 ml (¼ l)	Gemüsebrühe
300 ml	Milch
75 g	geriebener Parmesan-Käse
2 Scheiben	Toastbrot
2	Frühlingszwiebeln
250 g	Speisequark (40 % Fett)
1	Eigelb (Größe M)

etwa 125 g Cannelloni (ohne Vorkochen)

Zum Bestreuen:
50 g geriebener Parmesan-Käse

Zubereitungszeit: 30 Minuten
Garzeit: etwa 30 Minuten

1. Die Zwiebel abziehen und fein würfeln. Speiseöl in einem Topf erhitzen. Zwiebelwürfel darin glasig dünsten. Spinat unaufgetaut hinzufügen. Den Spinat etwa 10 Minuten zugedeckt dünsten, dabei gelegentlich umrühren. Spinat mit Salz, Pfeffer und Muskat würzen. Spinat in eine flache Auflaufform (gefettet) geben.

2. Den Backofen vorheizen.
Ober-/Unterhitze: etwa 200 °C
Heißluft: etwa 180 °C

3. Für die Sauce Butter oder Margarine in einem Topf zerlassen. Mehl unter Rühren so lange darin erhitzen, bis es hellgelb ist. Nach und nach Brühe und Milch hinzugießen, dabei mit einem Schneebesen durchschlagen. Darauf achten, dass keine Klümpchen entstehen.

4. Die Sauce zum Kochen bringen und etwa 2 Minuten köcheln lassen. 50 g Käse unter die Sauce rühren. Sauce mit Salz und Pfeffer würzen.

5. Toastscheiben in feine Würfel schneiden. Frühlingszwiebeln putzen, abspülen, abtropfen lassen und in feine Ringe schneiden. Zwiebelringe mit Toastwürfeln, Quark, Eigelb und 6 Esslöffeln von der Sauce verrühren. Die restlichen 25 g vom Käse unterrühren.

6. Die Füllung in einen Spritzbeutel füllen und in die Cannelloni spritzen. Die gefüllten Cannelloni auf den Spinat legen und mit der restlichen Sauce übergießen, mit Käse bestreuen.

7. Die Form auf dem Rost in den vorgeheizten Backofen schieben. Cannelloni **etwa 30 Minuten garen.**

Beilage: Tomatensalat.

Cannelloni mit Lachs | Für Gäste
2 Portionen

Pro Portion:
E: 67 g, F: 36 g, Kh: 23 g, kJ: 2905, kcal: 694

Für jede Füllung:
- 4 Lasagneplatten (zum Vorkochen)
- Salz
- 1 Knoblauchzehe
- 250 g passierte Tomaten (aus dem Tetra Pak®)
- frisch gemahlener Pfeffer
- 100 g frisch geriebener Parmesan- oder Pizza-Käse

Für die Lachsfüllung:
- 500 g Lachsfilet (ohne Haut und Gräten)
- Saft von ½ Zitrone
- einige Basilikumstängel

Zubereitungszeit: 30 Minuten
Garzeit: 15–20 Minuten

1. Lasagneplatten nach Packungsanleitung in reichlich Salzwasser bissfest kochen, abgießen und quer halbieren. In der Zwischenzeit Knoblauch abziehen, fein hacken, mit den passierten Tomaten vermengen und die Sauce mit Salz und Pfeffer abschmecken.

2. Den Backofen vorheizen.
Ober-/Unterhitze: etwa 200 °C
Heißluft: etwa 180 °C

3. Für die Lachsfüllung Lachsfilet unter fließendem kaltem Wasser abspülen, trocken tupfen und in 8 etwa 2 cm dicke Stücke schneiden. Die Lachsstücke mit Salz, Pfeffer und Zitronensaft würzen. Basilikum abspülen, trocken tupfen und die Blättchen von den Stängeln zupfen.

4. Einige Blättchen zum Garnieren beiseitelegen. Jeweils ein Lachsstück und 1–2 Basilikumblättchen in ein halbiertes Nudelblatt einwickeln und in eine Auflaufform (gefettet) legen.

5. Tomatensauce über die Röllchen gießen, mit dem Parmesan- oder Pizza-Käse bestreuen. Die Form auf dem Rost auf mittlerer Einschubleiste in den vorgeheizten Backofen schieben. Cannelloni **15–20 Minuten garen** und anschließend mit den beiseitegelegten Basilikumblättchen garniert servieren.

Tipps: Die Tomatensauce zusätzlich mit frisch gehackten Kräutern, z.B. Thymian oder Petersilie, würzen. Für 4 Personen das Rezept einfach verdoppeln.

Champignonauflauf | Vegetarisch
4 Portionen

Pro Portion:
E: 29 g, F: 51 g, Kh: 12 g, kJ: 2566, kcal: 613

300 g	Staudensellerie
400 g	Champignons
3 EL	Olivenöl
	Salz
	frisch gemahlener Pfeffer
1	rote Paprikaschote
1 Bund	Frühlingszwiebeln
	gerebelter Thymian
5	Eier (Größe M)
200 g	Schlagsahne
	gemahlene Muskatblüte (Macis)
120 g	geraspelter Pecorino-Käse
60 g	Sonnenblumenkerne
	Paprikapulver edelsüß

Zubereitungszeit: 40 Minuten
Garzeit: etwa 45 Minuten

1. Staudensellerie putzen. Von den Stangen die harten Außenfäden abziehen. Sellerie abspülen und abtropfen lassen. Die Stangen in etwa ½ cm breite Stücke schneiden. Die Champignons putzen, evtl. abspülen, gut abtropfen lassen und in Viertel schneiden.

2. Das Olivenöl in einer großen Pfanne erhitzen. Die Champignonviertel darin etwa 5 Minuten andünsten, mit Salz und Pfeffer würzen.

3. Den Backofen vorheizen.
Ober-/Unterhitze: etwa 180 °C
Heißluft: etwa 160 °C

4. Paprika halbieren, entstielen, entkernen und die weißen Scheidewände entfernen. Schote abspülen, trocken tupfen und in Würfel schneiden. Frühlingszwiebeln putzen, abspülen, abtropfen lassen und in etwa 1 cm lange Stücke schneiden.

5. Selleriestücke, Champignonviertel, Paprikawürfel und Frühlingszwiebelstücke in eine flache Auflaufform (gefettet) geben, mit Salz, Pfeffer und Thymian würzen.

6. Eier mit Sahne verschlagen, mit Salz und Macis abschmecken. Eier-Sahne über den Auflauf gießen und mit Käse, Sonnenblumenkernen und Paprika bestreuen. Die Form auf dem Rost in den vorgeheizten Backofen schieben. Den Auflauf **etwa 45 Minuten garen.**

Champignon-Porree-Torte mit Senfquark | Für Gäste

6–8 Portionen

Pro Portion:
E: 17 g, F: 51 g, Kh: 23 g, kJ: 2604, kcal: 622

Für den Knetteig:

150 g	Weizenmehl
100 g	gemahlene Haselnusskerne
125 g	weiche Butter
1	Eigelb (Größe M)
1 TL	Zucker
1 gestr. TL	Salz
2–3 EL	kaltes Wasser

Für den Belag:

200 g	Champignons
2	Schalotten
2 Stängel	Thymian
2 EL	Butterschmalz
	Salz
	frisch gemahlener Pfeffer
2 Stangen	Porree (Lauch, 400 g)
200 g	Schlagsahne
4	Eier (Größe M)
	frisch geriebene Muskatnuss
80 g	frisch geriebener Bergkäse

Für den Senfquark:

1 Bund	Schnittlauch
150 g	Speisequark (40 % Fett)
1 EL	scharfer Senf
1 EL	grober Senf
1 EL	Traubenkernöl

Zum Garnieren:

2 Stängel	Thymian

Zubereitungszeit: 45 Minuten, ohne Kühlzeit
Backzeit: 30–40 Minuten

1. Für den Teig Mehl und Nüsse in einer Rührschüssel mit einem Schneebesen verrühren. Die Butter, Eigelb, Zucker, Salz und Wasser hinzufügen. Die Zutaten mit Handrührgerät mit Rührbesen zunächst kurz auf niedrigster, dann auf höchster Stufe gut durcharbeiten.

2. Danach auf der bemehlten Arbeitsfläche zu einem glatten Teig verkneten. Den Teig in Frischhaltefolie wickeln und etwa 1 Stunde in den Kühlschrank stellen.

3. Für den Belag Champignons putzen, evtl. abspülen, abtropfen lassen und vierteln. Schalotten abziehen und in kleine Würfel schneiden.

4. Thymian abspülen und trocken tupfen. Die Blättchen von den Stängeln zupfen. Butterschmalz in einer Pfanne erhitzen. Champignonviertel darin andünsten, Schalottenwürfel und Thymian hinzugeben und andünsten. Mit Salz und Pfeffer würzen.

5. Den Backofen vorheizen.
Ober-/Unterhitze: etwa 180 °C
Heißluft: etwa 160 °C

6. Porree putzen. Die Stangen längs halbieren, gründlich abspülen, abtropfen lassen, schräg in etwa 2 cm lange Stücke schneiden. Porreestücke in kochendem Salzwasser kurz blanchieren, mit kaltem Wasser abschrecken und in einem Sieb abtropfen lassen.

7. Zwei Drittel des Teiges auf der leicht bemehlten Arbeitsfläche zu einer runden Platte (Ø etwa 30 cm) ausrollen. Die Teigplatte in eine Tarteform (Ø etwa 28 cm, Boden gefettet) legen und mit einer Gabel mehrfach einstechen. Die Form auf dem Rost in den vorgeheizten Backofen schieben. Den Tarteboden **etwa 10 Minuten vorbacken.**

8. Die Form aus dem Backofen nehmen und auf einen Kuchenrost stellen. Den Tarteboden etwa 10 Minuten abkühlen lassen.

9. Restlichen Teig zu einer etwa 75 cm langen Rolle formen, an den Tarteformrand und den vorgebackenen Boden drücken. Die Champignonmasse und die Porreestücke in der Form verteilen.

10. Sahne mit den Eiern in einer Schüssel verquirlen, mit Salz, Pfeffer und Muskat würzen. Die Eiersahne auf der Champignon-Porree-Masse verteilen, mit Käse bestreuen. Die Form auf dem Rost in den vorgeheizten Backofen schieben. Die Tarte **weitere 20–30 Minuten backen.**

11. Für den Senfquark Schnittlauch abspülen, trocken tupfen und in Röllchen schneiden. Quark, beide Senfsorten und Schnittlauchröllchen in einer Schüssel verrühren, mit Salz abschmecken. Das Traubenkernöl unterrühren, damit der Quark sämiger wird.

12. Zum Garnieren Thymian abspülen, trocken tupfen und in Zweige zupfen. Die Torte aus dem Backofen nehmen, auf einem Kuchenrost etwas abkühlen lassen, mit Thymian garnieren und mit dem Senfquark servieren.

Champignons, gefüllt mit Schinken | Für Gäste
4 Portionen

Pro Portion:
E: 18 g, F: 35 g, Kh: 10 g, kJ: 1746, kcal: 417

    12 große, weiße Champignons (etwa 800 g)

Für die Füllung:
    1 Schalotte
    120 g Parmaschinken
    1 Bund glatte Petersilie
    3 Scheiben Toastbrot
    60 g Butter

    4 EL Olivenöl
    Salz
    frisch gemahlener Pfeffer
    20 g Butter
    1 Ei (Größe M)

Zum Garnieren:
    3 Tomaten

Zubereitungszeit: 45 Minuten
Garzeit: 15–20 Minuten

1. Champignons putzen, evtl. abspülen und trocken tupfen. Stiele herausdrehen und die Köpfe etwas aushöhlen. Stiele und ausgehöhltes Champignonfleisch in kleine Würfel schneiden.

2. Für die Füllung Schalotte abziehen und in kleine Würfel schneiden. Schinken in 2–3 cm lange, feine Streifen schneiden. Petersilie abspülen, trocken tupfen. Blättchen von den Stängeln zupfen, fein hacken.

3. Toastbrot entrinden und in kleine Würfel schneiden. Die Butter in einer Pfanne zerlassen. Die Toastwürfel unter Rühren darin goldgelb dünsten und beiseitestellen.

4. Den Backofen vorheizen.
Ober-/Unterhitze: etwa 180 °C
Heißluft: etwa 160 °C

5. Olivenöl in einer Pfanne erhitzen. Champignonköpfe hinzugeben und leicht anbraten. Mit Salz und Pfeffer würzen und in eine flache Auflaufform (gefettet) legen.

6. Die Butter in einem Topf zerlassen. Champignon-, Schalottenwürfel und Schinkenstreifen darin andünsten. Petersilie, Toastbrotwürfel und Ei unterrühren, mit Salz und Pfeffer würzen.

7. Die Masse in den ausgehöhlten Champignons verteilen. Die Form auf dem Rost in den vorgeheizten Backofen schieben und die gefüllten Champignons **15–20 Minuten garen.**

8. Zum Garnieren die Tomaten abspülen, abtrocknen und die Stängelansätze herausschneiden. Tomaten halbieren, entkernen und in kleine Würfel schneiden. Die gefüllten Champignons mit Tomatenwürfeln garniert servieren.

Chicken-Wings (Hähnchenflügel)
Gut vorzubereiten – schnell
4 Portionen

Pro Portion:
E: 28 g, F: 26 g, Kh: 9 g, kJ: 1595, kcal: 380

Für die Marinade:
- 100 ml Hühner- oder Gemüsebrühe
- 3 EL Tomatenketchup
- 1 EL brauner Zucker
- 2 EL Sojasauce
- 1 EL Weißweinessig
- 2 TL Sambal Oelek (scharfe Würzpaste)
- 1 TL Currypulver
- 20 Chicken-Wings (Hähnchenflügel, 1,2–1,4 kg)

Zubereitungszeit: 25 Minuten
Bratzeit: etwa 45 Minuten

1. Den Backofen vorheizen.
Ober-/Unterhitze: etwa 200 °C
Heißluft: etwa 180 °C

2. Für die Marinade Hühner- oder Gemüsebrühe mit Ketchup, Zucker, Sojasauce, Essig, Sambal Oelek und Currypulver in einen Topf geben und unter Rühren aufkochen lassen.

3. Chicken-Wings unter fließendem kalten Wasser abspülen, trocken tupfen, evtl. im Gelenk durchtrennen und in eine Auflaufform (gefettet) legen.

4. Die vorbereiteten Chicken-Wings dick mit der Marinade bestreichen.

5. Die Form auf dem Rost auf mittlerer Einschubleiste in den vorgeheizten Backofen schieben. Die Chicken-Wings **etwa 45 Minuten braten.**

6. Die Chicken-Wings während der Bratzeit ab und zu mit der restlichen Marinade bestreichen.

7. Die Chicken-Wings heiß oder kalt servieren.

Beilage: Baguette, Kartoffelsalat oder gemischter Blattsalat.

Tipp: Die Marinade eignet sich auch für Grillfleisch wie Rippchen, Hähnchenkeulen oder Nackensteaks.

Chicorée im Schinkenmantel I
Raffiniert
4 Portionen

Pro Portion:
E: 23 g, F: 46 g, Kh: 9 g, kJ: 2301, kcal: 551

4	große Chicorée
50 g	Butter
1 EL	Speiseöl, z. B. Sonnenblumenöl
4 Scheiben	gekochter Schinken
150 g	Crème fraîche
150 g	Joghurt (3,5 % Fett)
200 g	Sahne-Schmelzkäse
	Salz
	frisch gemahlener Pfeffer
50 g	geraspelter Gratin- oder Gouda-Käse

Zubereitungszeit: 30 Minuten
Garzeit: etwa 20 Minuten

1. Den Backofen vorheizen.
Ober-/Unterhitze: etwa 180 °C
Heißluft: etwa 160 °C

2. Vom Chicorée die äußeren welken Blätter entfernen. Chicorée längs halbieren, abspülen und abtropfen lassen. Die bitteren Strünke keilförmig so herausschneiden, dass die Blätter noch zusammenhalten.

3. Butter und Öl in einer Pfanne erhitzen. Chicorée darin mit der Schnittseite nach unten bei schwacher Hitze etwa 10 Minuten dünsten.

4. Die Schinkenscheiben halbieren. Je 1 Hälfte um 1 Chicoréehälfte legen und in eine flache Auflaufform (gefettet) geben.

5. Crème fraîche und Joghurt unter Rühren in der Pfanne erhitzen und zum Kochen bringen. Schmelzkäse unter Rühren darin auflösen.

6. Die Sauce mit Salz und Pfeffer würzen, über die Chicoréehälften geben. Den geraspelten Käse darüberstreuen. Die Form auf dem Rost im unteren Drittel in den vorgeheizten Backofen schieben. Chicorée **etwa 20 Minuten garen.**

Tipp: Bestreuen Sie den Chicorée im Schinkenmantel nach Belieben mit einigen roten Paprikawürfeln.

Chinakohl-Gratin | Einfach
4 Portionen

Pro Portion:
E: 14 g, F: 20 g, Kh: 5 g, kJ: 1114, kcal: 268

    1 Chinakohl (etwa 1 kg)
    1 l Gemüsebrühe
  50 g Butter

Für die Sauce:
      1 kleine Zwiebel
 150 g saure Sahne
    1 EL gehackte Petersilie
        Salz
        frisch gemahlener Pfeffer

Zum Bestreuen:
  50 g geriebener Käse,
        z. B. Emmentaler

Zubereitungszeit: 25 Minuten
Garzeit: etwa 15 Minuten

1. Chinakohl putzen, vierteln (er darf nicht auseinander fallen), abspülen und abtropfen lassen.

2. Den Backofen vorheizen.
Ober-/Unterhitze: etwa 200 °C
Heißluft: etwa 180 °C

3. Gemüsebrühe in einem weiten Topf zum Kochen bringen. Den Kohl hineingeben, in etwa 10 Minuten fast gar kochen und abtropfen lassen.

4. Die Kohlviertel nebeneinander in eine flache Auflaufform (gefettet) legen. Butter zerlassen und den Kohl damit beträufeln.

5. Für die Sauce Zwiebel abziehen und fein würfeln. Zwiebelwürfel mit saurer Sahne, Petersilie, Salz und Pfeffer zu einer Sauce verrühren und über den Kohl geben.

6. Kohl mit Käse bestreuen und die Auflaufform auf dem Rost in den vorgeheizten Backofen schieben. Das Gratin **etwa 15 Minuten garen.**

Crêpes-Auflauf mit Hack und Pilzen | Raffiniert

4 Portionen

Pro Portion:
E: 34 g, F: 55 g, Kh: 36 g, kJ: 3231, kcal: 772

Für den Crêpes-Teig:

25 g	Butter oder Margarine
125 g	Weizenmehl
½ TL	Paprikapulver edelsüß
½ TL	Salz
3	Eier (Größe M)
325 ml	Milch
2 TL	gehackte Petersilie
	frisch gemahlener Pfeffer
	frisch geriebene Muskatnuss

Für die Füllung:

etwa 250 g	Champignons
2	Tomaten
2	Knoblauchzehen
2	kleine Zwiebeln
3 EL	Rapsöl
400 g	Gehacktes (halb Rind-, halb Schweinefleisch)
5 EL	Tomatenmark mit Würzgemüse Salz, frisch gemahlener Pfeffer
4 EL	Rapsöl
125 g	Crème légère mit Kräutern

Zubereitungszeit: 40 Minuten, ohne Teigquellzeit
Backzeit: 15–20 Minuten

1. Für den Teig die Butter oder Margarine in einem Topf zerlassen und etwas abkühlen lassen. Mehl mit Paprika und Salz in einer Rührschüssel vermischen. Eier mit Milch, Petersilie und Butter oder Margarine mit einem Schneebesen verschlagen.

2. Eiermilch zum Mehl geben und mit dem Schneebesen von innen nach außen verrühren. Dabei darauf achten, dass sich keine Klümpchen bilden. Den Teig mit Pfeffer und Muskat abschmecken und 15–30 Minuten quellen lassen.

3. Für die Füllung Champignons putzen, evtl. abspülen und gut abtropfen lassen. Champignons in kleine Stücke schneiden. Tomaten abspülen, abtrocknen, halbieren und die Stängelansätze herausschneiden. Tomaten entkernen und in kleine Stücke schneiden.

4. Knoblauch und Zwiebeln abziehen und fein würfeln. Rapsöl in einer Pfanne erhitzen. Die Pilze darin kräftig anbraten. Knoblauch- und Zwiebelwürfel mit anbraten. Gehacktes hinzugeben und unter Rühren darin etwa 5 Minuten braten, dabei die Fleischklümpchen mit einer Gabel zerdrücken.

5. Zwei Esslöffel Tomatenmark und die Tomatenstücke unterrühren. Die Füllung mit Salz und Pfeffer abschmecken.

6. Den Backofen vorheizen.
Ober-/Unterhitze: etwa 200 °C
Heißluft: etwa 180 °C

7. Etwas Rapsöl in einer beschichteten Pfanne (Ø etwa 22 cm) bei mittlerer Hitze zerlassen. Etwa ein Achtel des Teiges in die Pfanne geben. Die Pfanne leicht schwenken, damit sich der Teig gleichmäßig auf dem Pfannenboden verteilen kann.

8. Sobald die Crêpe-Ränder goldbraun sind, den Crêpe mit einem Pfannenwender umdrehen und die andere Seite fertig backen. Dafür evtl. noch etwas Fett unter den Crêpe geben.

9. Aus dem restlichen Teig weitere 7 Crêpes auf die gleiche Weise backen. Den Teig vor jedem Backen durchrühren.

10. Die Crêpes gleichmäßig mit etwa drei Viertel der Füllung belegen und aufrollen. Die gefüllten Crêpes-Rollen nebeneinander in eine Fettpfanne (gefettet) oder 2 Auflaufformen (gefettet) legen. Die restliche Hackfüllung darauf verteilen. Crème légère mit dem restlichen Tomatenmark verrühren, ebenfalls darauf verteilen.

11. Die Fettpfanne oder die Auflaufformen auf dem Rost (evtl. nacheinander, je nach Größe der Formen) im unteren Drittel in den vorgeheizten Backofen schieben. Den Auflauf **15–20 Minuten überbacken.**

D

Doppeltes Fischfilet | Schnell
2 Portionen

Pro Portion:
E: 44 g, F: 30 g, Kh: 16 g, kJ: 2160, kcal: 516

80 g	getrocknete Tomaten in Öl
30 g	Pinienkerne
3 EL	Semmelbrösel
3 EL	Olivenöl
1	Bio-Limette (unbehandelt, ungewachst)
½ Topf	Basilikum
200 g	Rotbarschfilet
200 g	Dorschfilet
	Salz
	frisch gemahlener Pfeffer

Zubereitungszeit: 20 Minuten
Garzeit: 12–15 Minuten

1. Den Backofen vorheizen.
Ober-/Unterhitze: etwa 220 °C
Heißluft: etwa 200 °C

2. Tomaten etwas abtropfen lassen und in Streifen schneiden. Tomatenstreifen mit Pinienkernen, Semmelbröseln und Olivenöl gut vermischen. Limette heiß abwaschen, abtrocknen und in Stücke schneiden.

3. Basilikum abspülen und trocken tupfen. Die Blättchen von den Stängeln zupfen. Jeweils die Hälfte der Tomatenmischung, der Limettenstücke und der Basilikumblättchen auf dem Boden einer Auflaufform (gefettet) verteilen.

4. Fischfilets unter fließendem kalten Wasser abspülen, trocken tupfen, mit Salz und Pfeffer bestreuen. Die Fischfilets in die Auflaufform legen. Die restliche Tomatenmischung darauf verteilen. Die restlichen Limettenstücke ebenfalls auf die Fischfilets legen.

5. Die Form auf dem Rost in den vorgeheizten Backofen schieben. Den Fisch **12–15 Minuten garen.**

6. Die Form aus dem Backofen nehmen. Fischfilets mit den restlichen Basilikumblättchen bestreuen und sofort servieren.

Beilage: Frisch gebackene Baguettestangen.

Dorade, gebacken | Raffiniert
6 Portionen

Pro Portion:
E: 41 g, F: 26 g, Kh: 27 g, kJ: 2148, kcal: 513

250 g	Zwiebeln
3	Knoblauchzehen
1 kg	festkochende Kartoffeln
7 EL	Olivenöl
	Salz
	frisch gemahlener Pfeffer
½ TL	gerebelter Thymian
250 ml (¼ l)	Gemüsebrühe
1	küchenfertige Dorade (etwa 1 ½ kg)
	Zitronensaft
3	Tomaten
1 Bund	Petersilie
2	Knoblauchzehen
2 EL	Semmelbrösel

Zubereitungszeit: 30 Minuten
Garzeit: etwa 55 Minuten

1. Zwiebeln und Knoblauchzehen abziehen und in Scheiben schneiden. Kartoffeln schälen, abspülen, abtropfen lassen und in dünne in Scheiben schneiden. Kartoffelscheiben mit den Zwiebel- und Knoblauchscheiben und 5 Esslöffeln Olivenöl vermengen, mit Salz, Pfeffer und Thymian würzen.

2. Den Backofen vorheizen.
Ober-/Unterhitze: etwa 200 °C
Heißluft: etwa 180 °C

3. Die Kartoffelmischung in eine große Auflaufform (gefettet) geben. Gemüsebrühe hinzugießen, mit Alufolie zudecken. Die Form auf dem Rost in den vorgeheizten Backofen schieben. Die Kartoffelmischung **etwa 25 Minuten garen.**

4. In der Zwischenzeit Dorade unter fließendem kalten Wasser abspülen, trocken tupfen, mit Zitronensaft beträufeln und mit Salz und Pfeffer bestreuen.

5. Tomaten abspülen, abtrocknen, halbieren und die Stängelansätze herausschneiden. Tomaten in Scheiben schneiden. Petersilie abspülen, trocken tupfen und die Blättchen von den Stängeln zupfen. Blättchen fein hacken. Knoblauch abziehen und fein hacken.

6. Die Form aus dem Backofen nehmen, die Alufolie entfernen. Die Dorade auf die vorgegarte Kartoffelnmischung legen. Tomatenscheiben darum verteilen. Petersilie mit Knoblauch und Semmelbröseln vermengen, auf die Tomaten und den Fisch streichen, mit dem restlichen Olivenöl beträufeln.

7. Das Ganze wieder in den vorgeheizten Backofen schieben und **weitere etwa 30 Minuten garen.**

Eier im Béchamel-Safran-Spinatbett | Einfach

4 Portionen

Pro Portion:
E: 21 g, F: 37 g, Kh: 4 g, kJ: 1832, kcal: 440

1 kg	TK-Blattspinat
2	Schalotten
1–2	Knoblauchzehen
1 EL	Butter
	Salz
	frisch gemahlener Pfeffer
1 Msp.	Safran
250 ml (¼ l)	Béchamelsauce
	(aus dem Tetra Pak®)
100 g	geriebener Emmentaler Käse
4	Eier (Größe M)
1 EL	Butter

Zubereitungszeit: 30 Minuten, ohne Auftauzeit
Garzeit: etwa 20 Minuten

1. TK-Spinat auftauen lassen, dann in einem Sieb abtropfen lassen und evtl. noch etwas ausdrücken.

2. Die Schalotten und Knoblauch abziehen und fein hacken. Die Butter in einem Topf zerlassen. Gehackte Schalotten und Knoblauch darin andünsten. Spinat hinzugeben und ebenfalls andünsten. Spinat so lange dünsten, bis die Flüssigkeit weitgehend verdampft ist. Spinat mit Salz und Pfeffer würzen.

3. Den Backofen vorheizen.
Ober-/Unterhitze: etwa 200 °C
Heißluft: etwa 180 °C

4. Den Safran unter die Béchamelsauce rühren. Den Spinat mit der Safran-Béchamel-Sauce und etwa der Hälfte des Käses in eine Auflaufform (gefettet) geben und vermischen.

5. Vier Mulden in die Spinat-Saucen-Mischung drücken und je 1 Ei hineingleiten lassen. Den restlichen Käse darauf verteilen. Butter in Flöckchen daraufsetzen. Die Form auf dem Rost auf mittlerer Einschubleiste in den vorgeheizten Backofen schieben. Die Eier **etwa 20 Minuten garen.**

6. Eier im Béchamel-Safran-Spinatbett zum Servieren mit frisch gemahlenem Pfeffer bestreuen.

Elsässer Bäckerofe | Mit Alkohol
6 Portionen

Pro Portion:
E: 56 g, F: 18 g, Kh: 32 g, kJ: 2563, kcal: 612

>   500 g Rindfleisch,
>   (aus der Unterschale)
>   500 g Schweinenacken (ohne Knochen)
>   500 g Lammfleisch (ohne Knochen,
>   aus Schulter oder Keule)
>   250 g Zwiebeln
>   225 g Porree (Lauch)
>   750 ml (¾ l) trockener Weißwein
>   2 Lorbeerblätter
>   8 Pfefferkörner
>   1 EL frische Thymianblättchen
>   1 ½ kg vorwiegend festkochende
>   Kartoffeln
>   Salz
>   frisch gemahlener Pfeffer

Für den Teig:
>   250 g Weizenmehl
>   ½ TL   Salz
>   knapp
>   200 ml Wasser

Zubereitungszeit: 45 Minuten, ohne Durchziehzeit
Garzeit: etwa 3 Stunden

1. Das Fleisch mit Küchenpapier trocken tupfen und in etwa 2 ½ cm große Würfel schneiden. Zwiebeln abziehen, halbieren und in Scheiben schneiden. Den Porree putzen. Die Stange längs halbieren, gründlich abspülen, abtropfen lassen und in Ringe schneiden.

2. Fleischwürfel, Porree und die Hälfte der Zwiebelscheiben in einen Topf geben. Die restlichen Zwiebelscheiben zugedeckt beiseitelegen. Danach Weißwein hinzugießen. Lorbeerblätter, Pfefferkörner und Thymian dazugeben und 24 Stunden mit Deckel im Kühlschrank durchziehen lassen.

3. Den Backofen vorheizen.
Ober-/Unterhitze: etwa 180 °C
Heißluft: etwa 160 °C

4. Das Fleisch abtropfen lassen. Kartoffeln schälen, abspülen, abtropfen lassen und in Scheiben schneiden. Einen Bräter (etwa 3 l Inhalt, gefettet, mit Deckel) mit etwa einem Drittel der Kartoffelscheiben auslegen, diese mit Salz und Pfeffer bestreuen. Die beiseitegelegten Zwiebelscheiben und die Hälfte des abgetropften Fleisches daraufgeben, mit Salz und Pfeffer würzen.

5. Das zweite Drittel der Kartoffelscheiben einschichten, mit Salz und Pfeffer bestreuen, dann das restliche Fleisch daraufgeben. Die eingelegten Zwiebelscheiben und den Porree darauf verteilen. Zum Schluss die restlichen Kartoffelscheiben auflegen und mit Salz und Pfeffer bestreuen. Die Marinade darübergeben.

6. Für den Teig Mehl in eine Rührschüssel geben, Salz zufügen und mit so viel Wasser mit dem Handrührgerät mit Knethaken verkneten, dass ein fester Teig entsteht. Aus dem Teig eine Rolle in Länge des Bräterumfangs formen. Die Teigrolle auf den Rand des Bräters legen und etwas andrücken. Den Deckel (gefettet) auf den Teig legen.

7. Den Bräter auf dem Rost in den vorgeheizten Backofen schieben und **etwa 3 Stunden garen**.

Emmentaler Käsekartoffeln I
Einfach
4 Portionen

Pro Portion:
E: 12 g, F: 16 g, Kh: 31 g, kJ: 1358, kcal: 324

1 kg	festkochende Kartoffeln
50 g	fetter Speck
2	Zwiebeln
100 g	geriebener Emmentaler Käse
	Salz, frisch gemahlener Pfeffer
1/4 TL	gerebelter Majoran
250 ml (1/4 l)	Fleischbrühe
2 EL	Schnittlauchröllchen

Zubereitungszeit: 25 Minuten
Garzeit: etwa 50 Minuten

1. Kartoffeln schälen, abspülen, abtropfen lassen und in dünne Scheiben schneiden. Speck fein würfeln und in einer großen Pfanne auslassen. Die Grieben aus der Pfanne nehmen.

2. Zwiebeln abziehen, in Scheiben schneiden und in dem Speckfett andünsten. Die Kartoffelscheiben hinzufügen und anbraten. Mit Salz, Pfeffer und Majoran würzen.

3. Den Backofen vorheizen.
Ober-/Unterhitze: etwa 180 °C
Heißluft: etwa 160 °C

4. Die Kartoffelmischung in eine flache Auflaufform (gefettet) geben. Käse daraufstreuen. Die Fleischbrühe hinzugießen.

5. Die Form auf dem Rost in den vorgeheizten Backofen schieben. Kartoffeln **etwa 50 Minuten garen.**

6. Emmentaler Käsekartoffeln mit Schnittlauchröllchen bestreut servieren.

Tipps: Wenn der Hunger größer ist, dann noch ein Steak oder Fischfilet dazureichen. Oder die Zutaten um die Hälfte erhöhen und die Käsekartoffeln in einer größeren Auflaufform zubereiten.

Enchiladas | Vegetarisch
4–6 Portionen

Pro Portion:
E: 26 g, F: 35 g, Kh: 58 g, kJ: 2774, kcal: 662

Für die Sauce:
- 1 Zwiebel
- 2 EL Olivenöl
- 400 g passierte Tomaten (aus dem Tetra Pak®)
- 1 Knoblauchzehe
- 1 EL Balsamico-Essig
- 2 EL Tomatenmark
- 1 TL Honig
- Salz
- frisch gemahlener Pfeffer

Für die Füllung:
- 2 rote Zwiebeln
- 2 EL Olivenöl
- 1 Dose Kidneybohnen (Abtropfgewicht etwa 255 g)
- 1 Dose Gemüsemais (Abtropfgewicht 240 g)
- 500 g Tomaten
- ½ Bund Oregano
- Cayennepfeffer
- 300 g mittelalter Gouda-Käse
- 8 Wraps (Tortilla-Weizenmehl-Fladen, 360 g)

Zubereitungszeit: 30 Minuten
Backzeit: etwa 20 Minuten

1. Für die Sauce die Zwiebel abziehen und fein würfeln. Öl in einem Topf erhitzen und die Zwiebelwürfel darin andünsten. Passierte Tomaten hinzugeben und einige Minuten mitdünsten lassen. Knoblauch abziehen, durch eine Knoblauchpresse geben und hinzufügen. Mit Balsamico-Essig, Tomatenmark, Honig, Salz und Pfeffer würzen.

2. Für die Füllung rote Zwiebeln abziehen, vierteln und in Streifen schneiden. Öl in einer Pfanne erhitzen. Zwiebeln darin andünsten. Kidneybohnen abspülen. Bohnen und Mais abtropfen lassen und mit in die Pfanne geben.

3. Tomaten abspülen, abtropfen lassen, vierteln und die Stängelansätze herausschneiden, Tomaten würfeln. Oregano abspülen, trocken tupfen und fein hacken. Tomatenwürfel und Oregano mit in die Pfanne geben, unterrühren, mit Salz und Cayennepfeffer würzen.

4. Den Backofen vorheizen.
Ober-/Unterhitze: etwa 200 °C
Heißluft: etwa 180 °C

5. Gouda reiben. Tortillas auf der Arbeitsfläche ausbreiten. Die Füllung und etwa zwei Drittel des Käses darauf verteilen. Tortillas aufrollen, nebeneinander in eine Auflaufform (gefettet) legen und mit der Sauce übergießen. Restlichen Käse daraufstreuen.

6. Die Form auf dem Rost in den vorgeheizten Backofen schieben. Enchiladas **etwa 20 Minuten backen.**

Farfalle-Gratin mit Spinat I
Preiswert
4 Portionen

Pro Portion:
E: 26 g, F: 33 g, Kh: 46 g, kJ: 2586, kcal: 618

400 g	Blattspinat
2 ½ l	Wasser
2 ½ gestr. TL	Salz
250 g	Farfalle (Schmetterlingsnudeln)
200 g	gekochter Schinken
2	Fleischtomaten
	Salz
	frisch gemahlener Pfeffer
	frisch geriebene Muskatnuss
250 g	Schlagsahne
50 g	geriebener Käse, z. B. Gouda

Zubereitungszeit: 35 Minuten, ohne Abkühlzeit
Garzeit: etwa 25 Minuten

1. Spinat verlesen und dicke Stiele entfernen. Spinat gründlich waschen und in einem Sieb abtropfen lassen. Den Spinat in kochendem Wasser 2–3 Minuten blanchieren, mit kaltem Wasser abschrecken und in einem Sieb abtropfen lassen. Spinat abkühlen lassen und evtl. etwas ausdrücken.

2. Das Wasser in einem großen Topf zugedeckt zum Kochen bringen. Dann Salz und Nudeln hinzugeben. Die Nudeln im geöffneten Topf bei mittlerer Hitze nach Packungsanleitung kochen lassen, dabei gelegentlich umrühren.

3. Anschließend die Nudeln in ein Sieb geben, mit heißem Wasser abspülen und abtropfen lassen.

4. Den Backofen vorheizen.
Ober-/Unterhitze: etwa 200 °C
Heißluft: etwa 180 °C

5. Den Schinken in Streifen schneiden. Tomaten abspülen, abtropfen lassen, kreuzweise einschneiden, mit kochendem Wasser übergießen und mit kaltem Wasser abschrecken. Tomaten enthäuten, halbieren, entkernen und die Stängelansätze herausschneiden. Tomatenhälften in Würfel schneiden.

6. Spinat mit Nudeln, Schinkenstreifen und Tomatenwürfeln vermengen und in eine große Gratinform (gefettet) oder in 4 kleine Gratinförmchen (gefettet) geben. Mit Salz, Pfeffer und Muskat würzen. Sahne darauf verteilen und mit Käse bestreuen.

7. Die Form oder die Förmchen auf dem Rost in den vorgeheizten Backofen schieben. Gratin **etwa 25 Minuten garen.**

Fenchel in Tomatensauce I
Einfach – kalorienarm
4 Portionen

Pro Portion:
E: 12 g, F: 15 g, Kh: 9 g, kJ: 928, kcal: 221

250 ml (¼ l)	Wasser
600 g	Fenchelknollen
¼ TL	Salz
1	Zwiebel
30 g	Butter
400 g	stückige Tomaten (aus der Dose)
1 TL	Kräuter der Provence
	Salz, frisch gemahlener Pfeffer
1 Prise	Zucker
100 g	geriebener Emmentaler Käse

Zubereitungszeit: 20 Minuten
Garzeit: etwa 30 Minuten

1. Wasser in einem Topf zum Kochen bringen. Von den Fenchelknollen die Stiele dicht oberhalb der Knollen abschneiden, braune Stellen und Blätter entfernen. Das Fenchelgrün zum Garnieren beiseitelegen. Die Wurzelenden gerade schneiden, die Knollen abspülen, abtropfen lassen und vierteln.

2. Die Fenchelhälften mit dem Salz in das kochende Wasser geben und zugedeckt bei schwacher Hitze etwa 10 Minuten garen.

3. Den Backofen vorheizen.
Ober-/Unterhitze: etwa 200 °C
Heißluft: etwa 180 °C

4. Inzwischen Zwiebel abziehen und würfeln. Die Butter in einer Pfanne zerlassen und die Zwiebelwürfel darin andünsten.

5. Die gegarten Fenchelviertel mit einer Schaumkelle aus dem Topf nehmen, abtropfen lassen und in eine Auflaufform (gefettet) legen. Von der Fenchelflüssigkeit etwa 100 ml abmessen. Abgemessene Fenchelflüssigkeit zusammen mit den stückigen Tomaten zu den Zwiebelwürfeln in die Pfanne geben und unterrühren.

6. Die Tomatensauce mit Kräutern der Provence, Salz, Pfeffer und Zucker würzen, etwa 5 Minuten köcheln. Dann die Sauce über den Fenchelvierteln in der Form verteilen. Käse daraufstreuen.

7. Die Form auf dem Rost im unteren Drittel in den vorgeheizten Backofen schieben. Den Fenchel **etwa 30 Minuten garen.**

8. Das Fenchelgrün abspülen, trocken tupfen und hacken. Fenchel in Tomatensauce mit Fenchelgrün bestreut servieren.

Filetpastete | Raffiniert
4–6 Portionen

Pro Portion:
E: 53 g, F: 41 g, Kh: 33 g, kJ: 2996, kcal: 716

450 g	TK-Blätterteig
750 g	Schweinefilet
	Salz, frisch gemahlener Pfeffer
2 EL	Olivenöl
125 g	Schafkäse
40 g	weiche Butter
1 EL	gehackte Basilikumblätter
2 EL	Schlagsahne
1	Knoblauchzehe
4–6	Mangoldblätter oder große Spinatblätter
4 Scheiben	gekochter Schinken (200 g)
1	verschlagenes Eiweiß (Größe M)
1	Eigelb (Größe M)
1 EL	Milch

Zubereitungszeit: 40 Minuten, ohne Auftauzeit
Backzeit: 30–35 Minuten

1. Blätterteigplatten zugedeckt nebeneinander auftauen lassen.

2. Schweinefilet evtl. enthäuten, mit Küchenpapier trocken tupfen, mit Salz und Pfeffer bestreuen.

3. Olivenöl in einer Pfanne erhitzen. Das Filet darin von allen Seiten 2–3 Minuten anbraten und anschließend etwas abkühlen lassen.

4. Schafkäse zerbröseln und mit Butter, Basilikum und Schlagsahne zu einer Masse verrühren. Den Knoblauch abziehen, durch eine Knoblauchpresse drücken und unterrühren.

5. Mangold- oder große Spinatblätter waschen, abtropfen lassen und evtl. dickere Stiele abschneiden. Wasser in einem Topf zum Kochen bringen und die Blätter darin blanchieren. Die Blätter in ein Sieb geben, mit kaltem Wasser abschrecken, abtropfen und auf Küchenpapier erkalten lassen.

6. Den Backofen vorheizen.
Ober-/Unterhitze: etwa 200 °C
Heißluft: etwa 180 °C

7. Blätterteigplatten aufeinanderlegen und auf einer bemehlten Arbeitsfläche zu einer rechteckigen Platte (etwa 25 x 35 cm) ausrollen. Zuerst die Schinkenscheiben, dann die Spinat- oder Mangoldblätter darauf verteilen. Dabei an jeder Seite einen etwa 1 cm breiten Rand frei lassen. Das Filet mit der Käsemasse bestreichen und längs auf den Spinat oder Mangold legen.

8. Teigränder mit etwas Eiweiß bestreichen, an den kurzen Seiten über die Füllung klappen und den Blätterteig von der langen Seite her um das Filet wickeln. Die Ränder etwas andrücken. Die Pastete mit der Naht nach unten auf ein Backblech (30 x 40 cm, mit Backpapier belegt) legen.

9. Mit einem spitzen Messer 3 kleine Kreise aus der Teigoberfläche herausschneiden. Eigelb mit Milch verschlagen und die Pastete damit bestreichen. Das Backblech in den vorgeheizten Backofen schieben. Pastete **30–35 Minuten backen.**

Fisch Caprese | Einfach
4 Portionen

Pro Portion:
E: 41 g, F: 25 g, Kh: 4 g, kJ: 1719, kcal: 412

4 Scheiben	TK-Seelachsfilet (je etwa 150 g)
	4 mittelgroße Tomaten
	2 kleine Zucchini
250 g	Mozzarella-Käse
	Salz, frisch gemahlener Pfeffer
1–2 TL	getrocknete, italienische Kräuter
4 EL	Olivenöl
einige	
Stängel	Basilikum

Zubereitungszeit: 30 Minuten, ohne Auftauzeit
Garzeit: 12–15 Minuten

1. Seelachsfilet nach Packungsanleitung auftauen lassen.

2. Den Backofen vorheizen.
Ober-/Unterhitze: etwa 200 °C
Heißluft: etwa 180 °C

3. Tomaten abspülen, trocken tupfen, halbieren und die Stängelansätze herausschneiden. Die Tomaten in Scheiben schneiden.

4. Die Zucchini abspülen, abtrocknen und die Enden abschneiden. Zucchini in etwa 1/2 cm dicke Scheiben schneiden. Den Mozzarella abtropfen lassen und in 12 Scheiben schneiden.

5. Die Hälfte der Tomaten-, Zucchini- und Mozzarellascheiben dachziegelartig in eine flache Auflaufform (gefettet) schichten und mit Salz, Pfeffer und mit der Hälfte der Kräuter bestreuen. Mit 2 Esslöffeln Olivenöl beträufeln.

6. Fisch unter fließendem kalten Wasser abspülen, trocken tupfen, mit Salz und Pfeffer bestreuen. Fischfilets auf die Gemüse-Käse-Mischung legen.

7. Die restlichen Tomaten-, Zucchini- und Mozzarellascheiben dachziegelartig darauflegen, mit Salz, Pfeffer und den restlichen Kräutern bestreuen. Mit dem restlichen Olivenöl beträufeln.

8. Die Form auf dem Rost auf mittlerer Einschubleiste in den vorgeheizten Backofen schieben. Fisch Caprese **12–15 Minuten garen.**

9. Basilikum abspülen und trocken tupfen. Die Blättchen von den Stängeln zupfen und fein hacken. Fisch Caprese mit Basilikum bestreut servieren.

Tipp: Reis oder Kartoffelpüree schmecken gut dazu.

Fisch in der Hülle | Für Gäste
4 Portionen

Pro Portion:
E: 32 g, F: 18 g, Kh: 6 g, kJ: 1353, kcal: 324

    4 Zanderfilets oder
      Viktoriabarschfilets (ohne Haut,
      je etwa 160 g)
1 Bund Suppengrün
      (Sellerie, Möhre, Porree)
    1 kleine Fenchelknolle
    1 Zwiebel
    1 Knoblauchzehe
je 1 Stängel Petersilie, Basilikum und Dill
    1 Bio-Zitrone
      (unbehandelt, ungewachst)
      Salz, frisch gemahlener Pfeffer
    4 EL Butter

Außerdem:
    4 Bögen (je etwa 28 x 40 cm)
      festes Butterbrotpapier
    1,2 m Küchengarn

Zubereitungszeit: 30 Minuten, ohne Ruhezeit
Garzeit: 15–20 Minuten

1. Fischfilets unter fließendem kalten Wasser abspülen und trocken tupfen.

2. Vom Suppengrün Sellerie und Möhre putzen und schälen. Sellerie und Möhre abspülen, abtropfen lassen. Porree putzen, die Stange längs halbieren, gründlich abspülen und abtropfen lassen. Suppengrün in feine Streifen schneiden.

3. Von der Fenchelknolle die Stiele dicht oberhalb der Knolle abschneiden. Braune Stellen und Blätter entfernen, etwas Fenchelgrün beiseitelegen. Fenchel abspülen, abtropfen lassen, in dünne Scheiben schneiden.

4. Zwiebel und Knoblauch abziehen und in kleine Würfel schneiden. Petersilie, Basilikum, Dill und Fenchelgrün abspülen und trocken tupfen. Die Blättchen von den Stängeln zupfen. Zitrone heiß abspülen, abtrocknen und 4 gleich große Scheiben davon abschneiden. Fischfilets mit Salz und Pfeffer bestreuen.

5. Die Paketschnur in jeweils 15 cm lange Stücke schneiden. Den Backofen vorheizen.
Ober-/Unterhitze: etwa 220 °C
Heißluft: etwa 200 °C

6. Vorbereitetes Gemüse und die vorbereiteten Kräuter gleichmäßig auf die Mitte der Papierbögen legen. Fischfilets darauf verteilen. Je 1 Zitronenscheibe daraufzlegen und je 1 Esslöffel Butter daraufsetzen.

7. Die beiden langen Seiten der Papierbögen jeweils oben zueinander führen und wie eine Ziehharmonika bis zur Butter hinunter zusammenfalten. Die Enden wie bei einem Bonbon zusammendrehen und mit der Paketschnur zubinden.

8. Die Fischpäckchen auf ein Backblech legen und auf mittlerer Einschubleiste in den vorgeheizten Backofen schieben. Fisch **15–20 Minuten garen.**

9. Das Backblech auf einen Rost stellen. Die Fischpäckchen etwa 5 Minuten ruhen lassen, dann auf Tellern verteilen. Päckchen öffnen und servieren.

Fisch, indisch I
Raffiniert – gut vorzubereiten
4 Portionen

Pro Portion:
E: 27 g, F: 12 g, Kh: 54 g, kJ: 1898, kcal: 453

1	kleiner Blumenkohl
500 ml (½ l)	Wasser
	Salz
	Zitronensaft
1	reife Mango
40 g	Butter
1 Glas	Mango-Chutney (265 g)
2 TL	Currypulver
	gemahlener Koriander
200 ml	Gemüsebrühe
4 Scheiben	Steinbuttfilet (je etwa 130 g)
100 g	Cornflakes
einige	vorbereitete, glatte Petersilienblättchen

Zubereitungszeit: 55 Minuten
Garzeit: etwa 30 Minuten

1. Den Blumenkohl putzen. Den Strunk abschneiden. Blumenkohl in kleine Röschen teilen, abspülen und abtropfen lassen. Salzwasser mit etwas Zitronensaft zum Kochen bringen. Die Blumenkohlröschen hinzugeben, zum Kochen bringen und zugedeckt in etwa 8 Minuten bissfest garen. Blumenkohlröschen in ein Sieb geben, mit kaltem Wasser übergießen und abtropfen lassen.

2. Den Backofen vorheizen.
Ober-/Unterhitze: etwa 200 °C
Heißluft: etwa 180 °C

3. Von der Mango das Fruchtfleisch vom Stein schneiden. Fruchtfleisch schälen und in Würfel schneiden.

4. Butter in einem Topf zerlassen. Mangowürfel darin kurz andünsten. Mango-Chutney, Curry und Koriander unterrühren. Brühe hinzugießen und kurz aufkochen lassen.

5. Steinbuttfilets unter fließendem kalten Wasser abspülen, trocken tupfen, mit Salz bestreuen. Steinbuttfilets nebeneinander in eine flache Auflaufform (gefettet) legen.

6. Blumenkohlröschen und die Mangomasse darauf verteilen, mit Cornflakes bestreuen. Die Form auf dem Rost in den vorgeheizten Backofen schieben. Fisch **etwa 30 Minuten garen.**

7. Den Fisch nach Belieben mit Petersilienblättchen bestreuen und sofort servieren.

Fisch mit Chipskruste I
Gut vorzubereiten – mit Alkohol
4 Portionen

Pro Portion:
E: 32 g, F: 29 g, Kh: 40 g, kJ: 2394, kcal: 572

2	Schalotten
100 g	weiche Butter
2 EL	körniger Senf
1 EL	Weizenmehl
1 EL	abgetropfte Kapern
2 EL	gehackte Kräuter, z. B. Petersilie, Dill, Estragon
4 Scheiben	Seelachsfilet (je etwa 150 g)
	Salz, frisch gemahlener Pfeffer
8	gekochte, heiße, mittelgroße Pellkartoffeln
5 EL	Weißwein
60 g	Kartoffelchips

Zubereitungszeit: 55 Minuten
Garzeit: 15–20 Minuten

1. Schalotten abziehen und in kleine Würfel schneiden. Butter mit Senf, Mehl, Kapern und Schalottenwürfeln gut verrühren. Kräuter unterrühren.

2. Seelachsfilet unter fließendem kalten Wasser abspülen, trocken tupfen, mit Salz und Pfeffer bestreuen.

3. Kartoffeln pellen, in Scheiben schneiden und in eine flache Auflaufform (gefettet) legen. Mit Salz und Pfeffer bestreuen und mit Wein beträufeln. Fischfilets darauflegen und mit der Butter-Schalotten-Masse bestreichen.

4. Den Backofen vorheizen.
Ober-/Unterhitze: etwa 200 °C
Heißluft: etwa 180 °C

5. Kartoffelchips in einen Gefrierbeutel geben, Beutel verschließen und Kartoffelchips mit einer Teigrolle grob zerbröseln. Die Chipsbrösel auf der Butter-Schalotten-Masse verteilen. Die Form auf dem Rost in den vorgeheizten Backofen schieben. Fisch **15–20 Minuten garen.**

Fladenbrot-Pizza | Einfach
4 Portionen

Pro Portion:
E: 31 g, F: 31 g, Kh: 67 g, kJ: 2805, kcal: 670

4	Tomaten
1 Bund	Frühlingszwiebeln
200 g	Schafkäse
50 g	schwarze Oliven
1	Fladenbrot
250 g	Thüringer Mett (gewürztes Schweinegehacktes)
100 g	Zaziki
etwas	gerebelter Oregano
evtl. einige	Kräuterblättchen

Zubereitungszeit: 20 Minuten
Backzeit: etwa 25 Minuten

1. Den Backofen vorheizen.
Ober-/Unterhitze: etwa 180 °C
Heißluft: etwa 160 °C

2. Tomaten abspülen, abtrocknen, halbieren und die Stängelansätze herausschneiden. Tomaten in dünne Scheiben schneiden. Frühlingszwiebeln putzen, abspülen, abtropfen lassen und in Scheiben schneiden.

3. Den Schafkäse abtropfen lassen und fein würfeln. Oliven entsteinen, in Stücke schneiden und mit den Käsewürfeln vermengen.

4. Das Fladenbrot auf ein Backblech (mit Backpapier belegt) legen. Mett gleichmäßig dünn auf dem Fladenbrot verteilen. Zaziki in Klecksen darauf verteilen. Die Tomaten- und Frühlingszwiebelscheiben daraufgeben und mit Oregano bestreuen.

5. Die Oliven-Käse-Mischung daraufstreuen und das Backblech auf mittlerer Einschubleiste in den vorgeheizten Backofen schieben. Fladenbrot-Pizza **etwa 25 Minuten backen.**

6. Zum Servieren die Fladenbrot-Pizza nach Belieben mit Kräuterblättchen bestreuen, in Stücke schneiden.

Beilage: Tomatensalat.

F

Fladenkuchen mit Lauch | Beliebt
etwa 8 Stücke

Pro Stück:
E: 9 g, F: 24 g, Kh: 27 g, kJ: 1506, kcal: 360

Für den Hefeteig:
- 250 g Weizenmehl (Type 550)
- 1 Pck. Dr. Oetker Trockenbackhefe
- 1 TL Salz
- 150 ml lauwarmes Wasser
- 1 TL flüssiger Honig
- 6 EL Olivenöl

Für den Belag:
- 400 g Porree (Lauch)
- 2 EL Speiseöl, z. B. Olivenöl
- ½ TL gerebelter Thymian
- Salz, frisch gemahlener Pfeffer
- 250 g Schmand (Sauerrahm, 24 % Fett)
- 1 Ei (Größe M)
- frisch geriebene Muskatnuss
- 150 g Frühstücksspeck in Scheiben (Bacon)
- einige Stängel Thymian

Zubereitungszeit: 30 Minuten, ohne Teiggeh- und Abkühlzeit
Backzeit: etwa 30 Minuten

1. Für den Teig Mehl mit Hefe in einer Rührschüssel sorgfältig vermischen. Salz, Wasser, Honig und Öl hinzufügen. Die Zutaten mit Handrührgerät mit Knethaken zunächst auf niedrigster, dann auf höchster Stufe in etwa 5 Minuten zu einem glatten Teig verarbeiten.

2. Den Teig leicht mit Mehl bestäuben und zugedeckt so lange an einem warmen Ort gehen lassen, bis er sich sichtbar vergrößert hat (etwa 30 Minuten).

3. Für den Belag Porree putzen, die Stangen längs halbieren, gründlich abspülen und abtropfen lassen. Porree in etwa 2 cm breite Streifen schneiden.

4. Öl in einem Topf erhitzen. Porree darin etwa 5 Minuten dünsten. Thymian unterrühren, mit Salz und Pfeffer würzen und etwa 15 Minuten abkühlen lassen.

5. Schmand mit Ei verquirlen und mit Pfeffer und Muskat würzen. Baconscheiben längs halbieren.

6. Teig und Arbeitsfläche leicht mit Mehl bestäuben. Den Teig auf der Arbeitsfläche kurz durchkneten und zu einem ovalen Fladen (etwa 28 x 35 cm) ausrollen. Den Teigfladen auf ein Backblech (30 x 40 cm, mit Backpapier belegt) legen.

7. Die Schmand-Mischung auf den Teig streichen, dabei rundherum einen etwa 2 cm breiten Rand frei lassen. Nacheinander Lauch und Bacon auf dem Schmand verteilen.

8. Den Backofen vorheizen.
Ober-/Unterhitze: etwa 200 °C
Heißluft: etwa 180 °C

9. Den Fladen zugedeckt so lange an einem warmen Ort gehen lassen, bis er sich sichtbar vergrößert hat (etwa 15 Minuten).

10. Das Backblech auf mittlerer Einschubleiste in den vorgeheizten Backofen schieben. Den Fladenkuchen **etwa 30 Minuten backen.**

11. Dann den Fladenkuchen mit dem Backpapier vom Backblech auf einen Kuchenrost ziehen. Thymian abspülen, trocken tupfen, in kleinere Stängel zupfen und auf den Fladenkuchen legen. Den Fladenkuchen heiß oder lauwarm servieren.

Fleischtomaten mit Austernpilzen und gekochtem Schinken I

Raffiniert – schnell
4 Portionen

Pro Portion:
E: 22 g, F: 23 g, Kh: 15 g, kJ: 1493, kcal: 355

8 große Fleischtomaten
(etwa 1,2 kg)

Für die Füllung:
500 g Austernpilze
120 g gekochter Schinken
2 EL Speiseöl, z. B. Olivenöl
Salz
frisch gemahlener Pfeffer

120 g geriebener, mittelalter Gouda-Käse
50 g Semmelbrösel

40 g Butter

Zubereitungszeit: 25 Minuten
Garzeit: etwa 20 Minuten

1. Die Tomaten abspülen und abtrocknen. Von den Tomaten jeweils einen Deckel abschneiden und das Tomatenfleisch mit einem Teelöffel herauslösen. Die Kerne entfernen. Fruchtfleisch und Deckel in Würfel schneiden.

2. Für die Füllung die Austernpilze putzen, evtl. mit Küchenpapier abreiben und klein schneiden. Schinken in Würfel schneiden.

3. Den Backofen vorheizen.
Ober-/Unterhitze: etwa 180 °C
Heißluft: etwa 160 °C

4. Speiseöl in einer Pfanne erhitzen. Die Austernpilzstückchen darin andünsten. Tomatenwürfel und Schinkenwürfel hinzugeben und unterrühren. Die Masse mit Salz und Pfeffer würzen. Die ausgehöhlten Tomaten mit der Schinken-Pilz-Masse füllen und in eine flache Auflaufform (gefettet) setzen.

5. Käse mit Semmelbröseln vermischen und auf der Füllung verteilen. Butter zerlassen und darauftäufeln. Die Form auf dem Rost in den vorgeheizten Backofen schieben. Die gefüllten Tomaten **etwa 20 Minuten garen.**

Beilage: Roggenvollkorn-Baguette.

Tipps: Austernpilze können durch Champignons ersetzt werden. Die Füllung mit gedünsteten Zwiebelwürfeln und frischen gehackten Kräutern verfeinern.

Frikadellenauflauf | Schnell – einfach
4 Portionen

Pro Portion:
E: 34 g, F: 26 g, Kh: 32 g, kJ: 2114, kcal: 503

500 g	Bratkartoffeln in Scheiben (aus dem Kühlregal)
450 g	TK-Rosenkohl
4	Frikadellen (400 g, aus dem Kühlregal)
4	Eier (Größe M)
100 ml	Milch
150 g	geraspelter Mozzarella-Käse
	Salz
	frisch gemahlener Pfeffer
	frisch geriebene Muskatnuss
125 g	Frühstücksspeck in Scheiben (Bacon)

Zubereitungszeit: 20 Minuten
Garzeit: etwa 30 Minuten

1. Den Backofen vorheizen.
Ober-/Unterhitze: etwa 220 °C
Heißluft: etwa 200 °C

2. Die Bratkartoffeln in eine große, flache Auflaufform (gefettet) geben. Die Form auf dem Rost in den vorgeheizten Backofen schieben. Die Bratkartoffeln zwischendurch gelegentlich wenden. Bratkartoffeln etwa **10 Minuten garen.**

3. In der Zwischenzeit Wasser in einem Topf zum Kochen bringen und den Rosenkohl darin etwa 6 Minuten kochen. Dann in ein Sieb geben und abtropfen lassen. Die Form aus dem Backofen nehmen.

4. Die Frikadellen waagerecht halbieren und mit dem Rosenkohl auf den Bratkartoffeln verteilen.

5. Eier mit Milch und Käse verrühren und mit Salz, Pfeffer und Muskat würzen. Den Auflauf mit der Eier-Milch übergießen.

6. Speckscheiben halbieren und den Frikadellenauflauf damit bedecken.

7. Die Form wieder auf dem Rost im unteren Drittel in den vorgeheizten Backofen schieben. Dabei **die Backofentemperatur um etwa 20 °C auf Ober-/Unterhitze: etwa 200 °C, Heißluft: etwa 180 °C herunterschalten.** Den Auflauf etwa **20 Minuten garen.**

Frikadellentopf | Für die Party – raffiniert
12 Portionen

Pro Portion:
E: 34 g, F: 45 g, Kh: 15 g, kJ: 2514, kcal: 601

2	Brötchen (Semmeln) vom Vortag
4	Zwiebeln (etwa 350 g)
1 ½ kg	Gehacktes (halb Rind-, halb Schweinefleisch)
3	Eier (Größe M)
	Salz, frisch gemahlener Pfeffer
2 TL	Paprikapulver edelsüß

Für die Sauce:

5	Zwiebeln (etwa 500 g)
3 EL	Olivenöl
200 g	magerer, gewürfelter Schinkenspeck
250 g	Schmand (Sauerrahm)
250 g	Crème fraîche
250 g	Schlagsahne
250 ml (¼ l)	Milch
3 Gläser	Champignonscheiben (Abtropfgewicht je 200 g)
2 Pck.	helle Bratensauce (für je 250 ml [¼ l])

Zubereitungszeit: 45 Minuten, ohne Abkühl- und Durchziehzeit
Garzeit: etwa 2 ½ Stunden

1. Brötchen in kaltem Wasser einweichen. Zwiebeln abziehen und fein würfeln. Gehacktes in eine große Schüssel geben. Brötchen gut ausdrücken, mit Eiern und Zwiebelwürfeln hinzufügen und gut unterarbeiten. Die Masse mit Salz, Pfeffer und Paprika würzen.

2. Aus der Gehacktesmasse mit angefeuchteten Händen kleine Frikadellen (Ø 3–4 cm) formen und in einen großen Bräter (gefettet) legen.

3. Für die Sauce die Zwiebeln abziehen und in dünne Scheiben schneiden. Das Öl in einem Topf erhitzen. Die Zwiebelscheiben und die Speckwürfel darin etwa 10 Minuten unter Rühren anbraten. Schmand, Crème fraîche, Sahne und Milch hinzugeben und gut unterrühren.

4. Champignonscheiben in einem Sieb abtropfen lassen, in die Sauce geben und aufkochen lassen. Das Saucenpulver nach Packungsanleitung einrühren, unter Rühren nochmals aufkochen lassen. Die Frikadellen sofort mit der heißen Sauce übergießen und abkühlen lassen.

5. Den Bräter mit dem Deckel verschließen und in den Kühlschrank stellen. Danach den Frikadellentopf 5–6 Stunden durchziehen lassen.

6. Den Backofen vorheizen.
Ober-/Unterhitze: etwa 200 °C
Heißluft: etwa 180 °C

7. Den Bräter zugedeckt auf dem Rost in den vorgeheizten Backofen schieben. Den Frikadellentopf **etwa 2 ½ Stunden garen. Nach etwa 1 ½ Stunden Garzeit** den Frikadellentopf einmal vorsichtig umrühren und zugedeckt weitergaren. **Etwa 15 Minuten vor Ende der Garzeit** den Deckel abnehmen. Frikadellentopf fertig garen.

Tipp: Netter sieht es aus, wenn Sie den Frikadellentopf mit frischen Petersilienblättchen garnieren und servieren.

Frühlings-Gemüse-Wähe | Raffiniert
4 Portionen

Pro Portion:
E: 22 g, F: 42 g, Kh: 27 g, kJ: 2390, kcal: 573

Für den Belag:
- 150 g Möhren
- 150 g Kohlrabi
- 150 g Zuckerschoten
- 250 ml (¼ l) Gemüsebrühe

Für den Guss:
- 200 g geriebener Gouda-Käse
- 150 g Crème fraîche
- 2 Eier (Größe M)
- 1–2 EL Milch
- 1 TL Speisestärke
- Salz, frisch gemahlener Pfeffer

- 230 g Blätterteig (aus dem Kühlregal, Ø 32 cm)

Zum Garnieren:
- einige Kerbelstängel

Zubereitungszeit: 25 Minuten
Backzeit: 20–25 Minuten

1. Für den Belag die Möhren putzen. Kohlrabi und Möhren schälen, abspülen, abtropfen lassen und in dünne Scheiben schneiden. Von den Zuckerschoten die Enden abschneiden, die Schoten evtl. abfädeln, abspülen und abtropfen lassen.

2. Gemüsebrühe in einem Topf zum Kochen bringen. Die Gemüsesorten darin nacheinander jeweils etwa 3 Minuten garen. Dann mit einem Schaumlöffel herausnehmen und in einem Sieb gut abtropfen lassen.

3. Den Backofen vorheizen.
Ober-/Unterhitze: etwa 200 °C
Heißluft: etwa 180 °C

4. Für den Guss Käse mit Crème fraîche, Eiern, Milch und Speisestärke verrühren. Guss mit Salz und Pfeffer abschmecken.

5. Den Blätterteig in eine Tarteform (Ø etwa 28 cm, gefettet) legen. Etwa ein Drittel vom Guss auf den Teigboden geben und glatt streichen. Gemüse darauf verteilen und den restlichen Guss daraufgeben. Die Form auf dem Rost im unteren Drittel in den vorgeheizten Backofen schieben. Wähe **20–25 Minuten backen.**

6. Kerbel abspülen, trocken tupfen und die Blättchen von den Stängeln zupfen. Die Frühlings-Gemüse-Wähe mit den Kerbelblättchen garniert warm servieren.

Tipp: Würzen Sie den Käse-Guss zusätzlich mit frisch geriebener Muskatnuss.

Rezeptvariante: Für eine **Spargelwähe** je 250 g weißen und grünen Spargel vorbereiten. Dazu den weißen Spargel von oben nach unten dünn schälen, den grünen Spargel nur im unteren Drittel schälen. Die Enden abschneiden. Spargel abspülen und abtropfen lassen. Den weißen Spargel in Gemüsebrühe etwa 8 Minuten und den grünen Spargel etwa 3 Minuten garen. Gut abgetropft weiterverwenden wie im Rezept ab Punkt 3 beschrieben.

Gebackener Sommer | Gut vorzubereiten
4 Portionen

Pro Portion:
E: 22 g, F: 34 g, Kh: 25 g, kJ: 2072, kcal: 494

600 g	Kartoffeln
	frisch gemahlener Pfeffer
100 ml	Gemüsebrühe
150 g	Frühstücksspeck in Scheiben (Bacon)
500 g	Blattspinat
500 g	Tomaten
1	kleine Gemüsezwiebel
	Salz
	frisch geriebene Muskatnuss
3	Knoblauchzehen
200 g	Schafkäse
5 EL	Olivenöl

Zubereitungszeit: 30 Minuten
Garzeit: etwa 45 Minuten

1. Den Backofen vorheizen.
Ober-/Unterhitze: etwa 200 °C
Heißluft: etwa 180 °C

2. Kartoffeln schälen, abspülen, abtropfen lassen, in dünne Scheiben schneiden und eine flache Auflaufform (gefettet) damit auslegen. Kartoffeln mit Pfeffer bestreuen. Brühe angießen. Baconscheiben halbieren und auf den Kartoffeln verteilen.

3. Die Form auf dem Rost in den vorgeheizten Backofen schieben. Die Kartoffelscheiben **etwa 20 Minuten vorgaren.**

4. In der Zwischenzeit Spinat verlesen und waschen. Die Spinatblätter tropfnass in einen erwärmten Topf geben, unter Rühren erwärmen, bis sie zusammenfallen.

5. Die Tomaten abspülen, abtrocknen, halbieren und die Stängelansätze herausschneiden. Die Tomaten in Scheiben schneiden. Gemüsezwiebel abziehen, halbieren und ebenfalls in feine Scheiben schneiden.

6. Die Form aus dem Backofen nehmen. Spinat auf den Kartoffeln verteilen und mit Salz, Pfeffer und Muskatnuss würzen. Knoblauch abziehen, durch die Presse drücken und auf dem Spinat verteilen.

7. Zuerst die Zwiebelscheiben auf den Spinat legen, dann die Tomaten schuppenförmig darauf verteilen. Den Schafkäse zerbröckeln und daraufstreuen. Öl darauftäufeln.

8. Die Form wieder auf dem Rost in den vorgeheizten Backofen schieben. Gemüse **weitere etwa 25 Minuten garen.**

Tipps: Wer das Gericht vegetarisch möchte, kann den Speck weglassen. Sie können auch TK-Blattspinat verwenden. Diesen dann vor der Verwendung auftauen und abtropfen lassen.

Geflügel-Shrimps-Curry in Auberginen | Für Gäste
4 Portionen

Pro Portion:
E: 37 g, F: 24 g, Kh: 8 g, kJ: 1659, kcal: 396

    4 mittelgroße Auberginen (je etwa 200 g)
    Salzwasser

Für die Füllung:
    200 g TK-Shrimps
    2 Hähnchenbrustfilets (je etwa 200 g)
    1 mittelgroße Zwiebel
    5–7 Stängel Minze
    2 EL Speiseöl, z. B. Olivenöl
    1 TL Currypulver
    200 g Schlagsahne
    Salz, frisch gemahlener Pfeffer
    100 g Naturjoghurt

Zubereitungszeit: 50 Minuten, ohne Auftauzeit
Garzeit: etwa 20 Minuten

1. Auberginen abspülen, abtrocknen und die Stängelansätze abschneiden. Auberginen längs halbieren und Auberginenhälften mit einem Kugelausstecher oder Löffel so aushöhlen, dass ein etwa 1 cm breiter Rand stehen bleibt. Das Auberginenfleisch in kleine Stücke schneiden. Salzwasser zum Kochen bringen und die Auberginenhälften etwa 1 Minute darin blanchieren. In ein Sieb geben, mit kaltem Wasser übergießen und abtropfen lassen.

2. Für die Füllung Shrimps nach Packungsanleitung auftauen lassen. Hähnchenbrustfilets unter fließendem kalten Wasser abspülen und trocken tupfen. Die Filets in kleine Würfel schneiden. Zwiebel abziehen und in kleine Würfel schneiden. Minze abspülen und trocken tupfen (einige Stängel zum Garnieren beiseitelegen). Blättchen von den Stängeln zupfen, fein hacken.

3. Den Backofen vorheizen.
Ober-/Unterhitze: etwa 180 °C
Heißluft: etwa 160 °C

4. Speiseöl in einer Pfanne erhitzen. Zuerst die Filetwürfel, dann Zwiebelwürfel, Auberginenstücke und Shrimps darin andünsten. Curry darüberstreuen. Die Sahne hinzugießen, zum Kochen bringen und so lange kochen lassen, bis die Sahne zur Hälfte eingekocht ist. Füllung mit Salz und Pfeffer würzen. Gehackte Minze und Joghurt unterrühren.

5. Die Auberginenhälften in eine Auflaufform (gefettet) legen und mit dem Geflügel-Shrimps-Curry füllen. Die Form auf dem Rost in den vorgeheizten Backofen schieben. Gefüllte Auberginenhälften **etwa 20 Minuten garen.**

6. Die gefüllten Auberginenhälften mit den beiseitegelegten Minzestängeln garnieren und sofort servieren.

Beilage: Naturreis oder Couscous.

Gelbe Paprikaschoten, gefüllt I

Fettarm – vegetarisch
4 Portionen

Pro Portion:
E: 5 g, F: 11 g, Kh: 16 g, kJ: 801, kcal: 191

> 4 *gelbe Paprikaschoten*
> *(je etwa 250 g)*

Für die Füllung:
> 1 *Zucchini (etwa 250 g)*
> 1 *Aubergine (etwa 250 g)*
> 2 *Fleischtomaten*
> *(je etwa 150 g)*
> 1 *grüne Paprikaschote*
> *(etwa 250 g)*
> *Salzwasser*
> 6 Zweige *Rosmarin*
> 3 *Knoblauchzehen*
> 3 EL *Olivenöl*
> 1 TL *grüne Pfefferkörner in Lake*
> *Salz*
> 1 TL *rosa Pfefferbeeren*
>
> 200 ml *Gemüsebrühe*

Zubereitungszeit: 35 Minuten
Garzeit: etwa 40 Minuten

1. Von den Paprikaschoten am Stielende einen flachen Deckel abschneiden, die Schoten entkernen und die weißen Scheidewände entfernen. Die Schoten und die Deckel abspülen und abtrocknen. Die Deckel beiseitelegen.

2. Für die Füllung Zucchini abspülen, abtrocknen und die Enden abschneiden. Aubergine abspülen, abtrocknen und den Stängelansatz abschneiden. Die Zucchini und die Aubergine in Würfel schneiden. Die Tomaten abspülen, abtrocknen und die Stängelansätze herausschneiden.

3. Die grüne Paprikaschote halbieren, entstielen, entkernen und die weißen Scheidewände entfernen. Die Schote abspülen und abtropfen lassen. Tomaten und Paprika in Würfel schneiden.

4. Schoten etwa 5 Minuten, Deckel etwa 2 Minuten in kochendem Salzwasser blanchieren, in ein Sieb geben, mit kaltem Wasser übergießen und abtropfen lassen.

5. Den Backofen vorheizen.
Ober-/Unterhitze: etwa 180 °C
Heißluft: etwa 160 °C

6. Rosmarin abspülen und trocken tupfen. 2 Zweige kleiner zupfen und zum Garnieren beiseitelegen. Den Knoblauch abziehen und fein hacken.

7. Olivenöl in einer Pfanne erhitzen. Gemüsewürfel und Rosmarinzweige unter Rühren darin andünsten. Pfefferkörner abtropfen lassen, mit Knoblauch unterrühren. Gemüse mit Salz würzen und Pfefferbeeren untermengen.

8. Die Paprikaschoten mit der Gemüsemasse füllen. Deckel wieder auflegen und die gefüllten Paprikaschoten in eine Auflaufform (gefettet) setzen. Die Brühe hinzugießen.

9. Die Form auf dem Rost in den vorgeheizten Backofen schieben. Die gefüllten Paprikaschoten **etwa 40 Minuten garen.**

10. Die gefüllten Paprikaschoten mit beiseitegelegten Rosmarinzweigen garniert servieren.

Beilage: Reis oder Nudeln mit Tomatensauce.

Rezeptvariante: Gefüllte Paprikaschoten mit Sauerkraut. Dafür 1 Zwiebel abziehen, würfeln und in 2 Esslöffeln Speiseöl andünsten. 500 g Sauerkraut (frisch oder aus der Dose), 200 ml Weißwein oder Gemüsebrühe, 2 Lorbeerblätter, 5 Wacholderbeeren, ½ Esslöffel Zucker und 100 g Rosinen zugeben und 15 Minuten garen. 1 Apfel schälen, grob raspeln, zugeben und 5 Minuten mitgaren. Das Sauerkraut mit Salz und Pfeffer abschmecken. Während das Sauerkraut gart, die gelben Paprikaschoten wie unter Punkt 1 und 4 beschrieben vorbereiten. Die Paprikaschoten mit dem Sauerkraut füllen und wie unter Punkt 8 beschrieben fortfahren. Die Paprikaschoten mit Petersilie garniert servieren.

G

77

G

Gemüse aus der Bratfolie I
Kalorienarm – beliebt
4 Portionen

Pro Portion:
E: 9 g, F: 6 g, Kh: 33 g, kJ: 955, kcal: 228

500 g	junge Möhren
2	Kohlrabi (je etwa 200 g)
1	Fenchelknolle (etwa 300 g)
200 g	Staudensellerie
200 g	kleine, grüne Bohnen, z. B. Prinzessbohnen
250 g	Zuckerschoten
500 g	neue, kleine Kartoffeln
½ Bund	Kerbel
2	Knoblauchzehen
2 EL	Olivenöl
	Salz
	frisch gemahlener Pfeffer

Außerdem:
1 Stück Bratfolie oder Bratschlauch

Zubereitungszeit: 40 Minuten
Garzeit: etwa 30 Minuten

1. Möhren putzen, das Grün bis auf 2 cm abschneiden. Möhren schälen, abspülen und abtropfen lassen. Kohlrabi schälen, abspülen und abtropfen lassen. Den Kohlrabi zuerst in Scheiben, dann in Stifte schneiden.

2. Von der Fenchelknolle den Stiel dicht oberhalb der Knolle abschneiden. Braune Stellen und Blätter entfernen. Wurzelende gerade schneiden. Fenchel abspülen, abtropfen lassen und in Spalten schneiden.

3. Staudensellerie putzen und die harten Außenfäden abziehen. Sellerie abspülen und abtropfen lassen. Den Sellerie in kleine Stücke schneiden. Von den Bohnen die Enden abschneiden, evtl. Fäden abziehen. Bohnen abspülen, abtropfen lassen und in Stücke schneiden.

4. Den Backofen vorheizen.
Ober-/Unterhitze: etwa 200 °C
Heißluft: etwa 180 °C

5. Von den Zuckerschoten die Enden abschneiden, evtl. abfädeln. Schoten abspülen und abtropfen lassen. Die Kartoffeln gründlich unter fließendem kalten Wasser waschen und abbürsten. Kerbel abspülen und trocken tupfen. Die Blättchen von den Stängeln zupfen. Blättchen grob zerkleinern.

6. Die vorbereiteten Gemüsezutaten in einer Schüssel mischen. Knoblauch mit der Haut in Scheiben schneiden und untermischen, Olivenöl hinzufügen, mit Salz und Pfeffer würzen.

7. Die Gemüsemischung auf ein großes Stück Bratfolie oder in den Bratschlauch geben, nach Packungsanleitung verschließen und auf ein Backblech legen. Das Backblech in den vorgeheizten Backofen schieben. Das Gemüse **etwa 30 Minuten garen.**

8. Die Folie aufschneiden. Das Gemüse auf einer vorgewärmten Platte anrichten und servieren.

Tipp: Für die Zubereitung können auch andere Gemüsesorten verwendet werden, z. B. Spargel und Zucchini.

Gemüseauflauf I

Vegetarisch
4 Portionen

Pro Portion:
E: 20 g, F: 38 g, Kh: 37 g, kJ: 2449, kcal: 585

1 kg	mehligkochende Kartoffeln
1 TL	Salz
250 g	Porree (Lauch)
250 g	Auberginen
250 g	Zucchini
125 ml (⅛ l)	heiße Milch
150 g	Schlagsahne
	frisch geriebene Muskatnuss
30 g	Butter oder Margarine
	frisch gemahlener Pfeffer
2 EL	gehackte, glatte Petersilie
150 g	geriebener, mittelalter Gouda- oder Emmentaler Käse
etwa 3 EL	Sonnenblumenkerne

Zubereitungszeit: 45 Minuten
Garzeit: etwa 45 Minuten

1. Die Kartoffeln schälen, abspülen, abtropfen lassen und in Stücke schneiden. In einem Topf knapp mit Wasser knapp bedeckt zum Kochen bringen. Salz hinzufügen. Kartoffeln zugedeckt 20–25 Minuten garen.

2. Inzwischen Porree putzen, die Stangen längs halbieren, gründlich abspülen, abtropfen lassen und in Streifen schneiden.

3. Auberginen und Zucchini abspülen, abtrocknen, die Enden abschneiden. Auberginen und Zucchini in Scheiben schneiden.

4. Den Backofen vorheizen.
Ober-/Unterhitze: etwa 200 °C
Heißluft: etwa 180 °C

5. Die gegarten Kartoffeln abgießen, abdämpfen und sofort durch eine Kartoffelpresse drücken oder mit einem Kartoffelstampfer zerdrücken. Die Kartoffelmasse mit Milch und Sahne verrühren. Masse mit Salz und Muskat würzen.

6. Butter oder Margarine in einer Pfanne zerlassen. Das vorbereitete Gemüse darin 1–2 Minuten unter Rühren dünsten. Gemüse mit Salz und Pfeffer würzen. Das Gemüse in eine flache Auflaufform (gefettet, etwa 2,5 l Inhalt) geben und mit Petersilie bestreuen. Die Hälfte des Käses daraufstreuen. Die Kartoffelmasse darauf verteilen und mit dem restlichen Käse und den Sonnenblumenkernen bestreuen.

7. Die Form auf dem Rost auf mittlerer Einschubleiste in den vorgeheizten Backofen schieben. Den Gemüseauflauf **etwa 45 Minuten garen.**

8. Den Auflauf aus dem Backofen nehmen, etwas abkühlen lassen und servieren.

Rezeptvariante: Für einen **Gemüseauflauf mit Möhren** statt der Auberginen Möhren verwenden. Die Möhren putzen, schälen, abspülen, abtropfen lassen und in Scheiben schneiden. Die Möhrenscheiben in dem zerlassenen Fett zugedeckt etwa 2 Minuten bei schwacher Hitze dünsten, erst dann das übrige Gemüse zufügen. Gemüse wie im Rezept beschrieben zubereiten und in die Auflaufform geben. Gouda oder Emmentaler durch Comté-Käse ersetzen.

G

Gemüse-Kartoffel-Fächer

Vegetarisch
4 Portionen

Pro Portion:
E: 6 g, F: 18 g, Kh: 29 g, kJ: 1322, kcal: 316

1 Bund	gemischte, italienische Kräuter, z.B. Thymian, Basilikum, Majoran, Rosmarin
3	Frühlingszwiebeln
600 g	festkochende Kartoffeln
400 g	Zucchini
6	mittelgroße Tomaten
10	große, braune Champignons
	Salz, frisch gemahlener Pfeffer
	Knoblauchpulver
5 EL	Olivenöl

Zubereitungszeit: 35 Minuten
Garzeit: etwa 40 Minuten

1. Die Kräuter abspülen und trocken tupfen. Die Blättchen von den Stängeln zupfen und grob hacken. Die Frühlingszwiebeln putzen, abspülen, abtropfen lassen und in Stücke schneiden.

2. Kartoffeln schälen, abspülen und abtropfen lassen. Zucchini abspülen, abtropfen lassen und die Enden abschneiden. Tomaten abspülen, abtropfen lassen, halbieren und die Stängelansätze herausschneiden.

3. Champignons putzen, evtl. abspülen und gut abtropfen lassen. Das Gemüse in etwa ½ cm dicke Scheiben schneiden.

4. Den Backofen vorheizen.
Ober-/Unterhitze: etwa 180 °C
Heißluft: etwa 160 °C

5. Den Boden einer großen Auflaufform (mit Olivenöl ausgepinselt) mit einem Teil der gehackten Kräuter und Zwiebeln bestreuen, darauf fächerförmig Kartoffel- und Gemüsescheiben schichten.

6. Die restlichen gehackten Kräuter und Zwiebeln daraufstreuen, mit Salz, Pfeffer und Knoblauchpulver würzen, mit dem Olivenöl beträufeln und auf dem Rost in den vorgeheizten Backofen schieben. Den Gemüse-Kartoffel-Fächer **etwa 40 Minuten garen.**

Tipp: Zu diesem Gericht Knoblauchbaguette und einen trockenen Weißwein reichen.

Gemüse-Kartoffel-Wedges I
Preiswert
2 Portionen

Pro Portion:
E: 6 g, F: 11 g, Kh: 33 g, kJ: 1061, kcal: 254

300 g	möglichst kleine, festkochende Kartoffeln
200 g	Möhren
175 g	Staudensellerie
½ Bund	Frühlingszwiebeln
2 EL	Olivenöl
150 ml	Gemüsebrühe
1	Knoblauchzehe
1–2 TL	TK-Gemischte Kräuter
	Salz, frisch gemahlener Pfeffer
½	milde, rote Chilischote

Zubereitungszeit: 25 Minuten
Garzeit: 40–45 Minuten

1. Den Backofen vorheizen.
Ober-/Unterhitze: etwa 180 °C
Heißluft: etwa 160 °C

2. Kartoffeln unter fließendem kalten Wasser gründlich abbürsten, abtrocknen und längs in Spalten schneiden.

3. Möhren putzen, schälen, abspülen und abtropfen lassen. Möhren längs vierteln. Sellerie putzen und die harten Außenfäden abziehen. Sellerie abspülen und abtropfen lassen. Je nach Dicke der Selleriestangen diese längs halbieren oder vierteln.

4. Frühlingszwiebeln putzen, abspülen, abtropfen lassen. Möhren, Sellerie und Frühlingszwiebeln in etwa 5 cm lange Stücke schneiden.

5. Öl in einer großen Pfanne erhitzen. Kartoffel-, Möhren- und Selleriestücke darin bei mittlerer bis starker Hitze unter gelegentlichem Wenden etwa 5 Minuten dünsten. Anschließend in eine kleine Auflaufform (gefettet) geben. Brühe hinzugießen. Die Form auf dem Rost in den vorgeheizten Backofen schieben. Die Kartoffel- und Gemüsestücke **40–45 Minuten garen.**

6. Inzwischen die Knoblauchzehe abziehen und durch eine Knoblauchpresse drücken. **Nach etwa 20 Minuten Garzeit** Frühlingszwiebelstücke, zerdrückten Knoblauch und Kräuter mit den Kartoffel- und Gemüsestücken vermengen. Kartoffel- und Gemüsestücke mit Salz und Pfeffer bestreuen. Während der Garzeit die Kartoffel- und Gemüsestücke ab und zu in der Form wenden.

7. Chilischote abspülen, abtropfen lassen. Chilischote entstielen, entkernen und die weißen Scheidewände entfernen. Schote in feine Streifen schneiden. Gemüse-Kartoffel-Wedges auf 2 Teller geben und die Chilistreifen darüber verteilen.

Tipps: Das Rezept kann für Gäste verdoppelt werden. Dann die Kartoffel- und Gemüsestücke auf ein Backblech oder in einer Fettpfanne (beides gefettet) verteilen. Die Garzeit bleibt gleich. Nach dem Zubereiten von Chilischoten immer gründlich die Hände mit Wasser und Seife waschen. Chilireste können in den Augen und Schleimhäuten brennen.

Gemüseplätzchen | Raffiniert
10 Stück

Pro Stück:
E: 5 g, F: 12 g, Kh: 16 g, kJ: 787, kcal: 188

10 quadratische Scheiben	TK-Blätterteig (450 g)
2–4 Scheiben	Frühstückspeck (Bacon) oder durchwachsener Speck
etwa 300 g	gegartes gemischtes Gemüse, z. B. Weißkohl, Erbsen, Bohnen und Keimlinge
	Salz
	frisch gemahlener Pfeffer

Zum Bestreichen:
Schlagsahne, Kondensmilch oder etwas Eigelb

Zubereitungszeit: 20 Minuten, ohne Auftauzeit
Backzeit: etwa 20 Minuten

1. Blätterteig nebeneinander nach Packungsanleitung auftauen lassen.

2. Den Backofen vorheizen.
Ober-/Unterhitze: etwa 200 °C
Heißluft: etwa 180 °C

3. In der Zwischenzeit den Speck würfeln. Die Speckwürfel in einer kleinen Pfanne ohne Fett knusprig braten, dann auf Küchenpapier abtropfen lassen. Speckwürfel mit dem Gemüse vermischen, eventuell mit Salz und Pfeffer würzen.

4. Einen Teller (oder eine andere runde Form), der etwas kleiner als die Blätterteigquadrate ist, auf die aufgetauten Teigplatten legen. Mit einem Teigrädchen oder einem spitzen Messer entlangfahren und so runde Blätterteigkreise ausschneiden.

5. Die Ränder der Blätterteigkreise mit kaltem Wasser bestreichen. Jeweils etwas von der Gemüse-Speck-Füllung in die Mitte geben. Den Teigkreis zur Hälfte zusammenklappen und die Teigränder am besten mit einer Kuchengabel gut zusammendrücken.

6. Die Teigplätzchen auf ein Backblech (mit Backpapier belegt) legen. Die Teigoberfläche mit etwas Sahne, Kondensmilch oder Eigelb bestreichen. Das Backblech in den vorgeheizten Backofen schieben. Die Gemüseplätzchen **etwa 20 Minuten backen.**

Tipps: Als Hauptmahlzeit sind 5 Plätzchen ausreichend. Als kleinen Snack für zwischendurch reichen 3 Stück. Die Plätzchen schmecken abgekühlt auch sehr gut. Wenn es schnell gehen soll und Sie keine Reste von Blätterteig haben möchten, dann jeweils etwas von der Gemüse-Schinken-Füllung in die Mitte der aufgetauten Blätterteigquadrate geben. Die Teigscheiben zu Dreiecken zusammenfalten und die Teigränder am besten mithilfe einer Kuchengabel (die zuvor in etwas Mehl getaucht wurde) gut zusammendrücken. Weiter wie im Rezept beschrieben. Für dieses Rezept am besten die quadratischen Blätterteigscheiben verwenden.

Gemüsezwiebeln mit Pilzen gefüllt I

Für Gäste
4 Portionen

Pro Portion:
E: 21 g, F: 31 g, Kh: 19 g, kJ: 1848, kcal: 441

    4 Gemüsezwiebeln
      (je 350–400 g)
      Salzwasser

Für die Füllung:
    200 g rosa Champignons
    200 g Pfifferlinge
    100 g magerer, roher Schinken
    1 kleines
      Bund Thymian
      2 EL Speiseöl, z. B. Rapsöl
      Salz, frisch gemahlener Pfeffer
      2 Eier (Größe M)
    125 g Schlagsahne
      2 EL Speiseöl, z. B. Rapsöl
    80 g geriebener Emmentaler Käse

Zubereitungszeit: 40 Minuten, ohne Abkühlzeit
Garzeit: 40–45 Minuten

1. Zwiebeln abziehen und die Wurzelenden gerade schneiden. Zwiebeln abspülen, trocken tupfen und quer halbieren. Salzwasser zum Kochen bringen und die Zwiebelhälften etwa 15 Minuten darin garen. Die Zwiebelhälften in ein Sieb geben, mit kaltem Wasser übergießen, gut abtropfen und abkühlen lassen. Zwiebeln bis auf 3 Schichten aushöhlen. Zwiebelinneres in kleine Würfel schneiden.

2. Für die Füllung Pilze putzen, mit Küchenpapier abreiben, evtl. abspülen und trocken tupfen. Große Pilze in kleine Stücke schneiden. Schinken in kleine Würfel schneiden. Den Thymian abspülen und trocken tupfen. Einige Stängel zum Garnieren beiseitelegen. Die Blättchen von den restlichen Stängeln zupfen.

3. Den Backofen vorheizen.
Ober-/Unterhitze: etwa 180 °C
Heißluft: etwa 160 °C

4. Speiseöl in einer großen Pfanne erhitzen. Die Schinken-, Zwiebelwürfel und Pilze darin andünsten. Thymianblättchen unterrühren und mit Salz und Pfeffer würzen.

5. Die ausgehöhlten Zwiebelhälften in eine große, flache Auflaufform (gefettet) geben und mit der Pilz-Zwiebel-Masse füllen. Eier mit Sahne verschlagen und darübergießen. Die Form auf dem Rost in den vorgeheizten Backofen schieben. Gefüllte Zwiebeln **etwa 30 Minuten garen.**

6. Die gefüllten Zwiebelhälften mit Käse bestreuen und **weitere 10–15 Minuten überbacken.** Die gefüllten Gemüsezwiebeln mit beiseitegelegten Thymianstängeln garniert servieren.

Geschichtetes Schnitzel-Sahne-Gratin | Einfach
8 Portionen

Pro Portion:
E: 42 g, F: 26 g, Kh: 9 g, kJ: 1842, kcal: 440

8	Schweineschnitzel (ausgelöste Kotelettscheiben, je etwa 125 g)
	Salz, frisch gemahlener Pfeffer
etwa 40 g	Weizenmehl
3 EL	Speiseöl, z. B. Olivenöl

Für die Sauce:

30 g	Butter
20 g	Weizenmehl
250 g	Schlagsahne
250 ml (¼ l)	Fleischbrühe
1 TL	mittelscharfer Senf
1 Dose	ganze Champignons (Abtropfgewicht 460 g)

4 Scheiben	gekochter Schinken (je etwa 50 g)
200 g	Camembert-Käse
8 TL	Preiselbeerdessert

Zubereitungszeit: 30 Minuten
Garzeit: etwa 45 Minuten

1. Schnitzel mit Küchenpapier trocken tupfen, mit Salz und Pfeffer würzen. Schnitzel in Mehl wenden, überschüssiges Mehl abklopfen.

2. Speiseöl in einer großen Pfanne erhitzen. Schnitzel in 2 Portionen von beiden Seiten darin anbraten. Die Schnitzel herausnehmen und in eine große, flache Auflaufform (gefettet) legen.

3. Den Backofen vorheizen.
Ober-/Unterhitze: etwa 180 °C
Heißluft: etwa 160 °C

4. Für die Sauce Butter in einem Topf zerlassen. Mehl unter Rühren so lange darin erhitzen, bis es hellgelb ist. Sahne und Brühe nach und nach hinzugießen, mit einem Schneebesen durchschlagen. Darauf achten, dass keine Klümpchen entstehen. Die Sauce zum Kochen bringen und 2–3 Minuten kochen lassen.

5. Senf unter die Sauce rühren. Sauce mit Salz und Pfeffer würzen. Champignons in einem Sieb abtropfen lassen und hinzufügen.

6. Die Sauce über die Schnitzel gießen. Die Form auf dem Rost in den vorgeheizten Backofen schieben. Die Schnitzel **etwa 40 Minuten garen.**

7. In der Zwischenzeit die Schinkenscheiben halbieren. Camembert in Scheiben schneiden.

8. Die Form aus dem Backofen nehmen und danach Schnitzel aus der Sauce heben. Die Schnitzel jeweils mit Schinken und Käse belegen. Die Schnitzel wieder auf die Pilzsauce setzen. Die Form wieder in den vorgeheizten Backofen schieben und **noch etwa 5 Minuten gratinieren.** Schnitzel-Sahne-Gratin mit Preiselbeerdessert anrichten.

Tipp: Die gratinierten Schnitzel mit Johannisbeerrispen und Kräuterblättchen garnieren.

Geschmorte Hähnchen mit Datteln | Mit Alkohol
4–6 Portionen

Pro Portion:
E: 62 g, F: 37 g, Kh: 38 g, kJ: 3175, kcal: 759

2	küchenfertige Hähnchen (je 800–1000 g)
	Salz, frisch gemahlener Pfeffer
2	Zwiebeln
3–4 EL	Olivenöl
1 Msp.	gemahlener Zimt
1 Msp.	gemahlener Piment
1 Msp.	gemahlener Kreuzkümmel
1 Msp.	gemahlener Ingwer
1 TL	Currypulver, indisch
250 ml (¼ l)	Geflügelbrühe
125 ml (⅛ l)	roter Portwein
2 EL	Honig
	Saft von
1	Zitrone
1 EL	mittelscharfer Senf
200 g	entsteinte Datteln
1 TL	Dr. Oetker Finesse Orangenschalen-Aroma

Zubereitungszeit: 25 Minuten
Garzeit: 60–65 Minuten

1. Den Backofen vorheizen.
Ober-/Unterhitze: etwa 200 °C
Heißluft: etwa 180 °C

2. Die Hähnchen unter fließendem kalten Wasser innen und außen abspülen und trocken tupfen. Die Hähnchen innen und außen mit Salz und Pfeffer würzen, mit Küchengarn zusammenbinden. Zwiebeln abziehen und fein würfeln.

3. Das Olivenöl in einem Bräter erhitzen. Die Hähnchen darin nacheinander von allen Seiten gut anbraten. Die Hähnchen aus dem Bräter nehmen. Die Zwiebelwürfel in dem Bräter andünsten.

4. Gewürze, Brühe, Portwein, Honig, Zitronensaft und Senf unterrühren. Die Hähnchen wieder in den Bräter legen. Dann den Bräter zugedeckt im unteren Drittel in den vorgeheizten Backofen schieben. Hähnchen **etwa 35 Minuten garen.**

5. Die Datteln und Orangenschalen-Aroma unterrühren. Den Bräter ohne Deckel wieder zurück in den Backofen schieben. Anschließend die Hähnchen **weitere 25–30 Minuten garen.**

Beilage: Duftreis oder Fladenbrot.

Tipp: Die Hähnchen vor dem Braten dressieren. Das bedeutet, dass Sie mit Küchengarn alle abstehenden Teile (Flügel und Keulen) möglichst nah am Geflügelkörper befestigen. Dadurch trocknen die Hähnchen bei der Zubereitung weniger aus und schmecken besser. Die Hähnchen sehen auch appetitlicher aus.

Geschmortes Ofengemüse mit Walnusspesto | Vegetarisch
4 Portionen

Pro Portion:
E: 14 g, F: 24 g, Kh: 27 g, kJ: 1503, kcal: 359

Für das Ofengemüse:
- 500 g kleine Kartoffeln (je etwa 50 g)
- 250 g dicke Bundmöhren
- 275 g dicke Pastinaken
- Salz
- 10 Wacholderbeeren
- 1 TL Koriandersamen
- 5 EL Olivenöl
- 300 ml Gemüsebrühe
- 300 g Hokkaido-Kürbis
- 1 TL Zucker
- Cayennepfeffer
- 4 Stängel Thymian

Für das Pesto:
- 25 g Walnusskerne
- ½ Bund glatte Petersilie
- 2 EL Walnussöl
- 1 TL mittelscharfer Senf
- frisch gemahlener Pfeffer
- 25 g Bergkäse am Stück

Zubereitungszeit: 30 Minuten
Garzeit: etwa 60 Minuten

1. Den Backofen vorheizen.
Ober-/Unterhitze: etwa 200 °C
Heißluft: etwa 180 °C

2. Für das Ofengemüse Kartoffeln unter fließendem kalten Wasser gründlich abbürsten, trocken tupfen und mit der Schale halbieren. Möhren und Pastinaken putzen, schälen, abspülen, abtropfen lassen und der Länge nach halbieren. Die Kartoffel-, Möhren- und Pastinakenhälften auf ein Backblech geben, mit Salz, Wacholderbeeren, Koriander, 2 Esslöffeln Olivenöl und 150 ml Brühe mischen und gleichmäßig verteilen.

3. Das Backblech in den vorgeheizten Backofen schieben. Die Kartoffeln mit dem Gemüse **etwa 60 Minu-**

ten garen. Dabei nach und nach die restliche Brühe hinzugießen.

4. In der Zwischenzeit den Kürbis halbieren. Die Kerne mit einem Löffel herausschaben. Die Kürbishälften in etwa 3 cm breite Spalten schneiden. Die Kürbisspalten schälen, mit Salz, Zucker und Cayennepfeffer einreiben. Thymian abspülen und trocken tupfen. Kürbisspalten und Thymianstängel **nach etwa 20 Minuten Garzeit** zu den Kartoffeln und dem Gemüse auf das Backblech geben.

5. Für das Pesto Walnusskerne grob hacken. Petersilie abspülen und trocken tupfen. Die Blättchen von den Stängeln zupfen. Blättchen grob zerkleinern. Walnusskerne und Petersilie mit dem Walnussöl, restlichem Olivenöl, Senf, Salz und Pfeffer im Blitzhacker zu einem Pesto pürieren. Bergkäse entrinden, fein reiben und unter das Pesto rühren.

6. Das Ofengemüse mit dem Pesto beträufeln und sofort servieren.

Tipp: Das Ofengemüse schmeckt gut zu kurz gebratenem Fleisch oder Fischfilet.

Gorgonzola-Schnitzel-Pfanne I
Einfach
6 Portionen

Pro Portion:
E: 39 g, F: 30 g, Kh: 5 g, kJ: 1899, kcal: 459

3	mittelgroße Schalotten
3	Knoblauchzehen
3 EL	Olivenöl
200 g	stückige Tomaten (aus der Dose)
½ Würfel	Gemüsebrühe oder 1 TL Instant-Gemüsebrühen-Pulver
200 g	Gorgonzola-Käse
250 g	Crème fraîche
1–2 EL	gehackter, frischer Salbei
6	Putenschnitzel (je etwa 125 g)
	Salz
	frisch gemahlener Pfeffer
etwa 2 EL	Weizenmehl
evtl. einige Zweige	Salbei

Zubereitungszeit: 40 Minuten
Garzeit: etwa 40 Minuten

1. Schalotten und Knoblauch abziehen. Schalotten halbieren und in schmale Streifen schneiden. Knoblauch in kleine Würfel schneiden.

2. Olivenöl in einem Topf erhitzen. Schalottenstreifen und Knoblauchwürfel darin kurz andünsten. Tomatenstücke mit der Flüssigkeit und den Gemüsebrühewürfel bzw. Instant-Gemüsebrühen-Pulver hinzugeben, unter Rühren aufkochen.

3. Gorgonzola in Stücke schneiden oder zerbröseln. Crème fraîche und die Gorgonzolastücke in die Tomatensauce geben, unter Rühren aufkochen lassen, bis der Käse geschmolzen ist. Salbei unterrühren.

4. Den Backofen vorheizen.
Ober-/Unterhitze: etwa 200 °C
Heißluft: etwa 180 °C

5. Putenschnitzel kurz unter fließendem kalten Wasser abspülen und trocken tupfen, mit Salz und Pfeffer würzen. Die Putenschnitzel in Mehl wenden. Die Hälfte der Tomaten-Käse-Sauce in eine Auflaufform (gefettet) geben. Die Putenschnitzel nebeneinander darauflegen. Die restliche Tomaten-Käse-Sauce darauf verteilen.

6. Die Auflaufform auf dem Rost im unteren Drittel in den vorgeheizten Backofen schieben. Die Schnitzelpfanne **etwa 40 Minuten garen.**

7. Salbei abspülen und trocken tupfen. Die Gorgonzola-Schnitzel-Pfanne mit Salbeizweigen garniert servieren.

Beilage: Tagliatelle oder Weißbrot und Feldsalat.

Gratinvariationen mit Kartoffeln I (Kartoffelgratin) I Beliebt

4 Portionen

Pro Portion Kartoffelgratin:
E: 7 g, F: 16 g, Kh: 26 g, kJ: 1189, kcal: 284

Für das Kartoffelgratin:

1	Knoblauchzehe
800 g	festkochende Kartoffeln
	Salz
	frisch gemahlener Pfeffer
	frisch geriebene Muskatnuss
125 ml (1/8 l)	Milch
125 g	Schlagsahne
2 EL	geriebener Parmesan-Käse

Zubereitungszeit: 40 Minuten
Garzeit: 45–55 Minuten

1. Den Backofen vorheizen.
Ober-/Unterhitze: etwa 200 °C
Heißluft: etwa 180 °C

2. Knoblauch abziehen, durchschneiden und eine Auflaufform (gefettet, etwa 2,5 l Inhalt) damit ausreiben.

3. Kartoffeln schälen, abspülen, trocken tupfen und in dünne Scheiben schneiden.

4. Die Kartoffelscheiben dachziegelartig in die Auflaufform schichten. Die Kartoffelscheiben kräftig mit Salz, Pfeffer und Muskat würzen.

5. Milch mit Sahne verrühren und auf die Kartoffelscheiben gießen. Käse daraufstreuen. Die Form auf mittlerer Einschubleiste auf dem Rost in den vorgeheizten Backofen schieben. Das Gratin **45–55 Minuten garen,** bis es schön goldbraun ist.

Tipps: Das Gratin kann auch in Portionsformen zubereitet werden. Die Garzeit verringert sich dann auf 40–45 Minuten. Das Gratin passt perfekt zu saucenlosen Fleisch-, Fisch- oder Gemüsegerichten.

Rezeptvariation 1: Kartoffelgratin mit Champignons (im Foto rechts). Dafür 150 g Kartoffeln durch dünne Champignonscheiben ersetzen. Die Champignon- und Kartoffelscheiben im Wechsel einschichten.

Rezeptvariation 2: Kartoffel-Möhren-Gratin (im Foto links). Dafür 300 g Kartoffeln durch dünne Möhrenscheiben ersetzen.

Griechische Lammsteaks | Für Gäste
8 Portionen

Pro Portion:
E: 33 g, F: 25 g, Kh: 14 g, kJ: 1731, kcal: 413

8	Lammsteaks (aus der Hüfte, je etwa 150 g)
	Salz, frisch gemahlener Pfeffer
	gerebelter Oregano
4 EL	Olivenöl
4	Knoblauchzehen
1	Zwiebel
300 g	TK-Blattspinat (aufgetaut)
	frisch geriebene Muskatnuss
200 g	Schafkäse
je 2	mittelgroße, gelbe und grüne Zucchini
600 g	gegarte Pellkartoffeln
1	rote Paprikaschote
400 g	stückige Tomaten (aus der Dose)

Zubereitungszeit: 60 Minuten
Garzeit: etwa 45 Minuten

1. Die Lammsteaks mit Küchenpapier trocken tupfen. Lammsteaks waagerecht halbieren, mit Salz, Pfeffer und Oregano würzen. Jeweils die Hälfte des Olivenöls in einer großen Pfanne erhitzen. Die Lammsteaks in 2 Portionen von beiden Seiten darin anbraten, herausnehmen und in eine große, flache Auflaufform (gefettet) legen. Den Knoblauch abziehen, durch eine Knoblauchpresse drücken und auf den Lammsteaks verteilen.

2. Zwiebel abziehen und in kleine Würfel schneiden. Blattspinat mit den Zwiebelwürfeln in einem kleinen Topf kurz andünsten. Mit Salz, Pfeffer und Muskat würzen. Spinat auf den Lammsteaks verteilen. Schafkäse in Scheiben schneiden und auf den Spinat legen.

3. Den Backofen vorheizen.
Ober-/Unterhitze: etwa 200 °C
Heißluft: etwa 180 °C

4. Die Zucchini abspülen, abtrocknen und die Enden abschneiden. Zucchini in Scheiben schneiden und die Zwischenräume der Steaks damit auslegen. Kartoffeln evtl. pellen, längs halbieren und in Achtel schneiden.

5. Paprika halbieren, entstielen, entkernen und die weißen Scheidewände entfernen. Schote abspülen, abtropfen lassen und in Stücke schneiden. Kartoffelachtel und Paprikastücke ebenfalls in die Zwischenräume zwischen die Lammsteaks legen. Mit Salz, Pfeffer und Oregano würzen. Zuletzt Tomatenstücke daraufgeben.

6. Die Form auf dem Rost in den vorgeheizten Backofen schieben. Lammsteaks **etwa 45 Minuten garen.**

Beilage: Fladenbrot.

Griechische Schafkäsepastete I
Dauert länger
4–6 Portionen

Pro Portion:
E: 27 g, F: 32 g, Kh: 69 g, kJ: 2841, kcal: 679

Für den Teig:
- 350 g Weizenmehl
- 150 g Weizenvollkornmehl
- 1 Pck. Dr. Oetker Trockenbackhefe
- 200 ml lauwarmes Wasser
- 1 Ei (Größe M)
- 3 EL Olivenöl
- 1 gestr. TL Salz

Für die Füllung:
- 750 g frischer Spinat
- 2 Zwiebeln
- 1 Knoblauchzehe
- 5 EL Olivenöl
- frisch gemahlener Pfeffer
- frisch geriebene Muskatnuss
- 300 g Schafkäse

Zum Bestreichen:
- 1 verschlagenes Eigelb

Zubereitungszeit: 40 Minuten, ohne Teiggeh- und Ruhezeit
Backzeit: etwa 40 Minuten

1. Für den Teig Weizenmehl in eine Schüssel geben, mit Vollkornmehl und Trockenbackhefe sorgfältig vermischen. Restliche Zutaten hinzufügen und mit Handrührgerät mit Knethaken kurz auf niedrigster, dann auf höchster Stufe zu einem glatten Teig verarbeiten. Teig zugedeckt so lange an einem warmen Ort gehen lassen, bis er sich sichtbar vergrößert hat.

2. Für die Füllung Spinat verlesen, dicke Stiele abschneiden. Die Blätter waschen und abtropfen lassen. Zwiebeln und Knoblauch abziehen und fein würfeln.

3. Öl in einem Topf erhitzen. Zwiebel- und Knoblauchwürfel darin andünsten. Spinat hinzufügen, mit Pfeffer und Muskat würzen und zugedeckt etwa 5 Minuten garen, bis der Spinat zusammengefallen ist. Schafkäse zerkrümeln und unter den Spinat rühren.

4. Zwei Drittel des Teiges auf einer leicht bemehlten Arbeitsfläche zu einer runden Platte (Ø etwa 30 cm) ausrollen. Teigplatte so in eine Pie- oder Tarteform (Ø 26 cm, gefettet) legen, dass der Rand etwa 1 cm übersteht. Den Boden mehrmals mit einer Gabel einstechen. Spinat-Käse-Masse darauf verteilen.

5. Den Rand über die Füllung legen, mit etwas Eigelb bestreichen. Den restlichen Teig auf einer leicht bemehlten Arbeitsfläche zu einem Deckel in Größe der Form ausrollen. In der Mitte des Deckels mit einem runden Ausstechförmchen (Ø etwa 2 cm) ein Loch ausstechen. Den Teigdeckel auf die Pastete legen. Rand gut andrücken.

6. Teigreste ausrollen. Mit Ausstechförmchen Motive ausstechen. Die Pastetenoberfläche mit Eigelb bestreichen und mit den ausgestochenen Teigmotiven belegen. Diese ebenfalls mit Eigelb bestreichen. Die Pastete 15–20 Minuten ruhen lassen.

7. Den Backofen vorheizen.
Ober-/Unterhitze: etwa 200 °C
Heißluft: etwa 180 °C

8. Die Form auf dem Rost in den vorgeheizten Backofen schieben. Die Pastete **etwa 40 Minuten backen.**

Tipp: Die Pastete lauwarm servieren.

Grießauflauf mit Obst I

Für Kinder
4–6 Portionen

Pro Portion:
E: 14 g, F: 26 g, Kh: 83 g, kJ: 2696, kcal: 643

500 g	Mirabellen oder 500 g Ananasscheiben (aus der Dose)
500 ml (½ l)	Milch
	Salz
125 g	Weizengrieß
1 Pck.	Dr. Oetker Pudding-Pulver Vanille-Geschmack
75 g	Butter
60 g	Zucker
1 Pck.	Dr. Oetker Vanillin-Zucker
3	Eier (Größe M)
1 gestr. TL	Dr. Oetker Backin

Zubereitungszeit: 50 Minuten
Backzeit: etwa 35 Minuten

1. Zunächst die Mirabellen oder Ananasscheiben in einem Sieb abtropfen lassen. Die Ananasscheiben in Stücke schneiden. Milch (3 Esslöffel zurücklassen) mit Salz zum Kochen bringen.

2. Den Backofen vorheizen.
Ober-/Unterhitze: etwa 180 °C
Heißluft: etwa 160 °C

3. Milch von der Kochstelle nehmen. Grieß einrühren und zum Quellen stehen lassen. Pudding-Pulver mit der zurückgelassenen kalten Milch anrühren.

4. Butter schaumig rühren, nach und nach Zucker, Vanillin-Zucker, Eier, Backpulver und den noch warmen Grießbrei mit dem angerührten Pudding-Pulver unterrühren.

5. Obst unterheben. Alles in eine Auflaufform (gefettet) füllen. Die Form auf dem Rost in den vorgeheizten Backofen schieben. Den Auflauf **etwa 35 Minuten backen.**

Grüner Nudel-Schnitzel-Auflauf I
Gut vorzubereiten
4 Portionen

Pro Portion:
E: 50 g, F: 42 g, Kh: 47 g, kJ: 3183, kcal: 761

2 ½ l	Wasser
2 ½ gestr. TL	Salz
250 g	grüne Bandnudeln
500 g	Champignons
3	kleine Zwiebeln (etwa 150 g)
30 g	Butter
	Salz
	frisch gemahlener Pfeffer
250 g	Schlagsahne
500 g	Schweineschnitzel
2 EL	Speiseöl, z. B. Sonnenblumenöl
3 EL	gehackte Petersilie
100	geriebener Käse, z. B. Gouda oder Emmentaler

Zubereitungszeit: 50 Minuten
Garzeit: etwa 20 Minuten

1. Das Wasser in einem großen Topf zugedeckt zum Kochen bringen. Dann Salz und Nudeln hinzugeben. Die Nudeln im geöffneten Topf bei mittlerer Hitze nach Packungsanleitung kochen lassen, dabei gelegentlich umrühren.

2. Anschließend die Nudeln in ein Sieb geben, mit heißem Wasser abspülen und abtropfen lassen.

3. In der Zwischenzeit die Champignons putzen, mit Küchenpapier abreiben, evtl. abspülen und trocken tupfen. Champignons in Scheiben schneiden. Zwiebeln abziehen und in kleine Würfel schneiden.

4. Die Butter in einem großen Topf zerlassen. Zwiebelwürfel darin glasig dünsten. Die Champignonscheiben hinzugeben und etwa 5 Minuten dünsten lassen. Mit Salz und Pfeffer würzen. Sahne hinzugießen und unter Rühren aufkochen lassen.

5. Den Backofen vorheizen.
Ober-/Unterhitze: etwa 180 °C
Heißluft: etwa 160 °C

6. Schnitzelfleisch mit Küchenpapier trocken tupfen und in Streifen schneiden.

7. Speiseöl in einer Pfanne erhitzen. Die Fleischstreifen darin portionsweise von beiden Seiten anbraten, mit Salz und Pfeffer würzen. Fleischstreifen, Sahne-Champignons und Nudeln vorsichtig mischen, mit Salz und Pfeffer abschmecken. Petersilie hinzufügen.

8. Die Nudelmischung in einer ovalen Auflaufform (gefettet) verteilen und mit Käse bestreuen. Die Form auf dem Rost in den vorgeheizten Backofen schieben. Nudel-Schnitzel-Auflauf **etwa 20 Minuten garen**.

Hackbraten auf Kartoffelgratin I
Preiswert
4 Portionen

Pro Portion:
E: 32 g, F: 27 g, Kh: 38 g, kJ: 2196, kcal: 523

Für den Hackbraten:
- 1 Brötchen (Semmel) vom Vortag
- 500 g Gehacktes (halb Rind-, halb Schweinefleisch)
- 1 Ei (Größe M)
- 1 TL mittelscharfer Senf
- Salz
- frisch gemahlener Pfeffer
- 1 geh. TL Kräuter der Provence

Für das Gratin:
- 1 kg mehligkochende Kartoffeln
- frisch geriebene Muskatnuss
- 200 ml Milch

Zubereitungszeit: 30 Minuten
Garzeit: etwa 60 Minuten

1. Für den Hackbraten Brötchen in kaltem Wasser einweichen. Gehacktes in eine Schüssel geben.

2. Eingeweichtes Brötchen gut ausdrücken, mit Ei und Senf zum Gehackten geben. Die Zutaten gut vermengen. Die Masse mit Salz und Pfeffer kräftig würzen. Die Gehacktesmasse mit angefeuchteten Händen zu einem flachen, länglichen Laib formen.

3. Den Backofen vorheizen.
Ober-/Unterhitze: etwa 180 °C
Heißluft: etwa 160 °C

4. Für das Gratin die Kartoffeln schälen, abspülen, abtropfen lassen und in dünne Scheiben hobeln. Die Kartoffelscheiben mit Salz, Pfeffer und Muskat kräftig würzen.

5. Die Kartoffelscheiben in eine große Auflaufform (gefettet) einschichten. Die Milch zu den Kartoffelscheiben gießen. Die Form auf dem Rost in den vorgeheizten Backofen schieben. Gratin **etwa 15 Minuten vorgaren.**

6. Dann in die Mitte des Gratins eine leichte, längliche Vertiefung eindrücken. Den Fleischlaib in die Vertiefung legen, mit Kräutern der Provence bestreuen. Die Form wieder zurück in den vorgeheizten Backofen schieben und das Ganze **weitere etwa 45 Minuten garen.**

7. Den Hackbraten aus der Form nehmen und in Scheiben schneiden. Die Fleischscheiben wieder auf das Gratin legen und das Ganze servieren.

Tipps: Bestreuen Sie das Gratin nach etwa 40 Minuten Garzeit mit 100 g geriebenem Käse und garen Sie dann den Hackbraten zu Ende. Sehr lecker schmeckt ein Tomatensalat dazu.

Hackbraten vom Blech | Für Gäste
8–10 Portionen

Pro Portion:
E: 38 g, F: 36 g, Kh: 14 g, kJ: 2208, kcal: 528

500 g	Hokkaido-Kürbis
1	Zwiebel
100 g	Schinkenwürfel
½ TL	gerebelter Thymian
200 ml	Fleischfond
1 Glas	Wild-Preiselbeerdessert (Abtropfgewicht 175 g)
1 Bund	Petersilie
1½ kg	Gehacktes (halb Rind-, halb Schweinefleisch)
2	Eier (Größe M)
2–3 EL	Semmelbrösel
	Salz
	frisch gemahlener Pfeffer
200 g	Ziegenfrischkäse

Zubereitungszeit: 30 Minuten, ohne Abkühlzeit
Garzeit: etwa 35 Minuten

1. Hokkaido-Kürbis halbieren und entkernen. 300 g Kürbis in kleine Würfel, den Rest in dünne Spalten schneiden.

2. Zwiebel abziehen und fein würfeln. Die Schinkenwürfel in einer Pfanne anbraten. Die Zwiebelwürfel hinzugeben und mit anbraten.

3. Kürbiswürfel und Thymian zugeben, kurz mitbraten. Dann mit Fleischfond ablöschen und etwa 2 Minuten bei mittlerer Hitze kochen lassen. Die Zutaten in eine große Schüssel geben und abkühlen lassen.

4. Den Backofen vorheizen.
Ober-/Unterhitze: etwa 200 °C
Heißluft: etwa 180 °C

5. Preiselbeerdessert in einem Sieb abtropfen lassen. Petersilie abspülen, trocken tupfen und fein hacken.

6. Gehacktes mit Eiern, Preiselbeeren, Petersilie und Semmelbröseln zu der abgekühlten Kürbismasse geben und vermengen. Mit Salz und Pfeffer würzen.

7. Die Fleischmasse in eine Fettpfanne (gefettet) geben und glatt streichen. Dann den Ziegenfrischkäse in 8–10 Scheiben schneiden und zusammen mit den Kürbisspalten auf der Fleischmasse verteilen.

8. Die Fettpfanne im unteren Drittel in den vorgeheizten Backofen schieben. Den Hackbraten **etwa 35 Minuten garen.**

Hähnchen mit Reis-Tomaten-Füllung | Einfach

4–6 Portionen

Pro Portion:
E: 64 g, F: 38 g, Kh: 19 g, kJ: 2820, kcal: 673

2	küchenfertige Hähnchen (je 800–1000 g)
	Salz
	frisch gemahlener Pfeffer
2	Zwiebeln
2	Knoblauchzehen
4	grüne Chilischoten
2 Stängel	Petersilie
2 Stängel	Thymian
2 Stängel	Koriander
1 Stängel	Minze

Für die Füllung:

1 kg	Tomaten
2 EL	gehackte Petersilie
200 g	gegarter Reis (das entspricht etwa 125 g ungegartem Reis)
1 Msp.	Cayennepfeffer
2 Msp.	Paprikapulver edelsüß
1 Prise	Zucker
4 EL	Olivenöl
1 Msp.	Safranpulver oder -fäden
750 ml (¾ l)	Geflügelbrühe

Außerdem:

Holzstäbchen
Küchengarn

Zubereitungszeit: 35 Minuten
Garzeit: 50–55 Minuten

1. Die Hähnchen unter fließendem kalten Wasser innen und außen abspülen, trocken tupfen. Die Hähnchen innen und außen mit Salz und Pfeffer würzen. Zwiebeln und Knoblauch abziehen und fein würfeln.

2. Chilischoten halbieren, entstielen und entkernen. Die Schoten abspülen, abtropfen lassen und in feine Streifen schneiden. Kräuter abspülen, trocken tupfen und die Blättchen von den Stängeln zupfen. Blättchen hacken, 1 Teelöffel davon zum Garnieren beiseitelegen.

3. Für die Füllung die Tomaten abspülen, abtrocknen, halbieren und die Stängelansätze herausschneiden. Tomaten in kleine Würfel schneiden. Tomatenwürfel mit gehackter Petersilie, Reis, Cayennepfeffer und Paprikapulver in einer Schüssel vermengen und mit Salz und Zucker abschmecken.

4. Die Hähnchen mit der Füllung füllen (dabei die Füllung nicht zu fest hineindrücken) und die Öffnungen mit Holzstäbchen verschließen und mit Küchengarn verschnüren. Die Keulen zusammenbinden.

5. Den Backofen vorheizen.
Ober-/Unterhitze: etwa 200 °C
Heißluft: etwa 180 °C

6. Das Olivenöl in einem Bräter erhitzen. Die Hähnchen darin nacheinander von allen Seiten gut anbraten. Die Hähnchen aus dem Bräter nehmen. Die Zwiebel- und Knoblauchwürfel in dem Bräter andünsten. Chili, gehackte Kräuter und Safran unterrühren, kurz mitdünsten.

7. Geflügelbrühe hinzugießen, unterrühren und zum Kochen bringen. Die Hähnchen wieder in den Bräter legen. Den Bräter zugedeckt im unteren Drittel in den vorgeheizten Backofen schieben. Die Hähnchen **35–40 Minuten garen.**

8. Dann den Deckel entfernen und den Bräter wieder in den vorgeheizten Backofen schieben. Die Hähnchen **weitere etwa 15 Minuten garen** lassen, bis die Haut schön knusprig ist.

9. Zum Servieren die Holzstäbchen und das Küchengarn entfernen. Hähnchen in Portionsstücke zerlegen, mit der Füllung und den beiseitegelegten gehackten Kräutern bestreut servieren.

Tipp: Servieren Sie Fladenbrot dazu, welches in Olivenöl und dann in eine Mischung aus gemahlenem Kreuzkümmel und Meersalz oder den Bratensud gestippt wird.

Hähnchenbrust, mit Mozzarella überbacken | Schnell
4 Portionen

Pro Portion:
E: 42 g, F: 9 g, Kh: 1 g, kJ: 1076, kcal: 257

4	Hähnchenbrustfilets (je etwa 150 g)
	Salz
	frisch gemahlener Pfeffer
2	große Tomaten
125 g	Mozzarella-Käse
4 EL	Speiseöl, z. B. Sonnenblumenöl
	einige Basilikumblättchen

Zubereitungszeit: 25 Minuten
Grillzeit: 5–10 Minuten

1. Den Backofengrill (etwa 240 °C) vorheizen. Die Hähnchenbrustfilets unter fließendem kalten Wasser abspülen und trocken tupfen. Die Filets mit Salz und Pfeffer würzen.

2. Tomaten abspülen, abtrocknen, halbieren und die Stängelansätze herausschneiden. Die Tomaten jeweils in 4 Scheiben schneiden. Mozzarella abtropfen lassen und in 8 Scheiben schneiden.

3. Öl in einer backofengeeigneten Pfanne erhitzen. Die Hähnchenbrustfilets darin etwa 10 Minuten von beiden Seiten braten.

4. Jedes Filet zuerst mit je 2 Tomatenscheiben belegen und mit Pfeffer bestreuen. Mit je 2 Mozzarellascheiben belegen und wieder mit Pfeffer bestreuen.

5. Die Pfanne auf dem Rost unter den vorgeheizten Grill in den Backofen schieben. Die Filets **5–10 Minuten übergrillen,** bis der Käse zerläuft. Filets vor dem Servieren mit Basilikumblättchen garnieren.

Beilage: Reis oder Knoblauchtoast.

Tipps: Wenn Sie keinen Backofengrill haben, die Pfanne bei etwa 220 °C (Ober-/Unterhitze) oder etwa 200 °C (Heißluft) auf dem Rost in den vorgeheizten Backofen schieben und 5–10 Minuten überbacken, bis der Käse zerläuft. Ist keine backofengeeignete Pfanne vorhanden, die Filets nach dem Anbraten in eine Auflaufform umfüllen. Überbacken Sie die Hähnchenbrust mit Ziegenfrischkäse oder Gorgonzola.

Hähnchenbrust mit Pfirsichen I
Beliebt
6 Portionen

Pro Portion:
E: 59 g, F: 21 g, Kh: 10 g, kJ: 1963, kcal: 470

6	kleine, doppelte Hähnchenbrustfilets (je etwa 220 g)
1	Bio-Zitrone (unbehandelt, ungewachst) frisch gemahlener, weißer Pfeffer
3 EL	Olivenöl
	Salz
3–4	Pfirsichhälften (aus der Dose)
125 g	mittelalter Gouda-Käse
2–3 EL	Semmelbrösel
20 g	gemahlene Haselnusskerne
1 gestr. EL	Currypulver
150 g	Crème fraîche
1 EL	gehackte Petersilie

Zubereitungszeit: 45 Minuten
Garzeit: etwa 25 Minuten

1. Hähnchenbrustfilets aufklappen und evtl. vorhandenen Knorpel abschneiden. Filets unter fließendem kalten Wasser abspülen und trocken tupfen. Zitronen heiß waschen, abtrocknen, etwas Schale abreiben. Die Zitrone halbieren und den Saft auspressen. Das Fleisch mit Zitronensaft beträufeln und kurz durchziehen lassen.

2. Das Fleisch trocken tupfen und mit Pfeffer würzen. Olivenöl in einer Pfanne erhitzen. Die Filets darin von allen Seiten kurz anbraten und leicht salzen.

3. Pfirsiche in einem Sieb abtropfen lassen. Den Käse reiben und mit Semmelbröseln und Haselnusskernen vermengen. Pfirsiche in feine Spalten schneiden.

4. Den Backofen vorheizen.
Ober-/Unterhitze: etwa 200 °C
Heißluft: etwa 180 °C

5. Die Hähnchenbrustfilets mit einigen Pfirsichspalten füllen und in eine große Auflaufform (gefettet) legen. Die restlichen Pfirsichspalten darauf verteilen, alles mit Zitronenschale bestreuen und mit Curry bestäuben.

6. Erst die Nuss-Käse-Mischung, dann Crème fraîche darauf verteilen. Die Auflaufform auf dem Rost in den vorgeheizten Backofen schieben. Die Hähnchenbrust mit Pfirsichen **etwa 25 Minuten garen.**

7. Die Hähnchenbrust mit Pfirsichen mit Petersilie bestreut servieren.

Hähnchenbrust mit Senfkruste I
Einfach – raffiniert
4 Portionen

Pro Portion:
E: 39 g, F: 6 g, Kh: 3 g, kJ: 918, kcal: 220

> 4 Hähnchenbrustfilets
> (je etwa 150 g)
> Salz, frisch gemahlener Pfeffer
> Currypulver
> 2 Eiweiß (Größe M)
> 1 EL körniger Senf
> 1 EL mittelscharfer Senf
> 1 geh. EL Semmelbrösel
> 20 g Butter
> 1 Bund Schnittlauch

Zubereitungszeit: 35 Minuten
Garzeit: 20–25 Minuten

1. Den Backofen vorheizen.
Ober-/Unterhitze: etwa 200 °C
Heißluft: etwa 180 °C

2. Die Hähnchenbrustfilets unter fließendem kalten Wasser abspülen und trocken tupfen, mit Salz, Pfeffer und Curry würzen. Hähnchenbrustfilets nebeneinander in eine Auflaufform (gefettet) legen.

3. Eiweiß sehr steif schlagen. Beide Senfsorten mit Semmelbröseln und Salz verrühren und unter den Eischnee heben. Die Eischneemasse auf den Hähnchenbrustfilets verteilen. Butter in Flöckchen daraufsetzen. Die Form auf dem Rost im unteren Drittel in den vorgeheizten Backofen schieben. Die Hähnchenbrustfilets **20–25 Minuten garen.**

4. Den Schnittlauch abspülen, trocken tupfen (einige Schnittlauchhalme beiseitelegen) und dann in Röllchen schneiden. Die Hähnchenbrustfilets kurz vor dem Servieren mit Schnittlauchröllchen bestreuen und mit den Schnittlauchhalmen garnieren.

Beilage: Porreegemüse oder Kartoffelsalat.

Tipps: Das Gericht für mehr als 4 Personen auf dem Backblech zubereiten. Das Fleisch schmeckt noch herzhafter, wenn die Hähnchenbrustfilets in Speiseöl angebraten werden. Nach Belieben jedes Hähnchenbrustfilet mit 1 Scheibe gekochten Schinken belegen. Die Filets schmecken auch kalt, in Scheiben geschnitten, sehr gut. Dazu passt ein gemischter Salat oder ein Kartoffelsalat.

Hähnchenbrustfilet in Tomatensauce | Für Kinder – einfach
6 Portionen

Pro Portion:
E: 35 g, F: 22 g, Kh: 8 g, kJ: 1576, kcal: 377

    6 **Hähnchenbrustfilets (je etwa 120 g)**
       Salz
       frisch gemahlener Pfeffer
2–3 EL **Olivenöl**

Für die Tomatensauce:
     5 **Tomaten (je etwa 70 g)**
     1 **Zwiebel**
 25 g **TK-Kräuter der Provence**
200 ml **Gemüsebrühe oder -fond**
 30 g **Saucenbinder**
250 g **Schlagsahne**

Zubereitungszeit: 90 Minuten
Garzeit: etwa 45 Minuten

1. Die Hähnchenbrustfilets unter fließendem kalten Wasser abspülen und trocken tupfen, mit Salz und Pfeffer würzen. Olivenöl in einer großen Pfanne erhitzen. Die Hähnchenbrustfilets darin von beiden Seiten anbraten und herausnehmen.

2. Den Backofen vorheizen.
Ober-/Unterhitze: etwa 200 °C
Heißluft: etwa 180 °C

3. Hähnchenbrustfilets nebeneinander in eine große Auflaufform (gefettet) legen.

4. Tomaten abspülen, abtropfen lassen, kreuzweise einschneiden, mit kochendem Wasser übergießen und mit kaltem Wasser abschrecken. Tomaten enthäuten, halbieren, entkernen und die Stängelansätze herausschneiden. Die Tomatenhälften in Würfel schneiden. Zwiebel abziehen und ebenfalls in Würfel schneiden.

5. Zwiebel- und Tomatenwürfel in dem verbliebenen Bratenfett (von den Hähnchenbrustfilets) andünsten. Kräuter und Gemüsebrühe oder -fond hinzugeben, zum Kochen bringen und etwas einkochen lassen. Sauce mit Saucenbinder nach Packungsanleitung leicht binden. Sahne hinzugießen. Sauce mit Salz und Pfeffer würzen. Die Tomatensauce unter gelegentlichem Rühren noch etwa 10 Minuten köcheln lassen.

6. Die Hähnchenbrustfilets mit der Tomatensauce übergießen. Die Form auf dem Rost in den vorgeheizten Backofen schieben. Die Hähnchenbrustfilets **etwa 45 Minuten garen.**

Beilage: Nudeln in jeglicher Form und Farbe. Gnocchi in Butter geschwenkt und mit geriebenem Parmesan-Käse bestreut. Frische Blattsalate.

Hähnchengeschnetzeltes in Zwiebel-Sahne-Sauce I

Gut vorzubereiten
4–6 Portionen

Pro Portion:
E: 42 g, F: 28 g, Kh: 7 g, kJ: 1897, kcal: 454

etwa 750 g	Hähnchenbrustfilet
2 EL	Speiseöl, z. B. Rapsöl
	Salz, frisch gemahlener Pfeffer
300 g	rote Zwiebeln
½ TL	Zucker
1 TL	Balsamico-Essig oder Himbeer-Essig
etwa 240 g	Champignonscheiben (aus der Dose)
250 g	Schlagsahne
	Paprikapulver edelsüß
1–2 EL	Tomatenketchup
etwa 125 g	Frühstücksspeck in Scheiben (Bacon)

Zubereitungszeit: 40 Minuten, ohne Durchziehzeit
Garzeit: etwa 30 Minuten

1. Hähnchenbrustfilet unter fließendem kalten Wasser abspülen, trocken tupfen und in etwa 1 ½ cm dicke Streifen schneiden.

2. Jeweils etwas Speiseöl in einer großen Pfanne erhitzen. Die Hähnchenfleischstreifen darin portionsweise von allen Seiten anbraten, mit Salz und Pfeffer würzen. Hähnchenfleischstreifen aus der Pfanne nehmen und beiseitestellen.

3. Zwiebeln abziehen, halbieren und in dünne Scheiben schneiden. Zwiebelscheiben in dem verbliebenen Bratfett unter Rühren glasig dünsten, mit Zucker und Essig würzen.

4. Die Champignonscheiben in einem Sieb abtropfen lassen. Beiseitegestellte Hähnchenfleischstreifen in eine große Auflaufform (gefettet) geben. Die Zwiebelscheiben mit den Champignonscheiben mischen und auf den Hähnchenfleischstreifen verteilen.

5. Die Sahne mit Salz, Pfeffer, Paprika und Ketchup verrühren. Die Sauce in die Auflaufform geben und mit den Zutaten gut vermischen. Die Form zugedeckt 3–4 Stunden in den Kühlschrank stellen und das Geschnetzelte durchziehen lassen.

6. Den Backofen vorheizen.
Ober-/Unterhitze: etwa 200 °C
Heißluft: etwa 180 °C

7. Hähnchengeschnetzeltes mit den Frühstücksspeckscheiben dicht belegen. Die Form auf dem Rost in den vorgeheizten Backofen schieben. Das Hähnchengeschnetzelte **etwa 30 Minuten garen.**

Beilage: Spätzle oder Reis und ein frischer, bunter Salat.

Hähnchenkeulen | Beliebt
4 Portionen

Pro Portion:
E: 34 g, F: 24 g, Kh: 0 g, kJ: 1458, kcal: 349

   4 Hähnchenkeulen
    (je etwa 250 g)
 ½ TL Salz
 1 Msp. frisch gemahlener Pfeffer
  1 TL Paprikapulver edelsüß
 2–3 EL Speiseöl,
   z. B. Sonnenblumenöl

Zubereitungszeit: 10 Minuten
Bratzeit: etwa 45 Minuten

1. Den Backofen vorheizen.
Ober-/Unterhitze: etwa 200 °C
Heißluft: etwa 180 °C

2. Die Keulen unter fließendem kalten Wasser abspülen und trocken tupfen.

3. Salz, Pfeffer und Paprikapulver mit Öl verrühren. Die Hähnchenkeulen damit einreiben und in eine Fettpfanne legen. Fettpfanne auf der mittleren Einschubleiste in den vorgeheizten Backofen schieben und die Hähnchenkeulen **etwa 45 Minuten braten.**

Beilage: Kartoffelsalat oder Bratkartoffeln und Erbsen oder Möhren, gemischter Salat.

Rezeptvariante: Für **Tandoori-Hähnchenkeulen** 125 g Joghurt (3,5 % Fett) glatt rühren. 1 Knoblauchzehe abziehen, durch eine Knoblauchpresse zu dem Joghurt drücken. ½ Teelöffel Salz, 1–1 ½ Teelöffel Paprikapulver edelsüß, ½–1 Teelöffel Madrascurry, knapp ½ Teelöffel gemahlener Zimt, 1 Messerspitze Cayennepfeffer und 1 Prise gemahlene Gewürznelken unterrühren. Die vorbereiteten Hähnchenkeulen mit der Marinade bestreichen, in eine flache Schale legen und mit Frischhaltefolie zugedeckt mindestens 2 Stunden oder über Nacht im Kühlschrank marinieren. Die Keulen in eine Fettpfanne geben, nochmals mit der Marinade bestreichen und wie im Rezept beschrieben braten.

H

Hamburger Pannfisch | Raffiniert
4 Portionen

Pro Portion:
E: 25 g, F: 52 g, Kh: 17 g, kJ: 2689, kcal: 642

- 500 g gleich große Kartoffeln
- 150 g Butter
- 500 g Steinbuttfilet
- 4 Schalotten
- 2 TL mittelscharfer Senf
- 250 g junger Wirsing
- Salz
- frisch gemahlener Pfeffer

Für die Senfbutter:
- 80 g Butter
- 2 EL mittelscharfer Senf

Zubereitungszeit: 50 Minuten, ohne Abkühlzeit
Garzeit: etwa 15 Minuten

1. Die Kartoffeln schälen, abspülen und trocken tupfen. Die Kartoffeln in etwa ½ cm dicke Scheiben schneiden.

2. 50 g Butter in einer Pfanne zerlassen. Die Kartoffelscheiben darin unter mehrmaligem Wenden anbraten. Steinbuttfilets unter fließendem kalten Wasser abspülen, trocken tupfen und in etwa 2 cm dicke Scheiben schneiden.

3. Schalotten abziehen, zuerst in Scheiben schneiden, dann in Ringe teilen. Wieder 50 g Butter in einer zweiten Pfanne zerlassen. Die Schalottenringe darin glasig dünsten, abkühlen lassen und mit dem Senf verrühren.

4. Den Wirsing putzen, abspülen, abtropfen lassen und in feine Streifen schneiden. Die Wirsingstreifen in kochendem Salzwasser etwa 2 Minuten blanchieren, mit eiskaltem Wasser abschrecken und in einem Sieb abtropfen lassen.

5. Den Backofen vorheizen.
Ober-/Unterhitze: etwa 200 °C
Heißluft: etwa 180 °C

6. Ein Drittel der Kartoffelscheiben kreisförmig in eine Springform (Ø 24 cm, gefettet, evtl. außen einen Streifen Alufolie darumlegen) legen, mit Salz und Pfeffer bestreuen. Die Hälfte des Wirsings daraufgeben. Die Hälfte der Steinbuttfiletscheiben darauf verteilen, mit Salz und Pfeffer bestreuen. Die Hälfte der Schalotten-Senf-Masse daraufstreichen.

7. Den Vorgang wiederholen, mit den restlichen Kartoffelscheiben abschließen und mit Salz und Pfeffer bestreuen. Die restliche Butter zerlassen und darauftäufeln. Die Form auf dem Rost in den vorgeheizten Backofen schieben. Den Pannfisch **etwa 15 Minuten garen.**

8. Die Form auf einen Rost stellen. Den Pannfisch in der Form etwas abkühlen lassen.

9. Für die Senfbutter Butter zerlassen und leicht abkühlen lassen. Senf verrühren und tropfenweise die lauwarme Butter unterrühren. Den Springformrand entfernen.

10. Den Pannfisch auf einer Platte anrichten und wie eine Torte in Stücke schneiden. Dazu die Senfbutter reichen.

Hefebuchteln mit Backobst
Süße Mahlzeit
4 Portionen

Pro Portion:
E: 12 g, F: 24 g, Kh: 118 g, kJ: 3136, kcal: 750

500 g	frisches Ananas-Fruchtfleisch
1	Bio-Limette (unbehandelt, ungewachst)
200 g	gemischtes Backobst
1 EL	brauner Zucker
5 EL	Wasser
½ Würfel	frische Hefe (21 g)
6 EL	Wasser
300 g	Weizenmehl
125 ml (⅛ l)	lauwarme Milch
40 g	Zucker
100 g	weiche Butter
2 EL	Puderzucker

Zubereitungszeit: 30 Minuten, ohne Teiggehzeit
Backzeit: etwa 45 Minuten

1. Die Ananas in Stücke schneiden. Die Limette heiß abspülen, abtrocknen und die Schale dünn abreiben. Limette halbieren und den Saft auspressen. Backobst und Ananas mit Zucker, Limettenschale, Limettensaft und 5 Esslöffeln Wasser in einer hohen Auflaufform mischen und zugedeckt etwa 20 Minuten durchziehen lassen.

2. In der Zwischenzeit Hefe mit Wasser und 1 Esslöffel Mehl verrühren und zugedeckt etwa 10 Minuten bei Zimmertemperatur gehen lassen.

3. Den Backofen vorheizen.
Ober-/Unterhitze: etwa 200 °C
Heißluft: etwa 180 °C

4. Das übrige Mehl in eine Rührschüssel geben. Die angerührte Hefe, Milch, Zucker und 75 g Butter dazugeben und mit Handrührgerät mit Knethaken zunächst auf niedrigster, dann auf höchster Stufe in etwa 5 Minuten zu einem Teig verarbeiten. Den Teig zugedeckt an einem warmen Ort so lange gehen lassen, bis er sich sichtbar vergrößert hat.

5. In der Zwischenzeit die Auflaufform (mit dem marinierten Obst) zugedeckt mit Deckel oder Alufolie auf dem Rost in den vorgeheizten Backofen schieben. Das Obst **etwa 25 Minuten vorgaren.**

6. Dann den Teig aus der Schüssel nehmen und auf der leicht gemehlten Arbeitsfläche nochmals kurz durchkneten. Aus dem Teig walnussgroße Kugeln formen. Die Kugeln nebeneinander auf das Obst setzen, mit der restlichen Butter vorsichtig bestreichen. Die Form nicht zugedeckt wieder in den vorgeheizten Backofen schieben. Die Buchteln **etwa 20 Minuten backen.**

7. Die Buchteln mit Puderzucker bestäuben und mit dem Kompott anrichten.

Hirseauflauf | Süße Mahlzeit
4 Portionen

Pro Portion:
E: 19 g, F: 51 g, Kh: 50 g, kJ: 3070, kcal: 733

150 g	Hirse
750 ml (¾ l)	Milch
	Mark von
½	Vanilleschote
1 Prise	Salz
100 g	weiche Butter
75 g	Honig
3	Eigelb (Größe M)
½ Pck.	Dr. Oetker Finesse Geriebene Zitronenschale
50 g	abgezogene, gemahlene Mandeln
3	Eiweiß (Größe M)
1 geh. EL	gehobelte Mandeln
30 g	Butter

Zubereitungszeit: 30 Minuten, ohne Abkühlzeit
Backzeit: 30–40 Minuten

1. Die Hirse heiß waschen und abtropfen lassen. Milch mit Vanillemark und Salz zum Kochen bringen, Hirse unter Rühren einstreuen, zum Kochen bringen und in 15–20 Minuten ausquellen lassen (während des Quellens ab und zu umrühren). Hirse abkühlen lassen.

2. Den Backofen vorheizen.
Ober-/Unterhitze: etwa 180 °C
Heißluft: etwa 160 °C

3. Die Butter schaumig rühren, nach und nach Honig, Eigelb und Zitronenschale hinzufügen, Hirse portionsweise unterrühren und Mandeln hinzufügen.

4. Eiweiß steif schlagen und unterheben. Die Masse in eine Auflaufform (gefettet) füllen, mit Mandeln bestreuen. Butter in Flöckchen daraufsetzen.

5. Die Form auf dem Rost in den vorgeheizten Backofen schieben. Den Hirseauflauf **30–40 Minuten backen.**

Beilage: Sauerkirschkompott.

Hot-Chicken-Pizza | Raffiniert
6 Portionen

Pro Portion:
E: 39 g, F: 17 g, Kh: 67 g, kJ: 2459, kcal: 587

Für den Hefeteig:
- 400 g Weizenmehl
- 1 Pck. Dr. Oetker Trockenbackhefe
- 1 gestr. TL Salz
- ½ TL Zucker
- 200 ml lauwarmes Wasser
- 1–2 EL Rapsöl

Für den Belag:
- 500 g Hähnchenbrustfilet
- 1–2 EL Rapsöl
- Salz, frisch gemahlener Pfeffer
- 1 Dose Gemüsemais (Abtropfgewicht 285 g)
- 60 g Peperoni (aus dem Glas)
- 200 g geriebener Pizza-Käse
- 200 g passierte Tomaten
- 250 ml (¼ l) Hot Chili Sauce

Zubereitungszeit: 65 Minuten, ohne Teiggehzeit
Backzeit: etwa 25 Minuten

1. Für den Teig das Mehl in eine Rührschüssel geben und mit der Hefe sorgfältig vermischen. Salz, Zucker, Wasser und Öl hinzufügen.

2. Die Zutaten mit Handrührgerät mit Knethaken zunächst auf niedrigster, dann auf höchster Stufe in etwa 5 Minuten zu einem glatten Teig verarbeiten. Den Teig an einem warmen Ort so lange gehen lassen, bis er sich sichtbar vergrößert hat.

3. In der Zwischenzeit für den Belag Hähnchenbrustfilet unter fließendem kalten Wasser abspülen, trocken tupfen und in dünne Streifen schneiden. Öl portionsweise in einer Pfanne erhitzen. Die Hähnchenstreifen darin portionsweise unter Wenden kräftig anbraten, mit Salz und Pfeffer würzen.

4. Mais und Peperoni getrennt in Sieben gut abtropfen lassen.

5. Den Backofen vorheizen.
Ober-/Unterhitze: etwa 220 °C
Heißluft: etwa 200 °C

6. Den Teig auf einer leicht bemehlten Arbeitsfläche nochmals durchkneten, dabei 30 g geriebenen Pizza-Käse unterkneten. Dann den Teig auf einem Backblech (30 x 40 cm, gefettet) ausrollen.

7. Tomaten mit der Chili Sauce mischen und auf den Teig streichen. Hähnchenfleisch, Mais und Peperoni darauf verteilen, mit dem restlichen Käse bestreuen.

8. Das Backblech in den vorgeheizten Backofen schieben. Pizza **etwa 25 Minuten backen.**

Italienische Fisch-Lasagne I
Raffiniert
6 Portionen

Pro Portion:
E: 41 g, F: 34 g, Kh: 32 g, kJ: 2542, kcal: 610

750 g	festes Fischfilet, z. B. Viktoriabarschfilet
1	Gemüsezwiebel
2	Fleischtomaten (etwa 400 g)
1–2 EL	Olivenöl
500 g	TK-Blattspinat
½ Bund	Thymian
500 ml	Béchamelsauce (aus dem Tetra Pak®, je 250 ml [¼ l])
150 g	geriebener Käse, z. B. Provolone oder Gouda
200 ml	Milch
200 g	Lasagneplatten (ohne Vorkochen)
	Salz
	frisch gemahlener Pfeffer
40 g	geriebener Parmesan-Käse

Zubereitungszeit: 40 Minuten
Garzeit: 50–60 Minuten

1. Fischfilet unter fließendem kalten Wasser abspülen, trocken tupfen und in Würfel schneiden.

2. Zwiebel abziehen und fein würfeln. Fleischtomaten abspülen, abtrocknen, halbieren und die Stängelansätze herausschneiden. Die Tomatenhälften in Würfel schneiden.

3. Olivenöl in einer großen Pfanne erhitzen. Zwiebelwürfel darin anbraten, herausnehmen. TK-Spinat im verbliebenen Bratfett zugedeckt bei schwacher Hitze etwa 10 Minuten dünsten, dabei gelegentlich umrühren. Spinat herausnehmen und abtropfen lassen. Den Thymian abspülen, trocken tupfen und die Blättchen von den Stängeln zupfen.

4. Den Backofen vorheizen.
Ober-/Unterhitze: etwa 180 °C
Heißluft: etwa 160 °C

5. Béchamelsauce, etwa 100 g Käse, Thymian und Milch verrühren. Etwa 10 Esslöffel davon beiseitestellen. 5 Esslöffel vom Rest in einer Auflaufform (gefettet) verteilen. 4 Lasagneplatten darauflegen. Danach Fischwürfel, Spinat, Tomaten und jeweils etwas Sauce im Wechsel mit den restlichen Lasagneplatten einschichten. Die Schichten jeweils etwas mit Salz und Pfeffer bestreuen. Die oberste Schicht sollte aus Lasagneplatten bestehen. Diese mit der beiseitegestellten Sauce bestreichen und mit dem restlichen Käse sowie dem Parmesan bestreuen.

6. Die Form auf dem Rost in den vorgeheizten Backofen schieben. Die Fisch-Lasagne **50–60 Minuten garen.**

Tipp: Wenn Sie in der Sommersaison frischen Blattspinat für dieses Gericht verwenden wollen, brauchen Sie dafür etwa 750 g. Den Spinat verlesen, waschen und tropfnass in einem erhitzten Topf unter Rühren zusammenfallen lassen. Spinat gut abtropfen lassen und wie im Rezept beschrieben weiterverwenden.

Italienische Schnitzel I
Schnell
4 Portionen

Pro Portion:
E: 39 g, F: 30 g, Kh: 8 g, kJ: 2074, kcal: 494

4	Schweineschnitzel (je etwa 140 g)
	Salz
	frisch gemahlener Pfeffer
3 EL	Olivenöl
1	große Zucchini
2	mittelgroße Zwiebeln
2	Knoblauchzehen
etwa 10	große Oliven ohne Stein
1 Dose	geschälte Tomaten (800 g)
2 EL	Tomatenmark
1 geh. TL	getrockneter Oregano
1 TL	getrocknete Rosmarinnadeln
100 g	Parmesan-Käse
einige	Stängel Basilikum

Zubereitungszeit: 35 Minuten
Garzeit: etwa 20 Minuten

1. Die Schnitzel mit Küchenpapier trocken tupfen, mit Salz und Pfeffer würzen. Öl in einer Pfanne erhitzen. Die Schnitzel darin von beiden Seiten kurz anbraten. Die Schnitzel dann nebeneinander in eine Auflaufform (gefettet) legen.

2. Zucchini abspülen, abtrocknen und die Enden abschneiden, Zucchini längs halbieren und in Scheiben schneiden. Zwiebeln und Knoblauch abziehen und würfeln. Oliven grob zerkleinern.

3. Den Backofen vorheizen.
Ober-/Unterhitze: etwa 200 °C
Heißluft: etwa 180 °C

4. Die Zucchinischeiben in dem verbliebenen Bratfett andünsten (evtl. noch etwas Öl zugeben). Zwiebeln und Knoblauch hinzugeben und mitdünsten. Tomaten mit der Flüssigkeit, Tomatenmark und Olivenstücke hinzufügen, erhitzen und alles mit Salz, Pfeffer, Oregano und Rosmarin würzen. Die Mischung über die Schnitzel geben.

5. Den Parmesan grob raspeln und darüberstreuen. Die Form auf dem Rost in den vorgeheizten Backofen schieben. Die italienischen Schnitzel **etwa 20 Minuten garen.**

6. Basilikum abspülen, trocken tupfen und die Blättchen von den Stängeln zupfen. Vor dem Servieren über die Schnitzel streuen.

Beilage: Grüne und weiße Bandnudeln.

Tipp: Anstelle von Schweineschnitzeln können Sie auch Putenschnitzel verwenden.

Italienischer Brotauflauf I

Gut vorzubereiten
4 Portionen

Pro Portion:
E: 19 g, F: 43 g, Kh: 39 g, kJ: 2582, kcal: 617

    250 g Sechskornbrot
      2 Knoblauchzehen
  10 EL Olivenöl
250 ml (¼ l) Tomatensaft
      2 Auberginen (je etwa 250 g)
  1 EL Salz
    10 schwarze Oliven
     4 Eigelb (Größe M)
  50 g geriebener Parmesan-Käse
     4 Eiweiß (Größe M)
  6 EL zerkrümeltes Vollkornbrot
        (etwa 100 g)

Zubereitungszeit: 35 Minuten
Garzeit: etwa 50 Minuten

1. Das Sechskornbrot in kleine Würfel schneiden. Den Knoblauch schälen und zerdrücken. 4 Esslöffel Öl in einer Pfanne erhitzen. Knoblauch und Brotwürfel darin etwa 3 Minuten rösten. Brot mit Tomatensaft begießen und einweichen lassen.

2. Auberginen abspülen, abtrocknen und die Stängelansätze abschneiden. Auberginen in Würfel schneiden.

3. Vier Esslöffel Öl in einer Pfanne erhitzen. Die Auberginen darin etwa 5 Minuten braun braten, dabei gelegentlich umrühren. Oliven vierteln, entsteinen, mit Auberginen, dem eingeweichten Brot, den Eigelb und dem Parmesan-Käse vermengen.

4. Den Backofen vorheizen.
Ober-/Unterhitze: etwa 200 °C
Heißluft: etwa 180 °C

5. Eiweiß steif schlagen und unter die Masse heben. Die Masse in eine Auflaufform (gefettet) füllen und mit Vollkornbrotbröseln bestreuen. Das restliche Olivenöl darüberträufeln.

6. Die Form auf dem Rost in den vorgeheizten Backofen schieben. Den Auflauf **etwa 50 Minuten garen.**

Tipp: Den Auflauf mit schwarzen Oliven und Minze garniert servieren.

Jägerbällchen | Für die Party
8–10 Portionen

Pro Portion:
E: 46 g, F: 51 g, Kh: 22 g, kJ: 3041, kcal: 726

Für die Hackfleischbällchen:
```
    6 Scheiben  Toastbrot (120 g)
       300 ml   Milch
            2   Gemüsezwiebeln
                (etwa 400 g)
etwa 150 ml    Sonnenblumenöl
       1½ kg   Gehacktes (halb Rind-,
                halb Schweinefleisch)
            3   Eier (Größe M)
                Salz
                frisch gemahlener Pfeffer
       120 g    Semmelbrösel

       500 g    kleine Champignons
       500 g    Austernpilze
     2 Dosen    stückige Tomaten (je 400 g)
                Knoblauchpulver
        50 g    TK-Kräuter der Provence

       100 g    geriebener Parmesan-Käse
```

Zubereitungszeit: 60 Minuten
Garzeit: etwa 30 Minuten

1. Für die Hackfleischbällchen Toastbrot grob zerkleinern, in eine flache Schale geben, mit Milch übergießen und etwas stehen lassen.

2. Gemüsezwiebeln abziehen und in Würfel schneiden. Ewas Sonnenblumenöl in einer Pfanne erhitzen. Zwiebelwürfel darin glasig dünsten, etwas abkühlen lassen.

3. Gehacktes in eine Schüssel geben. Die eingeweichten, ausgedrückten Toastbrotstücke, Eier und Zwiebelwürfel hinzugeben und alles miteinander vermengen. Die Masse mit Salz und Pfeffer würzen.

4. Aus der Gehacktesmasse 24 kleine, flache Bällchen formen, diese in Semmelbröseln wälzen. Jeweils etwas Sonnenblumenöl in einer großen Pfanne erhitzen. Die Hackfleischbällchen portionsweise von allen Seiten darin anbraten.

5. Den Backofen vorheizen.
Ober-/Unterhitze: etwa 200 °C
Heißluft: etwa 180 °C

6. Die Champignons und Austernpilze putzen, mit Küchenpapier abreiben, evtl. abspülen, gut abtropfen lassen und grob zerkleinern. Das restliche Sonnenblumenöl in einem großen Bräter erhitzen. Champignons und Austernpilze darin etwa 10 Minuten anbraten. Stückige Tomaten hinzugießen, mit Salz, Pfeffer und Knoblauchpulver würzen. Kräuter unterrühren. Hackfleischbällchen darauflegen.

7. Den Bräter auf dem Rost im unteren Drittel in den vorgeheizten Backofen schieben. Hackfleischbällchen **etwa 30 Minuten garen.** Vor dem Servieren Hackbällchen mit Parmesan-Käse bestreuen oder nach Belieben kurz damit überbacken.

Beilage: Ofenwarmes Baguette.

Kabeljau „ungarisch" | Einfach
4–6 Portionen

Pro Portion:
E: 45 g, F: 10 g, Kh: 18 g, kJ: 1460, kcal: 349

    1 Kabeljau (ohne Kopf, geschuppt und ausgenommen, etwa 1,2 kg)
      Salz, frisch gemahlener Pfeffer
      Zitronensaft

je 1 rote, grüne und gelbe Paprikaschote (etwa 600 g)
400 g festkochende Kartoffeln
2 EL Rapsöl
400 ml Gemüsebrühe oder Fischfond
25 g TK-Küchenkräuter

2 EL Rapsöl
etwas Weizenmehl

Zubereitungszeit: 55 Minuten
Garzeit: etwa 45 Minuten

1. Kabeljau unter fließendem kalten Wasser abspülen und trocken tupfen. Die Haut je Seite mit einem scharfen Messer dreimal einritzen, mit Salz, Pfeffer und Zitronensaft würzen.

2. Die Paprikaschoten halbieren, entstielen, entkernen und die weißen Scheidewände entfernen. Die Schoten abspülen, abtropfen lassen. Kartoffeln schälen, abspülen, abtropfen lassen. Paprika und Kartoffeln in Würfel schneiden.

3. Öl in einem großen Bräter erhitzen. Paprika- und Kartoffelwürfel darin anbraten. Brühe oder Fond hinzugießen und etwa 10 Minuten kochen lassen. Mit Salz, Pfeffer und Kräutern würzen.

4. Den Backofen vorheizen.
Ober-/Unterhitze: etwa 200 °C
Heißluft: etwa 180 °C

5. Rapsöl in einer großen, beschichteten Pfanne erhitzen. Kabeljau in Mehl wenden und von beiden Seiten darin anbraten. Kabeljau auf das Paprika-Kartoffel-Gemüse legen. Den Bräter auf dem Rost in den vorgeheizten Backofen schieben. Kabeljau mit Gemüse **etwa 45 Minuten garen.**

Beilage: Tomatenreis. Dafür 300 g Langkornreis mit 900 ml Gemüsebrühe etwa 20 Minuten garen. Dann 4 abgezogene, in Würfel geschnittene Tomaten in 2 Esslöffeln Butter kurz andünsten, den Reis hinzufügen und mit Salz und Pfeffer abschmecken.

Tipp: Für diese Zubereitungsart eignen sich auch andere Fischsorten, z. B. Schellfisch. Man sollte nur darauf achten, dass die Fische etwa die gleiche Größe haben, da sich sonst die Garzeiten verändern.

Kabeljaufilet „Italienische Art" I
Einfach
6 Portionen

Pro Portion:
E: 37 g, F: 22 g, Kh: 21 g, kJ: 1817, kcal: 434

3	Zucchini (etwa 600 g)
4–5	Stängel Zitronenthymian
3 EL	Olivenöl
675 g	stückige Tomaten
	Salz
	frisch gemahlener Pfeffer
12	Kabeljaufilets (je etwa 75 g)
1 EL	Zitronensaft
3	Eier (Größe M)
200 ml	Milch
100 g	geriebener Parmesan-Käse
50 g	Weizenmehl
2 EL	Olivenöl

Zubereitungszeit: 45 Minuten
Garzeit: etwa 30 Minuten

1. Zucchini abspülen, abtrocknen und die Enden abschneiden. Zucchini längs halbieren und in Scheiben schneiden. Zitronenthymian abspülen und trocken tupfen. Die Blättchen von den Stängeln zupfen und fein hacken.

2. Das Olivenöl portionsweise in einem Bräter erhitzen. Die Zucchinischeiben portionsweise darin anbraten. Die Tomaten hinzugießen, mit Salz, Pfeffer und Zitronenthymian würzen, 5–10 Minuten köcheln lassen.

3. Den Backofen vorheizen.
Ober-/Unterhitze: etwa 200 °C
Heißluft: etwa 180 °C

4. Die Kabeljaufilets unter fließendem kalten Wasser abspülen und trocken tupfen, mit Salz, Pfeffer und Zitronensaft würzen.

5. Eier, Milch und den Käse in einer Schale verrühren. Die Kabeljaufilets zunächst in Mehl, dann in der Eier-Käse-Mischung wenden (Filets am Schalenrand etwas abstreifen). Öl portionsweise in einer großen Pfanne erhitzen. Die Kabeljaufilets portionsweise bei mittlerer Hitze von beiden Seiten kurz darin anbraten.

6. Die Kabeljaufilets auf das Zucchinigemüse legen. Den Bräter auf dem Rost in den vorgeheizten Backofen schieben. Das Kabeljaufilet mit dem Gemüse **etwa 30 Minuten garen.**

Tipps: Etwa 10 Minuten vor Ende der Garzeit 800 g Gnocchi (aus dem Kühlregal) zum Gemüse geben und mitgaren lassen. Oder die Gnocchi nach Packungsanleitung zubereiten.

Kalbsschnitzel im Paprikarahm I

Für Gäste
8 Portionen

Pro Portion:
E: 39 g, F: 17 g, Kh: 7 g, kJ: 1396, kcal: 333

Für den Paprikarahm:

1	mittelgroße Zwiebel
2	Knoblauchzehen
3 EL	Rapsöl
1 geh. EL	Weizenmehl
1 EL	Tomatenmark
3	rote Paprikaschoten
500 ml (1/2 l)	Rindfleischbrühe
	Salz
	frisch gemahlener Pfeffer
	Paprikapulver rosenscharf
etwas	Zucker
2–3 EL	Weinessig
8	dünne Kalbsschnitzel (Oberschale, je etwa 150 g)
2 TL	mittelscharfer Senf

Für die Füllung:

250 g	Mozzarella-Käse
4	mittelgroße Tomaten
einige Stängel	Basilikum
200 g	dünne Scheiben Serranoschinken
4 EL	Rapsöl

Außerdem:

8	Holzstäbchen

Zubereitungszeit: 45 Minuten
Garzeit: etwa 60 Minuten

1. Für den Paprikarahm Zwiebel und Knoblauchzehen abziehen, in kleine Würfel schneiden. Rapsöl in einer Pfanne erhitzen.

2. Zwiebel- und Knoblauchwürfel darin glasig dünsten. Mehl darüberstäuben, Tomatenmark unterrühren.

3. Paprika halbieren, entstielen, entkernen und die weißen Scheidewände entfernen. Die Schoten abspülen, in Würfel schneiden, zu den Zwiebel- und Knoblauchwürfeln geben und kurz mit andünsten. Brühe hinzugießen, zum Kochen bringen und 10–15 Minuten kochen lassen.

4. Die Sauce mit Salz, Pfeffer, Paprika und Zucker würzen. Die Masse mit einem Mixstab pürieren und anschließend durch ein Sieb streichen. Essig unterrühren.

5. Schnitzel unter fließendem kalten Wasser abspülen, trocken tupfen und nebeneinander auf eine Arbeitsfläche legen. Schnitzel dünn mit Senf bestreichen.

6. Für die Füllung Mozzarella abtropfen lassen und in Scheiben schneiden. Tomaten abspülen, abtrocknen und die Stängelansätze herausschneiden. Tomaten ebenfalls in Scheiben schneiden.

7. Basilikum abspülen und trocken tupfen. Die Blättchen von den Stängeln zupfen. Einige Blättchen zum Garnieren beiseitelegen.

8. Den Backofen vorheizen.
Ober-/Unterhitze: etwa 200 °C
Heißluft: etwa 180 °C

9. Die Schnitzel jeweils zur Hälfte mit Mozzarella-, Tomaten-, Schinkenscheiben und Basilikumblättchen belegen. Die unbelegte Schnitzelhälfte darüberschlagen und die Öffnungen mit Holzstäbchen zusammenstecken.

10. Rapsöl in einer großen Pfanne erhitzen. Die Schnitzel von beiden Seiten darin anbraten, herausnehmen und in eine große, flache Auflaufform (gefettet) legen. Paprikarahm darauf verteilen. Die Form auf dem Rost in den vorgeheizten Backofen schieben. Kalbsschnitzel **etwa 60 Minuten garen.**

11. Zum Servieren die Holzstäbchen entfernen und die Kalbsschnitzel mit beiseitegelegten Basilikumblättchen garniert servieren.

Beilage: Bandnudeln oder Baguette.

K

115

Kartoffelauflauf mit Hackfleisch und Porree | Preiswert
4 Portionen

Pro Portion:
E: 34 g, F: 43 g, Kh: 31 g, kJ: 2729, kcal: 651

750 g	Kartoffeln
	Salz
2 Stangen	Porree (Lauch, etwa 500 g)
2	Zwiebeln
2	Knoblauchzehen
2 EL	Olivenöl
500 g	Gehacktes (halb Rind-, halb Schweinefleisch)
	frisch gemahlener Pfeffer
	Cayennepfeffer
250 g	saure Sahne
2 EL	gehackte Petersilie
50 g	geriebener Emmentaler Käse
1 EL	Butter
einige	vorbereitete Petersilienblättchen

Zubereitungszeit: 65 Minuten
Garzeit: etwa 30 Minuten

1. Kartoffeln gründlich waschen, knapp mit Wasser bedeckt zum Kochen bringen. Salz zugeben und die Kartoffeln zugedeckt in 20–25 Minuten gar kochen. Die garen Kartoffeln abgießen, mit kaltem Wasser abschrecken, sofort pellen und etwas abkühlen lassen. Kartoffeln in Scheiben schneiden.

2. Porree putzen. Stangen längs halbieren, gründlich abspülen, abtropfen lassen und in Ringe schneiden. In kochendem Wasser 2–3 Minuten blanchieren und in einem Sieb abtropfen lassen.

3. Zwiebeln und Knoblauch abziehen und in kleine Würfel schneiden. Das Olivenöl in einer Pfanne erhitzen. Die Zwiebel- und Knoblauchwürfel darin glasig dünsten.

4. Gehacktes hinzugeben und unter Rühren darin anbraten, dabei die Fleischklümpchen mit einer Gabel zerdrücken. Gehacktes mit Salz, Pfeffer und Cayennepfeffer würzen. Saure Sahne mit Petersilie verrühren, mit Salz und Pfeffer würzen.

5. Den Backofen vorheizen.
Ober-/Unterhitze: etwa 200 °C
Heißluft: etwa 180 °C

6. Die Hälfte der Kartoffelscheiben und die Hälfte der Porreeringe in eine flache Auflauf- oder Gratinform (gefettet) geben, mit Salz bestreuen. Die Hälfte der Petersiliensahne darübergießen. Gehacktesmasse darauf verteilen. Die restlichen Kartoffelscheiben und Porreeringe daraufgeben und mit Salz bestreuen. Die restliche Petersiliensahne darübergießen, Käse darauf verteilen. Die Butter in Flöckchen daraufsetzen.

7. Die Form auf dem Rost in den vorgeheizten Backofen schieben. Den Auflauf **etwa 30 Minuten garen.**

8. Den Auflauf mit Petersilienblättchen garnieren und sofort servieren.

Tipp: Anstatt mit Porree kann der Auflauf mit 500 g Spitzkohl zubereitet werden.

Kartoffelauflauf mit Speck | Deftig
4 Portionen

Pro Portion:
E: 20 g, F: 20 g, Kh: 46 g, kJ: 1876, kcal: 447

    1 ½ kg vorwiegend festkochende Kartoffeln
    2 große Zwiebeln
    4 Eier (Größe M)
    Salz, frisch gemahlener Pfeffer
    150 g durchwachsener Speck

Zubereitungszeit: 40 Minuten
Garzeit: etwa 2 Stunden

1. Den Backofen vorheizen.
Ober-/Unterhitze: etwa 160 °C
Heißluft: etwa 140 °C

2. Kartoffeln schälen, abspülen, abtropfen lassen, grob reiben und in ein Sieb geben.

3. Die Zwiebeln abziehen und in sehr feine Würfel schneiden. Geriebene Kartoffeln mit Zwiebelwürfeln und Eiern in einer Schüssel vermengen, mit Salz und Pfeffer würzen.

4. Speck in Scheiben, dann in Streifen schneiden, zu der Kartoffelmasse geben und unterrühren.

5. Die Kartoffelmasse in eine Auflaufform (gefettet) geben und glatt streichen. Die Form auf dem Rost in den vorgeheizten Backofen schieben. Den Auflauf **etwa 2 Stunden garen.**

Tipps: Belegen Sie den Auflauf zusätzlich mit 50 g durchwachsenem, in Streifen geschnittenem Speck. Dazu Apfelkompott und Rübenkraut servieren.

K

Kartoffelecken mit Kräutern und Cocktailtomaten

Einfach – vegetarisch
4 Portionen

Pro Portion:
E: 7 g, F: 15 g, Kh: 46 g, kJ: 1488, kcal: 355

1 ½ kg	große, festkochende Kartoffeln
je 1 Stängel	Rosmarin und Thymian
6 EL	Olivenöl
1 EL	grobes Meersalz
	frisch gemahlener Pfeffer
200 g	Cocktailtomaten

Zubereitungszeit: 15 Minuten
Garzeit: 30–40 Minuten

1. Kartoffeln unter fließendem kalten Wasser waschen oder abbürsten und abtrocknen.

2. Den Backofen vorheizen.
Ober-/Unterhitze: etwa 200 °C
Heißluft: etwa 180 °C

3. Die Kartoffeln längs halbieren und vierteln. Rosmarin und Thymian abspülen und trocken tupfen. Die Nadeln und Blättchen von den Stängeln zupfen.

4. Kartoffelviertel, Rosmarinnadeln und Thymianblättchen in einer Schüssel mischen. 5 Esslöffel Olivenöl hinzufügen und mit Salz und Pfeffer würzen.

5. Die Kartoffelmischung auf einem Backblech (mit Backpapier belegt) verteilen. Das Backblech in den vorgeheizten Backofen schieben. Die Kartoffelecken **15–20 Minuten vorgaren.**

6. In der Zwischenzeit Tomaten abspülen, abtrocknen und evtl. die Stängelansätze entfernen.

7. Die Tomaten mit dem restlichen Olivenöl beträufeln, zu den Kartoffelecken auf das Blech geben, dabei die Ecken wenden. Das Blech wieder zurück in den vorgeheizten Backofen schieben. Die Kartoffelecken mit den Tomaten **weitere 15–20 Minuten garen.** Die Kartoffelecken sollen goldgelb und knusprig sein.

Tipp: Dazu Knoblauchquark und einen frischen Salat servieren.

Kartoffel-Gemüse-Auflauf I
Schnell – für Kinder
4 Portionen

Pro Portion:
E: 28 g, F: 33 g, Kh: 38 g, kJ: 2387, kcal: 571

1 kg	gegarte Pellkartoffeln
2	große Möhren
250 ml (¼ l)	Wasser
½ TL	Salz
1	Zucchini (etwa 300 g)
2	Knoblauchzehen
2 EL	Olivenöl
	Salz, frisch gemahlener Pfeffer
	Kräuter der Provence
200 g	gekochter Schinken (in Scheiben)
150 g	geriebener Gouda-Käse
200 g	Schlagsahne

Zubereitungszeit: 30 Minuten
Garzeit: etwa 35 Minuten

1. Die Kartoffeln pellen und der Länge nach in Spalten schneiden. Die Möhren putzen, schälen, abspülen, abtropfen lassen und in Scheiben schneiden. Wasser mit Salz in einem Topf zum Kochen bringen und die Möhrenscheiben darin etwa 5 Minuten garen. Danach in einem Sieb abtropfen lassen.

2. Die Zucchini abspülen, abtrocknen, die Enden abschneiden und Zucchini in dünne Scheiben schneiden. Knoblauch abziehen und fein würfeln.

3. Olivenöl in einer Pfanne erhitzen. Den Knoblauch darin andünsten. Zucchini dazugeben und kurz mit andünsten. Mit Salz, Pfeffer und Kräutern abschmecken. Zucchinigemüse mit den Kartoffelspalten und Möhrenscheiben in eine flache Auflaufform (gefettet) geben.

4. Den Backofen vorheizen.
Ober-/Unterhitze: etwa 200 °C
Heißluft: etwa 180 °C

5. Schinken in etwas breitere Streifen schneiden und auf das Gemüse in die Auflaufform legen. Die Hälfte des Käses unter die Sahne rühren, mit Salz, Pfeffer und Kräutern würzen. Den Auflauf mit der Käse-Sahne übergießen, mit dem restlichen Käse bestreuen. Die Form auf dem Rost in den vorgeheizten Backofen schieben. Den Auflauf **etwa 35 Minuten garen.**

Kartoffel-Hack-Pizza | Für Kinder
8–10 Portionen

Pro Portion:
E: 36 g, F: 34 g, Kh: 32 g, kJ: 2432, kcal: 580

1 ½ kg	Kartoffeln
	Salzwasser
2	große Zwiebeln
1 ¼ kg	gemischtes Gehacktes (halb Rind-, halb Schweinefleisch)
6 EL	Semmelbrösel
5 EL	Paprikamark (aus der Tube)
2	Eier (Größe M)
je 1	grüne und rote Paprikaschote
	frisch gemahlener Pfeffer
200 g	mittelalter Gouda-Käse
einige	
Stängel	Thymian

Zubereitungszeit: 25 Minuten
Garzeit: 30–40 Minuten

1. Kartoffeln schälen, abspülen, abtropfen lassen und in dünne Scheiben schneiden oder hobeln. Salzwasser in einem Topf zum Kochen bringen. Die Kartoffelscheiben darin etwa 5 Minuten vorgaren, abgießen und gut abtropfen lassen.

2. Den Backofen vorheizen.
Ober-/Unterhitze: etwa 200 °C
Heißluft: etwa 180 °C

3. Die Zwiebeln abziehen und fein würfeln. Gehacktes mit Zwiebelwürfeln, Semmelbröseln, Paprikamark und Eiern verkneten.

4. Die Paprikaschoten halbieren, entstielen, entkernen und die weißen Scheidewände entfernen. Die Schoten abspülen, abtropfen lassen, in kleine Würfel schneiden. Die Paprikawürfel unter die Hackmasse mengen. Die Masse mit Salz und Pfeffer würzen. Gouda fein reiben.

5. Dann die Kartoffelscheiben in einer Fettpfanne (30 x 40 cm, gefettet) verteilen. Die Hackmasse in Klecksen daraufgeben und mit Gouda bestreuen. Die Fettpfanne in den vorgeheizten Backofen schieben. Die Pizza **30–40 Minuten garen.**

6. Thymian abspülen, trocken tupfen, die Blättchen von den Stängeln zupfen. Die Pizza mit den Thymianblättchen servieren.

Kartoffel-Porree-Pfanne | Einfach
4 Portionen

Pro Portion:
E: 24 g, F: 38 g, Kh: 24 g, kJ: 2264, kcal: 543

600 g	gegarte Pellkartoffeln
1 Stange	Porree (Lauch)
180 g	Mettenden (Räucherwürstchen)
4	Eier (Größe M)
200 ml	Milch
½ Bund	glatte Petersilie
1 EL	Olivenöl
	Salz
	frisch gemahlener Pfeffer
100 g	geraspelter, mittelalter Gouda-Käse

Zubereitungszeit: 20 Minuten
Garzeit: 40–50 Minuten

1. Kartoffeln pellen und in Würfel schneiden. Porree putzen, längs halbieren, gründlich waschen, abtropfen lassen und in Ringe schneiden. Mettenden würfeln.

2. Eier mit Milch verschlagen. Petersilie abspülen, trocken tupfen, die Blättchen von den Stängeln zupfen, grob hacken und unter die Eiermilch rühren.

3. Den Backofen vorheizen.
Ober-/Unterhitze: etwa 200 °C
Heißluft: etwa 180 °C

4. Öl in einer Pfanne erhitzen. Mettendenwürfel darin anbraten, Porreeringe unterrühren und kurz mit anbraten. Vorsichtig mit Salz und Pfeffer würzen.

5. Kartoffelwürfel, Mettwürfel und Porreeringe in eine Auflaufform (gefettet) geben, mit der Eiermilch begießen und mit dem Gouda bestreuen.

6. Die Form auf dem Rost in den vorgeheizten Backofen schieben. Die Pfanne **40–50 Minuten garen.**

Beilage: Gemischter Salat, eingelegte Gurken.

Tipps: Verwenden Sie für dieses Gericht möglichst festkochende Kartoffeln. Anstelle von Porree können auch je ½ rote und gelbe, in Würfel geschnittene Paprikaschote verwendet werden.

Kartoffel-Schichttorte | Vegetarisch
6 Portionen

Pro Portion:
E: 12 g, F: 24 g, Kh: 22 g, kJ: 1510, kcal: 362

> 750 g dicke Möhren
> 750 g festkochende Kartoffeln
> 500 g Blattspinat
> Salzwasser
> 300 g Schlagsahne
> 6 Eier (Größe M)
> Salz
> frisch gemahlener Pfeffer
> frisch geriebene Muskatnuss

Zum Garnieren:
> 1 Bund Kerbel

Außerdem:
> 1 Bogen Alufolie

Zubereitungszeit: 40 Minuten, ohne Ruhezeit
Garzeit: etwa 60 Minuten

1. Möhren putzen. Kartoffeln und Möhren schälen, abspülen, abtropfen lassen und in dünne Scheiben schneiden. Spinat verlesen, waschen, gut abtropfen lassen und die dicken Stiele entfernen.

2. Salzwasser zum Kochen bringen. Nacheinander die Kartoffelscheiben darin etwa 8 Minuten, die Möhrenscheiben etwa 3 Minuten und den Spinat etwa 10 Sekunden garen. Anschließend jeweils mit kaltem Wasser abschrecken und getrennt in Sieben gut abtropfen lassen.

3. Den Backofen vorheizen.
Ober-/Unterhitze: etwa 180 °C
Heißluft: etwa 160 °C

4. Sahne mit Eiern verschlagen, mit Salz, Pfeffer und Muskat kräftig würzen. Spinat, Kartoffel- und Möhrenscheiben abwechselnd lagenweise in eine dicht schließende Springform (Ø 26 cm, gefettet) schichten. Die Eiersahne daraufgießen. Die Form auf dem Rost (mit Alufolie belegt und an den Rändern etwas hochgeknickt) im unteren Drittel in den vorgeheizten Backofen schieben. Die Schichttorte **etwa 60 Minuten garen, evtl. nach etwa 45 Minuten Garzeit mit** Backpapier zudecken.

5. Die Form auf einen Rost stellen. Kartoffel-Schichttorte etwa 10 Minuten ruhen lassen, dann aus der Form lösen und auf eine Tortenplatte legen.

6. Kerbel abspülen und trocken tupfen. Die Blättchen von den Stängeln zupfen, die Torte damit garnieren und sofort servieren.

Beilage: Gemischter Salat und Kräuter-Crèmefraîche.

Tipp: Die Schichttorte kann auch in einer Auflaufform zubereitet werden.

Kartoffel-Schinken-Tortilla I
Für Kinder
4 Portionen

Pro Portion:
E: 26 g, F: 26 g, Kh: 19 g, kJ: 1742, kcal: 416

500 g	festkochende Kartoffeln
	Salz
125 g	gekochter Schinken
125 g	roher Schinken
6	Eier (Größe M)
6 EL	Milch
	frisch gemahlener Pfeffer
	Paprikapulver edelsüß
1	Knoblauchzehe
½ Bund	glatte Petersilie
5 EL	Sonnenblumenöl

Zubereitungszeit: 45 Minuten, ohne Abkühlzeit
Garzeit: etwa 25 Minuten

1. Die Kartoffeln gründlich waschen und mit Wasser bedeckt zum Kochen bringen. Dann Salz zugeben und die Kartoffeln in 20–25 Minuten gar kochen. Die Kartoffeln abgießen, mit kaltem Wasser abschrecken, kurz abkühlen lassen. Kartoffeln pellen, in Scheiben schneiden und erkalten lassen.

2. Beide Schinkensorten in Würfel schneiden. Eier mit Milch verschlagen, mit Salz, Pfeffer und Paprikapulver würzen. Knoblauch abziehen, fein hacken und unterrühren. Petersilie abspülen und trocken tupfen. Die Blättchen von den Stängeln zupfen. Blättchen grob hacken.

3. Den Backofen vorheizen.
Ober-/Unterhitze: etwa 180 °C
Heißluft: etwa 160 °C

4. Öl portionsweise in einer großen Pfanne erhitzen. Die Kartoffelscheiben portionsweise darin anbraten. Kartoffeln mit Salz und Pfeffer würzen. Etwa die Hälfte der Petersilie und der Schinkenwürfel unterrühren.

5. Dann die angebratenen Kartoffeln in einer Tarteform (Ø 28 cm, gefettet) verteilen. Die Eiermasse daraufgießen. Die restlichen Schinkenwürfel daraufstreuen. Die Form auf dem Rost auf mittlerer Einschubleiste in den vorgeheizten Backofen schieben. Die Tortilla **etwa 25 Minuten garen,** bis die Masse gestockt ist.

6. Die Tortilla vor dem Servieren mit der restlichen Petersilie bestreuen.

Tipps: Die Kartoffeln lassen sich gut am Vortag vorbereiten (siehe Punkt 1). Stellen Sie die Kartoffelscheiben dann zugedeckt bis zur Weiterverarbeitung in den Kühlschrank. Wenn Sie keine Tarteform zur Verfügung haben, können Sie die Tortilla auch in einer großen Auflaufform zubereiten.

Kartoffel-Spinat-Gratin I
Gut vorzubereiten – vegetarisch
4 Portionen

Pro Portion:
E: 16 g, F: 11 g, Kh: 33 g, kJ: 1308, kcal: 312

600 g	TK-Blattspinat
	Salz
	frisch gemahlener Pfeffer
	frisch geriebene Muskatnuss
1 kg	kleine, festkochende Kartoffeln
250 ml (¼ l)	Milch
½ Bund	Schnittlauch
125 g	Mozzarella-Käse

Zubereitungszeit: 40 Minuten
Garzeit: etwa 45 Minuten

1. Blattspinat nach Packungsanleitung in einem Topf mit etwas Wasser garen. Spinat etwas abkühlen lassen, leicht ausdrücken und grob hacken. Spinat mit Salz, Pfeffer und Muskat würzen.

2. In der Zwischenzeit die Kartoffeln schälen, abspülen, abtropfen lassen, in feine Scheiben schneiden.

3. Den Backofen vorheizen.
Ober-/Unterhitze: etwa 200 °C
Heißluft: etwa 180 °C

4. Kartoffelscheiben dachziegelartig in eine flache Auflaufform (gefettet) schichten. Den Spinat auf und zwischen den Kartoffelscheiben verteilen.

5. Milch in einem Topf erwärmen, mit Salz, Pfeffer und Muskat würzen. Milch über die Kartoffelscheiben und den Spinat gießen. Die Form auf dem Rost in den vorgeheizten Backofen schieben und das Gratin **etwa 45 Minuten garen.**

6. In der Zwischenzeit Schnittlauch abspülen, trocken tupfen und in feine Röllchen schneiden. Mozzarella abtropfen lassen und in kleine Würfel schneiden. Die Schnittlauchröllchen mit den Mozzarella-Würfeln vermengen, **nach der Hälfte der Garzeit** auf dem Gratin verteilen und das Kartoffel-Spinat-Gratin fertig garen.

Tipps: Statt Mozzarella können Sie auch fein geriebenen Parmesan- oder mittelalten Gouda-Käse verwenden. Dadurch bekommt das Gratin einen herzhafteren Geschmack. Vermengen Sie nach Belieben vor dem Einschichten eine durchgepresste Knoblauchzehe mit dem Spinat, so schmeckt er pikanter.

Kartoffeltorte I Raffiniert
6 Portionen

Pro Portion:
E: 15 g, F: 37 g, Kh: 19 g, kJ: 1967, kcal: 470

800 g	festkochende Kartoffeln
6 Stängel	Oregano
	Salz, frisch gemahlener Pfeffer
	Knoblauchpulver
400 g	Schlagsahne
6	Eier (Größe M)
100 g	geriebener Käse, z. B. Gouda oder fester Mozzarella
einige	vorbereitete, blühende Oreganostängel

Zubereitungszeit: 30 Minuten
Garzeit: etwa 60 Minuten

1. Kartoffeln schälen, abspülen, abtropfen lassen und in sehr dünne Scheiben schneiden oder hobeln. Oregano abspülen und trocken tupfen. Die Blättchen von den Stängeln zupfen. Blättchen klein schneiden.

2. Kartoffelscheiben mit Oregano bestreuen, mit Salz, Pfeffer und Knoblauch würzen. Sahne und Eier verschlagen, mit Salz, Pfeffer und Knoblauch würzen.

3. Den Backofen vorheizen.
Ober-/Unterhitze: etwa 200 °C
Heißluft: etwa 180 °C

4. Zwei Springformböden (Ø 18 cm, Boden mit Butter gefettet) mit Alufolie belegen und mit dem Springformrand festklemmen, damit die Formen dicht sind.

5. Jeweils die Hälfte der Kartoffelscheiben in eine Form schichten und danach die Hälfte der Eier-Sahne-Mischung darauf verteilen, bis die Kartoffelscheiben bedeckt sind.

6. Die Formen auf ein Backblech stellen und in den vorgeheizten Backofen schieben. Die Kartoffeltorten **etwa 60 Minuten backen.**

7. Die Kartoffeltorten **nach etwa 45 Minuten Garzeit** mit Käse bestreuen und fertig garen.

8. Die Kartoffeltorten etwa 5 Minuten in den Formen stehen lassen, dann aus den Formen lösen und in Stücke schneiden. Die Stücke mit Oreganostängeln garnieren und sofort servieren.

Tipp: Die Kartoffeltorte zu gemischtem Gemüse mit Kerbel in Butter oder Olivenöl geschwenkt als vegetarisches Gericht oder zu gebratenem Lammfleisch mit Rosmarin reichen.

Kartoffel-Tortilla | Einfach

4 Portionen

Pro Portion:
E: 18 g, F: 24 g, Kh: 32 g, kJ: 1764, kcal: 421

800 g	*festkochende Kartoffeln*
1	*Zwiebel*
2	*Knoblauchzehen*
2	*rote Paprikaschoten*
8 Stängel	*Petersilie*
4 EL	*Olivenöl*
4	*Eier (Größe M)*
250 g	*Speisequark (40 % Fett)*
	Salz
	frisch gemahlener Pfeffer

Zubereitungszeit: 40 Minuten
Garzeit: 15–20 Minuten

1. Die Kartoffeln schälen, abspülen, abtrocknen und in kleine Würfel schneiden. Zwiebel und Knoblauchzehen abziehen. Zwiebel fein würfeln, Knoblauchzehen durch eine Knoblauchpresse drücken oder ebenfalls fein würfeln.

2. Die Paprikaschoten halbieren, entstielen, entkernen und die weißen Scheidewände entfernen. Schoten abspülen, trocken tupfen und in kleine Würfel schneiden. Petersilie abspülen, trocken tupfen und die Blättchen von den Stängeln zupfen. Blättchen fein hacken.

3. Das Olivenöl in einer großen, backofengeeigneten Pfanne erhitzen und die Kartoffelwürfel darin rundherum bei mittlerer Hitze etwa 8 Minuten anbraten. Die Zwiebel- und Knoblauchwürfel hinzugeben und kurz mitbraten. Anschließend zugedeckt etwa 10 Minuten garen, gelegentlich umrühren.

4. Den Backofen vorheizen.
Ober-/Unterhitze: etwa 220 °C
Heißluft: etwa 200 °C

5. In der Zwischenzeit die Eier trennen. In einer Schüssel den Quark mit dem Eigelb kräftig verrühren. Das Eiweiß halbsteif schlagen und unter die Eigelb-Quark-Masse heben.

6. Paprikawürfel und etwa drei Viertel der Petersilie (restliche Petersilie beiseitelegen) unter die Kartoffeln rühren. Alles mit Salz und Pfeffer würzen. Quarkmasse über die Kartoffeln gießen.

7. Die Pfanne auf dem Rost auf der mittleren Schiene in den vorgeheizten Backofen schieben. Die Tortilla **15–20 Minuten garen.**

8. Tortilla herausnehmen und mit beiseitegelegter Petersilie bestreut servieren.

Rezeptvariante 1: Für eine **Tortilla mit Garnelen** (4 Portionen) 600 g TK-Garnelen nach Packungsanleitung auftauen. 500 g festkochende Kartoffeln schälen, abspülen und in Scheiben schneiden. Je 1 rote und gelbe Paprikaschote entstielen, entkernen, die weißen Scheidewände entfernen. Schoten abspülen, abtropfen lassen und in feine Streifen schneiden. 2 kleine Zucchini abspülen, abtrocknen und die Enden abschneiden. Zucchini in Scheiben schneiden. In einer großen Pfanne 3 Esslöffel Olivenöl erhitzen. Die Kartoffelscheiben darin bei mittlerer Hitze etwa 15 Minuten unter gelegentlichem Rühren braten. Kartoffeln herausnehmen und zugedeckt warm stellen. 3–4 Esslöffel Olivenöl in die Pfanne geben. Paprikastreifen und Zucchinischeiben darin andünsten. Gedünstetes Gemüse zu den Kartoffeln geben. 6 Eier (Größe M) mit 150 g Schlagsahne in einer Rührschüssel verrühren und mit Salz würzen. Aufgetaute Garnelen unter fließendem kalten Wasser abspülen und trocken tupfen. Garnelen mit 4 Esslöffeln stückigen Tomaten (z. B. aus dem Tetra Pak®) zu der Kartoffel-Gemüse-Masse geben und kurz unterheben. Eiersahne hinzugießen und die Tortilla zugedeckt bei schwacher Hitze 10–15 Minuten stocken lassen. Mit 1 Esslöffel Schnittlauchröllchen und Chiliflocken bestreut servieren.

Rezeptvariante 2: Für eine **Tortilla vom Blech** (8–10 Personen) 2 kg festkochende Kartoffeln schälen, abspülen, abtropfen lassen und in dünne Scheiben schneiden. 2 Esslöffel Öl in einer großen Pfanne erhitzen. Die Hälfte der Kartoffelscheiben hineingeben und mit Salz und Pfeffer bestreuen. Die Kartoffelscheiben darin zugedeckt 20–25 Minuten garen, zwischendurch umrühren. Kartoffelscheiben in eine Fettpfanne

(gefettet) geben. Dann 2 weitere Esslöffel Öl erhitzen und die übrigen Kartoffelscheiben ebenso garen. In der Zwischenzeit 3 rote Paprikaschoten halbieren, entstielen, entkernen, die weißen Scheidewände entfernen. Die Schoten abspülen, abtropfen lassen und in Würfel schneiden. 3 Bund Frühlingszwiebeln putzen, abspülen, abtropfen lassen und in dünne Ringe schneiden. 3 Zucchini abspülen, abtrocknen, die Enden abschneiden, Zucchini in dünne Scheiben schneiden. Backofen vorheizen (Ober-/Unterhitze: etwa 180 °C, Heißluft: etwa 160 °C). 2 Esslöffel Öl in einer großen Pfanne erhitzen, das vorbereitete Gemüse hinzugeben und bei mittlerer Hitze unter gelegentlichem Rühren etwa 10 Minuten bissfest dünsten. Das Gemüse mit Salz und Pfeffer bestreuen und unter die Kartoffelscheiben rühren. 12 Eier (Größe M) mit 750 g Sahne in einer Rührschüssel verschlagen, mit Salz und Pfeffer würzen. 2 Bund Schnittlauch abspülen, trocken tupfen, in feine Röllchen schneiden. Schnittlauchröllchen unter die Eiersahne rühren und über die Kartoffel-Gemüse-Masse gießen. Die Fettpfanne in den vorgeheizten Backofen schieben. Tortilla 35–40 Minuten garen.

Kartoffel-Wedges mit Zaziki I
Preiswert – vegetarisch
4 Portionen

Pro Portion:
E: 16 g, F: 22 g, Kh: 35 g, kJ: 1700, kcal: 406

1 kg	vorwiegend festkochende, mittelgroße Kartoffeln (möglichst neue Kartoffeln)
	Salz
	frisch gemahlener Pfeffer
4 EL	Olivenöl
1–1 ½ TL	Gyros-Gewürz
1	Salatgurke
400 g	Speisequark (20 % Fett)
1	Knoblauchzehe

Zubereitungszeit: 25 Minuten
Garzeit: etwa 35 Minuten

1. Den Backofen vorheizen.
Ober-/Unterhitze: etwa 180 °C
Heißluft: etwa 160 °C

2. Kartoffeln unter fließendem kalten Wasser waschen oder abbürsten. Kartoffeln der Länge nach in Viertel (Wedges) schneiden.

3. Kartoffeln, etwa ½ Teelöffel Salz, 1 Prise Pfeffer, Öl und das Gewürz in einer Schüssel gründlich durchmischen und auf einem Backblech verteilen.

4. Das Backblech in den vorgeheizten Backofen schieben. Die Wedges **etwa 35 Minuten garen.** Dabei die Kartoffeln 2–3-mal wenden, damit sie rundum braun werden.

5. Für das Zaziki die Gurke schälen, längs halbieren und die Kerne mit einem Teelöffel herausschaben. Gurke fein raspeln.

6. Quark unter die Gurkenraspel heben. Knoblauch abziehen und durch eine Presse in den Quark drücken. Anschließend Zaziki mit etwas Salz und Pfeffer würzen.

Tipp: Zum Dippen geputzte, in Streifen geschnittene, bunte Paprikaschoten dazureichen.

Kartoffel-Zucchini-Gratin I
Vegetarisch
2 Portionen

Pro Portion:
E: 12 g, F: 46 g, Kh: 23 g, kJ: 2357, kcal: 563

250 g	gegarte Pellkartoffeln
250 g	Zucchini
2	Knoblauchzehen
200 g	Schlagsahne
	Salz
	frisch gemahlener Pfeffer
50 g	frisch geriebener Emmentaler Käse
10 g	Butter

Zubereitungszeit: 25 Minuten
Garzeit: 20–25 Minuten

1. Pellkartoffeln pellen und in Scheiben schneiden. Die Zucchini abspülen, abtrocknen und die Enden abschneiden. Zucchini in dünne Scheiben schneiden. Kartoffel- und Zucchinischeiben schuppenartig in eine flache Auflaufform (gefettet) schichten.

2. Den Backofen vorheizen.
Ober-/Unterhitze: etwa 200 °C
Heißluft: etwa 180 °C

3. Knoblauchzehen abziehen, durch eine Knoblauchpresse in die Schlagsahne drücken, mit Salz und Pfeffer würzen.

4. Die gewürzte Sahne über das Gemüse gießen. Den geriebenen Käse daraufstreuen. Die Butter in Flöckchen daraufsetzen. Die Form auf dem Rost in den vorgeheizten Backofen schieben. Das Gratin **20–25 Minuten garen.**

Kasseler-Ananas-Pfanne I
Für die Party
10–12 Portionen

Pro Portion:
E: 36 g, F: 43 g, Kh: 19 g, kJ: 2576, kcal: 615

etwa 2 kg	Kasseler (ohne Knochen, Nacken- oder Kotelettstück)
2 Dosen	Ananasscheiben (Abtropfgewicht je 340 g)
5–6	getrocknete Tomaten
75 g	Butter
400 g	Sahne-Schmelzkäse
400 g	Schlagsahne
evtl.	frisch gemahlener Pfeffer

Zubereitungszeit: 35 Minuten, ohne Durchziehzeit
Garzeit: etwa 90 Minuten

1. Kasseler mit Küchenpapier trocken tupfen und in etwa 1 cm dicke Scheiben schneiden. Die Ananasscheiben in einem Sieb abtropfen lassen.

2. Die Kasselerscheiben abwechselnd mit den Ananasscheiben und mit je 1 halbierten, getrockneten Tomate hintereinander in eine große Auflaufform (gefettet) schichten.

3. Die Butter in einem Topf zerlassen. Schmelzkäse und Sahne hinzugeben, mit einem Schneebesen unter Rühren bei mittlerer Hitze zum Kochen bringen.

4. Käse-Sahne-Sauce auf den Fleisch- und Ananasscheiben verteilen. Die Form zugedeckt 3–4 Stunden in den Kühlschrank stellen.

5. Den Backofen vorheizen.
Ober-/Unterhitze: etwa 200 °C
Heißluft: etwa 180 °C

6. Die Form auf dem Rost im unteren Drittel in den vorgeheizten Backofen schieben. Die Kasseler-Ananas-Pfanne etwa 90 Minuten garen. Käse-Sahne-Sauce nach Belieben mit Pfeffer abschmecken.

Beilage: Spätzle und ein bunter Blattsalat.

Kichererbsen-Spinat-Gratin I
Raffiniert
4 Portionen

Pro Portion:
E: 26 g, F: 28 g, Kh: 30 g, kJ: 2020, kcal: 483

450 g	TK-Blattspinat
2 Dosen	Kichererbsen (Abtropfgewicht je 250 g)
1	Zwiebel
1	Knoblauchzehe
	Salz
100 ml	Milch
100 g	Schlagsahne
3 EL	Tomatenmark
2 schwach geh. TL	Speisestärke
½–1 TL	Harissa (Würzpaste)
100 g	geriebener Emmentaler Käse
100 g	Frühstücksspeck in Scheiben (Bacon)

Zubereitungszeit: 20 Minuten, ohne Auftauzeit
Garzeit: 45–50 Minuten

1. TK-Spinat auftauen lassen, dann in einem Sieb abtropfen lassen und evtl. noch etwas ausdrücken.

2. Kichererbsen in ein Sieb geben, kurz abspülen und abtropfen lassen. Zwiebel und Knoblauch abziehen und fein würfeln.

3. Den Backofen vorheizen.
Ober-/Unterhitze: etwa 200 °C
Heißluft: etwa 180 °C

4. Spinat mit Kichererbsen, Zwiebel- und Knoblauchwürfeln in eine flache Auflaufform (gefettet) geben und vermischen. Mit Salz und Pfeffer würzen.

5. Milch mit Schlagsahne, Tomatenmark, Speisestärke und Harissa verrühren. Käse unterrühren. Die Milchmischung unter die Spinatmasse rühren.

6. Den Frühstücksspeck auf der Masse verteilen. Die Form auf dem Rost im unteren Drittel in den vorgeheizten Backofen schieben. Das Kichererbsen-Spinat-Gratin **45–50 Minuten garen.**

Beilage: Baguette oder Ciabatta.

K

Kirschmichel | Süße Mahlzeit
4 Portionen

Pro Portion:
E: 11 g, F: 25 g, Kh: 57 g, kJ: 2121, kcal: 506

1 Glas	Sauerkirschen (Schattenmorellen, Abtropfgewicht 370 g)
2	Brötchen (Milchbrötchen oder Croissants) vom Vortag
125 ml (⅛ l)	Milch
125 g	Zucker
3	Eier (Größe M)
2 EL	Butter
	Schale von
½	Bio-Zitrone (unbehandelt, ungewachst) oder
⅓ Pck.	Dr. Oetker Finesse Geriebene Zitronenschale
1 Prise	Salz
50 g	gehobelte Mandeln
etwas	Puderzucker oder Zucker

Zubereitungszeit: 15 Minuten
Backzeit: etwa 40 Minuten

1. Die Kirschen in einem Sieb gut abtropfen lassen. Die Brötchen in dünne Scheiben schneiden, in eine Schüssel legen und mit Milch übergießen. Kirschen mit der Hälfte des Zuckers mischen.

2. Den Backofen vorheizen.
Ober-/Unterhitze: etwa 200 °C
Heißluft: etwa 180 °C

3. Die Eier trennen. Eigelb mit 1 Esslöffel Butter und dem restlichen Zucker schaumig schlagen. Die eingeweichten Brötchenscheiben mit Milch und Zitronenschale unterrühren, bis die eingeweichten Brötchenscheiben zerfallen sind.

4. Eiweiß mit Salz steif schlagen und vorsichtig mit den Kirschen unter die Brötchen-Eier-Masse heben. Die Masse in eine Auflaufform (gefettet) geben. Die restliche Butter in kleinen Stücken darauf verteilen und mit Mandeln bestreuen.

5. Die Form auf dem Rost in den vorgeheizten Backofen schieben. Auflauf **etwa 40 Minuten backen.**

6. Kirschmichel noch warm mit Puderzucker bestäuben oder mit Zucker bestreuen. Sofort servieren.

Knoblauchtomaten | Schnell
6 Portionen

Pro Portion:
E: 12 g, F: 19 g, Kh: 6 g, kJ: 1029, kcal: 245

100 g	Frühstücksspeck in Scheiben (Bacon)
6	Fleischtomaten
6	Knoblauchzehen
1 Bund	Basilikum
1 Bund	Petersilie
4	Salbeiblättchen
250 g	Schafkäse
40 g	Butter

Zubereitungszeit: 20 Minuten
Garzeit: etwa 25 Minuten

1. Eine flache Auflaufform (gefettet) mit den Speckscheiben auslegen.

2. Tomaten abspülen, abtrocknen. Die Stängelansätze trichterförmig etwas großzügiger herausschneiden. Tomaten nebeneinander in die Form setzen.

3. Den Backofen vorheizen.
Ober-/Unterhitze: etwa 200 °C
Heißluft: etwa 180 °C

4. Knoblauch abziehen und würfeln. Basilikum, Petersilie und Salbeiblättchen abspülen, trocken tupfen und die Blättchen von den Stängeln zupfen. Die Kräuterblättchen fein hacken, zusammen mit dem Knoblauch auf den Tomaten verteilen.

5. Schafkäse in kleine Stücke schneiden oder zerbröseln. Schafkäse auf den Tomaten und um die Tomaten herum verteilen. Butter in Flöckchen daraufsetzen.

6. Die Form auf dem Rost in den vorgeheizten Backofen schieben. Knoblauchtomaten **etwa 25 Minuten garen.**

K

Kohlrabi, gefüllt I
Preiswert
4 Portionen

Pro Portion:
E: 30 g, F: 19 g, Kh: 22 g, kJ: 1620, kcal: 387

4	große Kohlrabi (je etwa 400 g)
2 Scheiben	Toastbrot (etwa 60 g)
etwas	Milch oder Wasser
400 g	Geflügelgehacktes, z. B. Putengehacktes
1	Ei (Größe M)
	Salz, frisch gemahlener Pfeffer
½ Bund	Petersilie
2	Fleischtomaten (etwa 300 g)
	Salzwasser
1	Gemüsezwiebel (etwa 300 g)
4 EL	Olivenöl
200 ml	Gemüsebrühe

Zubereitungszeit: 45 Minuten
Garzeit: etwa 40 Minuten

1. Kohlrabi putzen, schälen, abspülen, trocken tupfen und mit einem Kugelausstecher oder einem Teelöffel so aushöhlen, dass ein etwa ½ cm breiter Rand stehen bleibt. Das ausgehöhlte Kohlrabifleisch klein schneiden und beiseitelegen.

2. Das Toastbrot in eine Schale legen, mit Milch oder Wasser übergießen und kurz einweichen lassen. Das Geflügelgehackte in eine Schüssel geben. Ei und eingeweichte und ausgedrückte Toastbrotscheiben hinzugeben. Die Zutaten gut vermengen. Masse mit Salz und Pfeffer würzen.

3. Petersilie abspülen und trocken tupfen. Die Blättchen von den Stängeln zupfen, einige Blättchen zum Garnieren beiseitelegen. Blättchen klein hacken und unter die Hackmasse kneten.

4. Tomaten abspülen, abtrocknen, vierteln und die Stängelansätze herausschneiden. Tomaten in kleine Stücke schneiden.

5. Salzwasser in einem Topf zum Kochen bringen. Die ausgehöhlten Kohlrabi 5–8 Minuten darin vorgaren, anschließend in ein Sieb geben, mit kaltem Wasser übergießen und abtropfen lassen. Die Kohlrabi mit dem vorbereiteten Geflügelgehackten füllen.

6. Den Backofen vorheizen.
Ober-/Unterhitze: etwa 200 °C
Heißluft: etwa 180 °C

7. Zwiebel abziehen und in kleine Würfel schneiden. Olivenöl in einem Bräter erhitzen. Die Zwiebelwürfel darin glasig dünsten. Das beiseitegelegte Kohlrabifleisch und Tomatenstückchen hinzugeben und kurz mitdünsten lassen. Gemüsebrühe hinzugießen, kurz aufkochen. Gefüllte Kohlrabi in den Bräter setzen.

8. Bräter auf dem Rost in den vorgeheizten Backofen schieben. Die Kohlrabi **etwa 40 Minuten garen.**

9. Die gefüllten Kohlrabi mit den beiseitegelegten Petersilienblättchen garnieren und sofort servieren.

Kohlrabi-Lachs-Lasagne I
Für Gäste
4 Portionen

Pro Portion:
E: 46 g, F: 47 g, Kh: 37 g, kJ: 3178, kcal: 761

2	mittelgroße Kohlrabi
1	Zwiebel
2 EL	Butter oder Margarine
	Salz, frisch gemahlener Pfeffer
	frisch geriebene Muskatnuss
300 ml	Gemüsebrühe
200 ml	Milch
100 g	Schlagsahne
2 EL	Weizenmehl
½ Bund	glatte Petersilie
75 g	frisch geriebener Gouda-Käse
600 g	Lachsfilet (ohne Haut)
8–10	Lasagneplatten (weiß oder grün, ohne Vorkochen)
1	große Fleischtomate
125 g	Crème fraîche
3 EL	frisch geriebener Parmesan-Käse

Zubereitungszeit: 35 Minuten
Garzeit: etwa 50 Minuten

1. Kohlrabi putzen, schälen, abspülen, abtropfen lassen (etwas von dem feinen Grün beiseitelegen). Die Kohlrabi zuerst in Scheiben, dann in sehr feine Stifte schneiden. Zwiebel abziehen und klein würfeln.

2. Die Butter oder Margarine in einem Topf zerlassen. Zwiebelwürfel und Kohlrabistifte darin unter Rühren andünsten, mit Salz, Pfeffer und Muskat würzen. Die Brühe und Milch hinzugießen, zum Kochen bringen. Kohlrabistifte zugedeckt 3–5 Minuten bei schwacher Hitze garen.

3. Die Sahne mit Mehl anrühren, unter vorsichtigem Rühren unter die Kohlrabistifte rühren und weitere etwa 2 Minuten bei schwacher Hitze kochen lassen.

4. Den Backofen vorheizen.
Ober-/Unterhitze: etwa 180 °C
Heißluft: etwa 160 °C

5. Petersilie abspülen und trocken tupfen. Die Blättchen von den Stängeln zupfen. Die Blättchen klein schneiden. Beiseitegelegtes Kohlrabigrün ebenfalls klein schneiden. Geriebenen Käse, Petersilie und Kohlrabigrün unter die Kohlrabisauce rühren.

6. Das Lachsfilet kurz unter fließendem kalten Wasser abspülen, trocken tupfen und in Streifen schneiden. Etwas Kohlrabisauce in einer Lasagne- oder Auflaufform (gefettet) verteilen. 2–3 Lasagneplatten darauflegen. Lachsstreifen und die Kohlrabisauce abwechselnd in die Form schichten, bis alle Zutaten aufgebraucht sind. Die letzte Schicht sollte aus Lasagneplatten bestehen.

7. Tomate abspülen, trocken tupfen und den Stängelansatz herausschneiden. Tomate in Scheiben schneiden und auf den Lasagneplatten verteilen. Die Crème fraîche mit dem Parmesan-Käse verrühren und auf den Lasagneplatten verteilen. Die Form auf dem Rost in den vorgeheizten Backofen schieben. Die Lasagne **etwa 50 Minuten garen, evtl. kurz vor Ende der Garzeit** mit Alufolie zudecken.

Kohlrabi-Schinken-Auflauf

Für Kinder
4 Portionen

Pro Portion:
E: 26 g, F: 32 g, Kh: 14 g, kJ: 1858, kcal: 444

etwa 1 kg	Kohlrabi
40 g	Butter
125 ml (⅛ l)	Gemüsebrühe

Für die Sauce:

1	kleine Zwiebel
30 g	Butter oder Margarine
30 g	Weizenmehl
125 ml (⅛ l)	Milch
250 g	gekochter Schinken
2	Eier (Größe M)
	Salz
	frisch gemahlener Pfeffer
	frisch geriebene Muskatnuss
40 g	geriebener Gouda-Käse
30 g	Butter

Zubereitungszeit: 30 Minuten
Garzeit: 30–35 Minuten

1. Den Backofen vorheizen.
Ober-/Unterhitze: etwa 200 °C
Heißluft: etwa 180 °C

2. Kohlrabi putzen, schälen, abspülen, abtropfen lassen und in Stifte schneiden. Butter in einem Topf zerlassen. Die Kohlrabistifte darin andünsten. Gemüsebrühe hinzufügen, zum Kochen bringen und Kohlrabi in etwa 5 Minuten bissfest kochen. Kohlrabi in einem Sieb abtropfen lassen, dabei das Kochwasser auffangen.

3. Für die Sauce die Zwiebel abziehen und würfeln. Butter oder Margarine zerlassen. Zwiebelwürfel und Mehl unter Rühren so lange darin erhitzen, bis das Mehl hellgelb ist. Das Kohlrabi-Kochwasser mit der Milch nach und nach unter Rühren hinzugießen. Dabei darauf achten, dass keine Klümpchen entstehen.

Die Sauce zum Kochen bringen und etwa 2 Minuten kochen, dabei gelegentlich umrühren. Sauce etwas abkühlen lassen.

4. In der Zwischenzeit den Schinken in feine Streifen schneiden. Schinkenstreifen mit Kohlrabistiften in eine Auflaufform (gefettet) schichten

5. Eier unter die Sauce rühren. Sauce mit Salz, Pfeffer und Muskat würzen und auf der Kohlrabi-Schinken-Mischung verteilen. Auflauf mit Gouda bestreuen. Die Butter in Flöckchen daraufsetzen. Die Auflaufform auf dem Rost in den vorgeheizten Backofen schieben. Den Auflauf **30–35 Minuten garen.**

Krabbenbrötchen, überbacken I
Für die Party
12 Stück

Pro Stück:
E: 19 g, F: 16 g, Kh: 32 g, kJ: 1561, kcal: 372

12	Roggen- oder Vollkornbrötchen
300 g	Champignons
50 g	Butter
1 Dose	Ananasscheiben (Abtropfgewicht 490 g)
250 g	Crème fraîche
etwas	Ananassaft (aus der Dose)
	Salz
	weißer Pfeffer
	Currypulver
500 g	gepulte Krabben
200 g	geriebener Emmentaler Käse
einige	Dillspitzen

Zubereitungszeit: 40 Minuten
Backzeit: 10–15 Minuten

1. Von den Brötchen einen flachen Deckel abschneiden und die Brötchen aushöhlen. Die Champignons putzen, mit Küchenpapier abreiben, evtl. abspülen, gut abtropfen lassen und in kleine Stücke schneiden.

2. Butter in einer Pfanne zerlassen. Die Champignonstücke darin andünsten.

3. Ananas in einem Sieb abtropfen lassen, dabei den Saft auffangen. Ananas in kleine Stücke schneiden.

4. Crème fraîche mit etwas Ananassaft glatt rühren und mit Salz, Pfeffer und Curry abschmecken. Dann die Ananasstücke, Champignonstücke und Krabben unterrühren.

5. Die Brötchen mit der Mischung bergartig füllen und auf ein Backblech (mit Backpapier belegt) legen.

6. Käse auf den Brötchen verteilen. Das Backblech auf mittlerer Einschubleiste in den vorgeheizten Backofen schieben. Die Brötchen **10–15 Minuten überbacken,** bis der Käse zerlaufen ist.

7. Dillspitzen abspülen und trocken tupfen. Die Brötchendeckel kurz mit in den Backofen legen, sodass sie etwas kross werden. Die Brötchen mit Dill garnieren und mit den Brötchendeckeln servieren.

K

Kürbis mit Zartweizen, überbacken mit Frischkäse I

Gut vorzubereiten – schnell
2 Portionen

Pro Portion:
E: 24 g, F: 14 g, Kh: 60 g, kJ: 1937, kcal: 463

125 g	Zartweizen (vorgegarter Weizen)
1 l	Gemüsebrühe
1	Zwiebel
etwa 650 g	Kürbis, z. B. Hokkaido
1 EL	Sonnenblumenöl
50–75 ml	Gemüsebrühe
2 EL	Schnittlauchröllchen
etwa ½ TL	geriebene Bio-Zitronenschale
200 g	körniger Frischkäse
	Salz
	frisch gemahlener Pfeffer
	frisch geriebene Muskatnuss
1–2 TL	zerstoßene, rosa Pfefferbeeren

Zubereitungszeit: 25 Minuten
Backzeit: etwa 20 Minuten

1. Zartweizen nach Packungsanleitung mit der Gemüsebrühe zubereiten. Dann den Zartweizen in ein Sieb abgießen, dabei die Gemüsebrühe auffangen und 50–75 ml abmessen, beiseitestellen.

2. In der Zwischenzeit Zwiebel abziehen und fein würfeln. Kürbis entkernen und evtl. Innenfasern entfernen. Kürbis in Spalten schneiden und schälen. Etwa 400 g Kürbisfruchtfleisch in etwa 1 ½ cm große Würfel schneiden.

3. Den Backofen vorheizen.
Ober-/Unterhitze: etwa 200 °C
Heißluft: etwa 180 °C

4. Öl in einem Topf erhitzen. Die Zwiebelwürfel darin andünsten. Kürbiswürfel zufügen und unter gelegentlichem Rühren etwa 2 Minuten mitdünsten. Die abgemessene Gemüsebrühe hinzugießen. Die Kürbiswürfel zugedeckt in etwa 8 Minuten bissfest dünsten, dabei sollte die Gemüsebrühe fast verdampft sein.

5. In der Zwischenzeit die Schnittlauchröllchen mit Zitronenschale und Frischkäse mischen, mit Salz und Pfeffer würzen. Das Kürbisgemüse mit Salz und Muskatnuss abschmecken. Den Zartweizen untermischen. Die Kürbis-Weizen-Mischung in einer Auflaufform (gefettet) verteilen.

6. Die Käsemasse löffelweise daraufgeben und vorsichtig verstreichen. Rosa Pfefferbeeren daraufstreuen. Die Form auf dem Rost im unteren Drittel in den vorgeheizten Backofen schieben. Das Kürbisgemüse **etwa 20 Minuten überbacken** und heiß servieren.

Tipps: Dieses Rezept lässt sich für 4 Portionen einfach verdoppeln. Die Garzeit bleibt gleich. Das Kürbisfruchtfleisch ist kalorienarm und enthält viel Beta-Carotin. Körniger Frischkäse ist relativ fettarm, dafür eiweißreich.

Rezeptvariante: Für **überbackene Möhren mit Zartweizen** statt Kürbis etwa 450 g Möhren schälen, putzen, abspülen, abtropfen lassen und in dünne Scheiben schneiden.

Kürbis-Fisch-Gratin | Raffiniert
4 Portionen

Pro Portion:
E: 31 g, F: 30 g, Kh: 28 g, kJ: 2820, kcal: 674

    600 g Kürbisfruchtfleisch
    600 g Kartoffeln

Für den Guss:
    2 Eier (Größe M)
    250 g Schlagsahne
    Salz, frisch gemahlener Pfeffer
    ½ Bund Dill

    500 g Lachsfilet
    3 TL körniger Senf
    150 g Crème fraîche

Zubereitungszeit: 35 Minuten
Garzeit: 65–70 Minuten

1. Den Backofen vorheizen.
Ober-/Unterhitze: etwa 180 °C
Heißluft: etwa 160 °C

2. Das Kürbisfruchtfleisch in große, dünne Scheiben schneiden. Kartoffeln schälen, abspülen, abtropfen lassen und in dünne Scheiben schneiden oder hobeln.

3. Für den Guss Eier und Sahne verquirlen, mit Salz und Pfeffer kräftig würzen. Dill abspülen und trocken tupfen. Die Spitzen von den Stängeln zupfen und fein schneiden. Die Hälfte des Dills unter den Guss rühren.

4. Kürbis- und Kartoffelscheiben in eine flache Auflaufform (gefettet) schichten. Den Guss darübergießen und mit Alufolie zudecken. Die Form auf dem Rost in den vorgeheizten Backofen schieben. Kartoffel-Kürbis-Gratin **etwa 50 Minuten garen.**

5. In der Zwischenzeit das Lachsfilet unter fließendem kalten Wasser abspülen, trocken tupfen und mit etwas Senf bestreichen, mit Salz und Pfeffer würzen.

6. Die Form aus dem Backofen nehmen, auf einen Kuchenrost stellen und die Alufolie entfernen. Lachsfilet auf das Gratin legen und Crème fraîche darauf verteilen.

7. Die Form wieder auf dem Rost in den vorgeheizten Backofen schieben. Dabei **die Backofentemperatur um etwa 20 °C auf Ober-/Unterhitze: etwa 200 °C, Heißluft: etwa 180 °C heraufschalten.** Das Gratin mit dem Fisch **weitere 15–20 Minuten garen.**

8. Gratin mit dem restlichen Dill bestreut servieren.

Beilage: Grüner Salat.

Kürbis-Käsekuchen vom Blech I
Klassisch
8–10 Stücke

Insgesamt:
E: 20 g, F: 383 g, Kh: 42 g, kJ: 2698, kcal: 644

Für den Knetteig:
- 400 g Weizenmehl
- 1 gestr. TL Salz
- 1 Ei (Größe M)
- 200 g Butter oder Margarine
- 2 EL kaltes Wasser
- 60 g gehackte Kürbiskerne

Für den Belag:
- etwa 500 g Kürbis, z. B. Hokkaido
- 150 g Greyerzer Käse
- 6 Eier (Größe M)
- 250 ml (¼ l) Milch
- 400 g Schmand (Sauerrahm)
- Salz, frisch gemahlener Pfeffer
- gemahlener Koriander
- gemahlener Zimt
- Kurkuma

Zubereitungszeit: 40 Minuten, ohne Abkühlzeit
Backzeit: etwa 50 Minuten

1. Den Backofen vorheizen.
Ober-/Unterhitze: etwa 180 °C
Heißluft: etwa 160 °C

2. Für den Teig das Mehl in eine Rührschüssel geben. Salz, Ei, Butter oder Margarine und Wasser hinzufügen. Die Zutaten mit Handrührgerät mit Knethaken zunächst kurz auf niedrigster, dann auf höchster Stufe gut durcharbeiten. Anschließend auf einer leicht bemehlten Arbeitsfläche zu einem glatten Teig verkneten. Kürbiskerne unterarbeiten. Sollte der Teig kleben, ihn in Frischhaltefolie gewickelt eine Zeit lang in den Kühlschrank stellen.

3. Den Teig auf einem Backblech (30 x 40 cm, gefettet) ausrollen. Das Backblech in den vorgeheizten Backofen schieben. Den Boden **etwa 10 Minuten vorbacken.**

4. Das Backblech auf einen Kuchenrost stellen. Boden etwas abkühlen lassen.

5. In der Zwischenzeit für den Belag Kürbis entkernen und evtl. Innenfasern entfernen. Den Kürbis in Spalten schneiden und schälen. Kürbis grob reiben. Käse entrinden und reiben.

6. Eier, Milch und Schmand geschmeidig rühren. Die Masse mit Salz, Pfeffer, Koriander, Zimt und Kurkuma würzen. Die Kürbis- und Käseraspel unterrühren. Die Kürbis-Käse-Masse auf dem vorgebackenen Boden verteilen.

7. Das Backblech wieder in den vorgeheizten Backofen schieben. Den Kuchen **weitere etwa 40 Minuten backen.**

8. Das Backblech auf einen Kuchenrost stellen. Den Kuchen abkühlen lassen, in Stücke schneiden. Warm oder kalt servieren.

Kürbiskuchen | Raffiniert
4 Portionen

Pro Portion:
E: 19 g, F: 25 g, Kh: 59 g, kJ: 2267, kcal: 542

300 g	Weizenmehl (Type 550)
1 TL	Dr. Oetker Trockenbackhefe
1 gestr. TL	Salz
1 TL	Kümmelsamen
225 ml	lauwarmes Wasser
2 EL	Walnussöl
250 g	Hokkaido-Kürbis
100 g	Zwiebeln
je 50 g	Ziegengouda- und Gruyère-Käse
75 g	durchwachsener Speck (in Scheiben)
75 g	Crème fraîche
	Salz
4 Stängel	Majoran
	frisch gemahlener Pfeffer

Zubereitungszeit: 40 Minuten, ohne Teiggehzeit
Backzeit: etwa 25 Minuten

1. Für den Teig Mehl in eine Rührschüssel geben, mit Trockenbackhefe sorgfältig vermischen. Salz, Kümmel, lauwarmes Wasser und Walnussöl hinzugeben. Die Zutaten mit Handrührgerät mit Knethaken zunächst kurz auf niedrigster, dann auf höchster Stufe in etwa 5 Minuten zu einem glatten Teig verarbeiten. Den Teig zugedeckt etwa 90 Minuten an einem warmen Ort gehen lassen.

2. In der Zwischenzeit von dem Kürbisstück die Kerne mit einem Löffel herausschaben. Kürbis schälen und das Fruchtfleisch in sehr dünne Scheiben schneiden oder hobeln. Zwiebeln abziehen und in dünne Streifen schneiden. Den Käse grob reiben. Speckscheiben in etwa 1 cm breite Streifen schneiden.

3. Den Backofen vorheizen.
Ober-/Unterhitze: etwa 240 °C
Heißluft: etwa 220 °C

4. Den gegangenen Teig leicht mit Mehl bestäuben und aus der Schüssel nehmen. Den Teig auf einem Backblech (mit Backpapier belegt) mit angefeuchteten Händen zu einem etwa 1 cm dicken Fladen formen.

5. Den Teigfladen zuerst mit Crème fraîche bestreichen. Kürbisscheiben leicht mit Salz bestreuen und darauflegen. Zwiebelstreifen daraufstreuen und den Käse darauf verteilen.

6. Majoran abspülen und trocken tupfen. Den Teigfladen mit den Speckstreifen und Majoran belegen, mit Pfeffer bestreuen.

7. Das Backblech im unteren Drittel in den vorgeheizten Backofen schieben. Den Kürbiskuchen **etwa 25 Minuten backen.**

Lachs mit Spargelkruste | Raffiniert
4 Portionen

Pro Portion:
E: 42 g, F: 41 g, Kh: 14 g, kJ: 2497, kcal: 597

    350 g grüner Spargel

Für die Spargelkruste:
    40 g Haselnusskerne
    2 Schalotten
    60 g Semmelbrösel
    3 Eier (Größe M)
    Salz
    frisch gemahlener Pfeffer

    4 Lachsfilets
    (je etwa 160 g)

Zubereitungszeit: 40 Minuten
Garzeit: etwa 35 Minuten

1. Den Backofen vorheizen.
Ober-/Unterhitze: etwa 180 °C
Heißluft: etwa 160 °C

2. Vom Spargel das untere Drittel schälen und die unteren Enden abschneiden. Spargel abspülen, abtropfen lassen, halbieren und in feine Scheiben schneiden. Spargelscheiben in eine große, flache Schüssel geben.

3. Für die Spargelkruste Haselnusskerne grob hacken. Schalotten abziehen und in feine Würfel schneiden. Haselnusskerne, Schalottenwürfel, Semmelbrösel und Eier mit den Spargelscheiben gut vermischen, mit Salz und Pfeffer würzen.

4. Filets abspülen, trocken tupfen, mit Salz und Pfeffer würzen, von beiden Seiten mit der Spargel-Haselnuss-Masse panieren und in eine flache Auflaufform (mit etwas Butter gefettet) legen. Restliche Spargel-Haselnuss-Masse auf den Lachsfilets verteilen, dabei leicht andrücken.

5. Die Form auf dem Rost in den vorgeheizten Backofen schieben. Lachs mit Spargelkruste **etwa 35 Minuten garen.**

6. Die Lachsfilets aus dem Ofen nehmen und sofort servieren.

Lachsforelle auf Blattspinat I

Für Gäste
4 Portionen

Pro Portion:
E: 42 g, F: 18 g, Kh: 4 g, kJ: 1468, kcal: 351

1 1/2 kg	Blattspinat
200 g	Schalotten
2	Knoblauchzehen
300 g	Champignons
150 g	Tomaten
2 EL	Butter oder Margarine
	Salz, frisch gemahlener Pfeffer
	frisch geriebene Muskatnuss
1	große Lachsforelle (etwa 1,3 kg) oder 2 kleine Lachsforellen (je etwa 600 g)
75 g	geräucherter, durchwachsener Speck
1 Bund	Petersilie
1	Bio-Zitrone (unbehandelt, ungewachst)
6 dünne Scheiben	durchwachsener Speck

Zubereitungszeit: 25–30 Minuten
Garzeit: kleine Forellen etwa 35 Minuten, große Forelle etwa 55 Minuten

1. Den Spinat verlesen, dicke Stiele entfernen. Spinat gründlich waschen, abtropfen lassen. Schalotten und Knoblauchzehen abziehen. Die Hälfte der Schalotten achteln, die restlichen Schalotten und den Knoblauch fein würfeln.

2. Champignons putzen, evtl. mit Küchenpapier abreiben, kurz abspülen, gut abtropfen lassen. Die Hälfte der Champignons in Scheiben schneiden. Restliche Champignons fein würfeln. Die Tomaten abspülen, abtrocknen, halbieren, entkernen und die Stängelansätze herausschneiden. Tomaten in Würfel schneiden.

3. Die Butter oder Margarine in einem Topf zerlassen. Schalottenachtel, Knoblauch und Champignonscheiben kurz darin andünsten. Spinat zufügen, unter Rühren dünsten, bis der Spinat zusammenfällt. Den Spinat mit Salz, Pfeffer und Muskat würzen. Die Tomatenwürfel unterheben.

4. Den Backofen vorheizen.
Ober-/Unterhitze: etwa 200 °C
Heißluft: etwa 180 °C

5. Lachsforelle innen und außen unter fließendem kalten Wasser abspülen, trocken tupfen. Innen und außen mit Salz und Pfeffer einreiben. Speck fein würfeln. Petersilie abspülen, trocken tupfen, die Blättchen von den Stängeln zupfen und Blättchen fein hacken.

6. Zitrone heiß abwaschen, abtrocknen und die gelbe Schale abreiben. Die Zitrone halbieren, den Saft auspressen. Speckwürfel mit Champignon-, Schalottenwürfeln, Petersilie, Zitronenschale und -saft verrühren. Die Masse in die Bauchhöhle der Forelle füllen.

7. Das Spinatgemüse in eine große Auflaufform (gefettet) geben. Die gefüllte Forelle darauflegen und evtl. restliche Füllung darum verteilen. Die Speckscheiben auf die Forelle legen. Dann die Form auf dem Rost im unteren Drittel in den vorgeheizten Backofen schieben.
Kleine Forellen etwa 35 Minuten, große Forelle etwa 55 Minuten garen.

143

Lachspäckchen I
Raffiniert
6 Portionen

Pro Portion:
E: 13 g, F: 25 g, Kh: 29 g, kJ: 1635, kcal: 391

450 g	TK-Blätterteig
300 g	Brokkoli
	Salzwasser
200 g	Räucherlachs
	(in feinen Scheiben)
150 g	Crème légère
	Salz
	frisch gemahlener Pfeffer
1	Eigelb (Größe M)
etwas	Wasser
1 TL	mittelscharfer Senf

Zubereitungszeit: 30 Minuten, ohne Auftauzeit
Backzeit: etwa 30 Minuten

1. Blätterteig nebeneinander nach Packungsanleitung auftauen lassen.

2. Brokkoli putzen und in Röschen teilen. Die Röschen abspülen, abtropfen lassen. Salzwasser zum Kochen bringen und die Brokkoliröschen darin etwa 5 Minuten bissfest vorkochen. Brokkoli in ein Sieb geben, mit kaltem Wasser abspülen und abtropfen lassen.

3. Den Backofen vorheizen.
Ober-/Unterhitze: etwa 200 °C
Heißluft: etwa 180 °C

4. Jeweils 3 Blätterteigplatten aufeinanderlegen, vorsichtig zu einem Rechteck (etwa 25 x 20 cm) ausrollen. Übrige Teigplatte etwas länglich ausrollen, daraus etwa 6 schmale Streifen für die Garnitur schneiden. Die Teigscheiben mit den Lachsscheiben belegen und rundherum einen Rand frei lassen. Die Brokkoliröschen darauf verteilen, etwa 50 g Crème légère darüberträufeln, mit Salz und Pfeffer würzen.

5. Eigelb mit Wasser verschlagen und die Teigränder damit bestreichen. Blätterteig zu Päckchen zusammenfalten, dabei die Ränder gut festdrücken.

6. Die Blätterteigpäckchen mit der Nahtseite nach unten auf ein Backblech (mit Backpapier belegt) legen und mit den abgeschnittenen Teigstreifen garnieren.

7. Das Backblech in den vorgeheizten Backofen schieben. Die Lachspäckchen **etwa 30 Minuten backen**.

8. Die restliche Crème légère mit Senf verrühren und abschmecken. Lachspäckchen halbieren und den Dip dazureichen.

Tipp: Nach Belieben die Päckchen mit Dill garniert servieren.

Lammhackbraten mit Schafkäse I
Für Gäste
8 Portionen

Pro Portion:
E: 53 g, F: 44 g, Kh: 10 g, kJ: 2693, kcal: 643

1	Gemüsezwiebel (etwa 250 g)
4	Knoblauchzehen
2 EL	Olivenöl
6 Scheiben	Toastbrot (etwa 120 g)
300 ml	Milch
1,8 kg	Lammgehacktes
4	Eier (Größe M)
	Salz
	frisch gemahlener Pfeffer
	Gyros-Gewürzmischung
300 g	Schafkäse
2 EL	Olivenöl

Zubereitungszeit: 45 Minuten
Garzeit: etwa 80 Minuten

1. Zwiebel und Knoblauch abziehen und fein würfeln. Olivenöl in einer Pfanne erhitzen. Die Zwiebel- und Knoblauchwürfel darin andünsten, dann etwas abkühlen lassen.

2. In der Zwischenzeit die Toastbrotscheiben in eine Schale legen und mit der Milch übergießen.

3. Den Backofen vorheizen.
Ober-/Unterhitze: etwa 180 °C
Heißluft: etwa 160 °C

4. Lammgehacktes in eine Schüssel geben. Eier hinzugeben. Eingeweichte Brotscheiben ausdrücken und mit den Zwiebel- und Knoblauchwürfeln hinzugeben. Alles miteinander gut vermengen, mit Salz, Pfeffer und Gyros-Gewürzmischung kräftig abschmecken.

5. Schafkäse in kleine Würfel schneiden. Die Gehacktesmasse halbieren und jeweils mit angefeuchteten Händen zu einem ovalen Laib formen, dabei jeweils eine längliche Vertiefung eindrücken. Die Käsewürfel in die Vertiefung legen und mit der Gehacktesmasse wieder verschließen.

6. Einen großen Bräter mit Olivenöl ausstreichen und erhitzen. Fleischlaibe darin nacheinander von allen Seiten etwa 10 Minuten gut anbraten. Beide Fleischlaibe nebeneinander in eine Fettpfanne (gefettet) legen.

7. Die Fettpfanne im unteren Drittel in den vorgeheizten Backofen schieben. Den Lammhackbraten **etwa 80 Minuten garen.** Den Hackbraten zwischendurch mit dem ausgetretenen Bratensatz begießen, evtl. etwas Wasser hinzugießen.

Tipps: Zu dem Hackbraten Zaziki und warmes Baguette reichen. Den Hackbraten mit Rosmarin garniert servieren.

Lammhaxenauflauf | Raffiniert
4 Portionen

Pro Portion:
E: 54 g, F: 19 g, Kh: 22 g, kJ: 2025, kcal: 484

4	Lammhaxen (etwa 1,2 kg)
	Salz
	frisch gemahlener Pfeffer
500 g	Kartoffeln
300 g	Möhren
150 g	Zwiebeln
3	Knoblauchzehen
4 Zweige	Rosmarin
2	Eier (Größe M)
100 g	Schlagsahne
100 g	Naturjoghurt
1 TL	gerebelter Thymian

Zubereitungszeit: 40 Minuten
Garzeit: etwa 115 Minuten

1. Den Backofen vorheizen.
Ober-/Unterhitze: etwa 180 °C
Heißluft: etwa 160 °C

2. Haxen unter fließendem kalten Wasser abspülen, trocken tupfen und das Fleisch vom Knochen lösen, dabei Fett und Sehnen entfernen. Fleisch in große Stücke schneiden, in eine große, flache Auflaufform (gefettet) legen, mit Salz und Pfeffer würzen.

3. Die Form auf dem Rost in den vorgeheizten Backofen schieben. Haxenfleisch **etwa 60 Minuten garen,** dabei einmal umrühren.

4. Kartoffeln schälen, abspülen, abtropfen lassen und in etwas größere Stücke schneiden. Möhren putzen, schälen, abspülen, abtropfen lassen und in Scheiben schneiden. Zwiebeln und Knoblauch abziehen. Zwiebeln vierteln und Knoblauch in Scheiben schneiden. Vorbereitetes Gemüse zum Fleisch geben. Die Form wieder in den vorgeheizten Backofen schieben. Das Ganze **weitere etwa 40 Minuten garen.**

5. Rosmarin abspülen und trocken tupfen. 2 Rosmarinzweige beiseitelegen. Von den restlichen Zweigen die Nadeln abstreifen und fein hacken. Eier mit Sahne und Joghurt verrühren, mit Salz, Pfeffer, Thymian und Rosmarin würzen.

6. Die Eiermasse über den Auflauf gießen. Den Auflauf **weitere etwa 15 Minuten garen.**

7. Den Auflauf mit den beiseitegelegten Rosmarinzweigen garniert servieren.

Landfrauenauflauf mit Frühlingsquark | Beliebt
4–6 Portionen

Pro Portion:
E: 39 g, F: 37 g, Kh: 78 g, kJ: 3436, kcal: 821

4 l	Wasser
4 TL	Salz
200 g	Bandnudeln
200 g	grüne Bandnudeln
750 g	Fleischtomaten
250 g	gekochter Schinken
3	Eier (Größe M)
200 g	Schlagsahne
	Salz
	frisch gemahlener Pfeffer
1 Bund	Schnittlauch
½ Bund	glatte Petersilie
200 g	Frühlingsquark

Zubereitungszeit: 30 Minuten
Garzeit: 30–40 Minuten

1. Das Wasser in einem großen Topf zugedeckt zum Kochen bringen. Salz und beide Nudelsorten zugeben. Die Nudeln im geöffneten Topf bei mittlerer Hitze nach Packungsanleitung bissfest kochen, dabei gelegentlich umrühren. Anschließend Nudeln in ein Sieb geben, mit Wasser abspülen und abtropfen lassen.

2. Inzwischen Tomaten kreuzweise einschneiden und mit kochendem Wasser begießen. Nach 1–2 Minuten herausnehmen und mit kaltem Wasser abschrecken. Anschließend enthäuten, halbieren und die Stängelansätze herausschneiden. Die Tomaten in Scheiben schneiden.

3. Den Backofen vorheizen.
Ober-/Unterhitze: etwa 200 °C
Heißluft: etwa 180 °C

4. Den Schinken in kleine Würfel schneiden. Die Eier mit Sahne verschlagen, mit Salz und Pfeffer würzen. Schnittlauch und Petersilie abspülen, trocken tupfen und fein schneiden.

5. Eine Schicht Tomatenscheiben in eine flache Auflaufform (gefettet) geben, mit Salz, Pfeffer, Schnittlauch und Petersilie (von den Kräutern 1 Esslöffel für den Quark zurücklassen) bestreuen und die Hälfte der Schinkenwürfel daraufgeben. Die Nudeln daraufgeben, dann die restlichen Schinkenwürfel und die Tomatenscheiben einschichten. Die Eier-Sahne-Masse darüber verteilen.

6. Die Form auf dem Rost in den vorgeheizten Backofen schieben. Den Auflauf **30–40 Minuten garen,** bis die Eiermasse gestockt ist.

7. Frühlingsquark mit den restlichen Kräutern verrühren, kleine Kleckse davon auf den Auflauf geben und sofort servieren.

Tipps: Sie können nach Belieben auch Paprika- oder Knoblauchquark verwenden. Oder Sie kochen die beiden Nudelsorten getrennt und schichten sie abwechselnd mit den anderen Zutaten in die Auflaufform.

Lasagne I Beliebt

6 Portionen

Pro Portion:
E: 27 g, F: 31 g, Kh: 38 g, kJ: 2293, kcal: 548

Für die Bologneser Sauce:

2	Zwiebeln
2	Knoblauchzehen
2 EL	Olivenöl
300 g	Thüringer Mett (gewürztes
	Schweinegehacktes)
2 Dosen	stückige Tomaten (je 400 g)
125 ml (1/8 l)	Gemüsebrühe
1 EL	Tomatenmark
1	Lorbeerblatt
1/2 EL	gehacktes Basilikum
	Salz
	Tabascosauce

Für die Béchamelsauce:

30 g	Butter oder Margarine
25 g	Weizenmehl
300 ml	Milch
200 ml	Gemüsebrühe
200 g	geriebener Gratin-Käse
	Salz
	frisch gemahlener Pfeffer
	frisch geriebene Muskatnuss
12	Lasagneblätter (knapp 250 g,
	ohne Vorkochen)

Zubereitungszeit: 45 Minuten
Garzeit: etwa 35 Minuten

1. Für die Bologneser Sauce die Zwiebeln und Knoblauchzehen abziehen und würfeln. Das Olivenöl in einer Pfanne erhitzen. Das Mett darin unter Rühren braten, dabei die Klümpchen mit einer Gabel zerdrücken. Die Zwiebel- und Knoblauchwürfel zugeben und ebenfalls mitdünsten.

2. Stückige Tomaten mit Saft, Gemüsebrühe, Tomatenmark, Lorbeerblatt und Basilikum zu dem Mett geben und etwa 5 Minuten leicht kochen lassen. Sauce mit Salz und Tabascosauce abschmecken.

3. Den Backofen vorheizen.
Ober-/Unterhitze: etwa 200 °C
Heißluft: etwa 180 °C

4. Für die Béchamelsauce Butter oder Margarine in einem Topf zerlassen. Mehl unter Rühren so lange darin erhitzen, bis es hellgelb ist. Milch und Gemüsebrühe zugießen, mit einem Schneebesen durchschlagen. Dabei darauf achten, dass keine Klümpchen entstehen. Sauce einmal aufkochen. Ein Drittel des Käses unterrühren. Die Sauce kräftig mit Salz, Pfeffer und Muskat würzen.

5. Das Lorbeerblatt aus der Sauce entfernen. Dann auf den Boden einer eckigen Auflaufform (gefettet, etwa 20 x 30 cm, etwa 2,5 l Inhalt) etwas Bologneser Sauce geben. Darauf eine Schicht Lasagneblätter legen, dann wieder Bologneser Sauce daraufgeben und mit etwa 3 Esslöffeln Béchamelsauce beträufeln. Nacheinander wieder Lasagneblätter, Bologneser Sauce und Béchamelsauce einschichten, sodass 4 Lasagneschichten entstehen.

6. Die restliche Béchamelsauce auf die oberste Lasagneschicht streichen und mit dem restlichen Käse bestreuen.

7. Die Form auf dem Rost auf mittlerer Einschubleiste in den vorgeheizten Backofen schieben und die Lasagne **etwa 35 Minuten garen.**

8. Anschließend Lasagne aus dem Backofen nehmen, etwas abkühlen lassen und servieren.

Rezeptvariante: Für eine **Spinat-Lasagne** (im Foto unten) 2 Esslöffel Olivenöl in einem Topf erhitzen. 1 abgezogene, gewürfelte Knoblauchzehe und 2 abgezogene, gewürfelte Zwiebeln darin dünsten. 450 g aufgetauten TK-Blattspinat zufügen und etwa 4 Minuten mitdünsten. Mit Salz und Pfeffer abschmecken. Eine Béchamelsauce aus 60 g Butter, 50 g Weizenmehl, 600 ml Milch, 200 ml Gemüsebrühe und Gewürzen wie im Rezept beschrieben zubereiten. Die Lasagne in die Auflaufform (gefettet) einschichten, mit 500 g in Stücke gezupftem Mozzarella-Käse belegen und bei der im Rezept angegebenen Backofeneinstellung etwa 35 Minuten garen.

Makrelen auf Mittelmeerart I
Raffiniert – schnell
4 Portionen

Pro Portion:
E: 55 g, F: 40 g, Kh: 4 g, kJ: 2504, kcal: 597

4 küchenfertige Makrelen
(je etwa 350 g)
Salz
frisch gemahlener Pfeffer

Für die Füllung:
3 Fleischtomaten
15 schwarze, entsteinte Oliven
gerebelter Oregano
1 Bund glatte Petersilie

Zum Garnieren:
einige
Blättchen Basilikum

Außerdem:
4 Bögen Alufolie

Zubereitungszeit: 25 Minuten
Garzeit: etwa 35 Minuten

1. Makrelen innen und außen unter fließendem kalten Wasser abspülen und trocken tupfen. Makrelen mit Salz und Pfeffer bestreuen.

2. Den Backofen vorheizen.
Ober-/Unterhitze: etwa 200 °C
Heißluft: etwa 180 °C

3. Für die Füllung Tomaten kreuzweise einschneiden und mit kochendem Wasser begießen. Nach 1–2 Minuten herausnehmen und mit kaltem Wasser abschrecken. Die Tomaten enthäuten, halbieren und die Stängelansätze herausschneiden. Die Tomaten in Würfel schneiden.

4. Oliven vierteln, mit Oregano zu den Tomatenwürfeln geben. Die Petersilie abspülen und trocken tupfen. Die Blättchen von den Stängeln zupfen, Blättchen fein hacken und unter die Oliven-Tomaten-Masse heben.

5. Die Makrelen mit der Oliven-Tomaten-Masse füllen. Jeweils 1 gefüllte Makrele auf je 1 Bogen Alufolie (gefettet) legen und fest verschließen.

6. Die eingepackten Makrelen auf ein Backblech legen. Das Backblech auf mittlerer Einschubleiste in den vorgeheizten Backofen schieben. Die Makrelen **etwa 35 Minuten garen.**

7. Die Makrelen mit dem Gemüse aus der Alufolie nehmen und auf einer vorgewärmten Platte anrichten. Basilikumblättchen abspülen und trocken tupfen. Die Makrelen mit Basilikumblättchen garniert servieren.

Tipps: Sie können die Makrelen auch auf dem Grill garen. Die eingepackten Makrelen auf den heißen Grill legen und unter gelegentlichem Wenden etwa 30 Minuten grillen. Statt Makrele können Sie dieses Rezept auch mit Dorade oder Wolfsbarsch (Loup de mer) zubereiten.

Makrelenfilets „Bretonische Art" I
Raffiniert
12 Portionen

Pro Portion:
E: 65 g, F: 36 g, Kh: 24 g, kJ: 2854, kcal: 681

- 24 Makrelenfilets (mit Haut, je etwa 150 g)
- 3 EL Zitronensaft
- Salz, frisch gemahlener Pfeffer

Für das Gemüse:
- 600 g festkochende Kartoffeln
- 2 Gemüsezwiebeln (etwa 450 g)
- 1 Bund Bohnenkraut oder 2 TL gerebeltes Bohnenkraut
- 4 EL Speiseöl, z.B. Olivenöl
- 2 Dosen rote Bohnen (Einwaage 425 g)
- 1 Dose weiße Bohnen (Einwaage 425 g)
- 1 Dose Flageolets (grüne Bohnenkerne, Einwaage 425 g)

- 6 EL Speiseöl, z.B. Olivenöl
- 50 g Weizenmehl

Zubereitungszeit: 65 Minuten
Garzeit: etwa 25 Minuten

1. Die Makrelenfilets unter fließendem kalten Wasser abspülen und trocken tupfen. Filets mit Zitronensaft beträufeln, mit Salz und Pfeffer würzen.

2. Für das Gemüse Kartoffeln schälen, abspülen, abtropfen lassen und in Würfel schneiden. Die Gemüsezwiebeln abziehen und ebenfalls in Würfel schneiden. Frisches Bohnenkraut abspülen und trocken tupfen. Die Blättchen von den Stängeln zupfen.

3. Das Speiseöl in einem großen Bräter erhitzen. Die Zwiebel- und Kartoffelwürfel darin andünsten. Bohnen und Bohnenkerne mit dem Saft hinzugeben, mit Salz, Pfeffer und Bohnenkraut würzen. Bohnengemüse etwa 10 Minuten köcheln lassen.

4. Den Backofen vorheizen.
Ober-/Unterhitze: etwa 200 °C
Heißluft: etwa 180 °C

5. Das Speiseöl portionsweise in einer großen Pfanne erhitzen. Fischfilets mit Mehl bestäuben und portionsweise von beiden Seiten darin anbraten. Fischfilets auf das Bohnengemüse legen.

6. Den Bräter auf dem Rost in den vorgeheizten Backofen schieben. Makrelenfilets mit dem Gemüse **etwa 25 Minuten garen.**

Tipps: Anstelle der Makrelenfilets können auch andere Fischfiletsorten, z.B. Zander oder Scholle, verwendet werden. Bei Plattfischen, z.B. Scholle, ist die Garzeit kürzer. Nach Belieben den Fisch zusätzlich mit Zitronenspalten und frischen Kräutern garniert servieren.

Mallorquinischer Schmortopf I
Vegetarisch
8 Portionen

Pro Portion:
E: 6 g, F: 38 g, Kh: 28 g, kJ: 2106, kcal: 502

etwa 1 kg	festkochende Kartoffeln
etwa 800 g	Zucchini
5	rote Paprikaschoten (etwa 800 g)
2	Gemüsezwiebeln (etwa 300 g)
6	Knoblauchzehen
etwa 800 g	große Fleischtomaten
je 1 Bund	Basilikum, Oregano und glatte Petersilie
300 ml	Olivenöl
	Salz
	frisch gemahlener Pfeffer

Zubereitungszeit: 60 Minuten
Garzeit: 40–50 Minuten

1. Die Kartoffeln schälen, abspülen, abtropfen lassen und in Scheiben hobeln. Zucchini abspülen, abtrocknen und die Enden abschneiden. Zucchini in dünne Scheiben schneiden.

2. Paprika halbieren, entstielen, entkernen und die weißen Scheidewände entfernen. Schoten abspülen, abtropfen lassen und in grobe Stücke schneiden.

3. Zwiebeln und Knoblauch abziehen. Die Zwiebeln achteln und in einzelne Schichten zerlegen. Knoblauch in feine Würfel schneiden.

4. Fleischtomaten abspülen, abtrocknen, vierteln und die Stängelansätze herausschneiden. Tomaten in nicht zu dünne Scheiben schneiden.

5. Alle Kräuter abspülen, trocken tupfen. Die Blättchen von den Stängeln zupfen. Einige Basilikumblättchen zum Garnieren beiseitelegen. Restliche Kräuterblättchen grob hacken.

6. Den Backofen vorheizen.
Ober-/Unterhitze: etwa 180 °C
Heißluft: etwa 160 °C

7. Alle Gemüse nacheinander in einer Pfanne in jeweils etwas Öl anbraten und anschließend dachziegelartig in der Reihenfolge Kartoffeln, Zucchini, Paprika, Zwiebeln und die Tomatenscheiben in eine große Auflaufform (gefettet) schichten. Zwischen die einzelnen Schichten jeweils Salz, Pfeffer, Knoblauch und gehackte Kräuter streuen.

8. Das Gemüse mit dem restlichen Öl beträufeln und die Auflaufform auf dem Rost in den vorgeheizten Backofen schieben. Den Schmortopf **40–50 Minuten garen.**

9. Den Schmortopf mit den beiseitegelegten Basilikumblättchen garniert servieren.

Beilage: Ofenfrisches Weißbrot.

Maracuja-Quark-Strudel I
Süße Mahlzeit
4–6 Portionen

Pro Portion:
E: 13 g, F: 15 g, Kh: 30 g, kJ: 1343, kcal: 321

3	Maracujas (Passionsfrucht) oder 50 ml Maracuja-Nektar
½	Bio-Zitrone (unbehandelt, ungewachst)
50 g	weiche Butter oder Margarine
40 g	Zucker
1	Ei (Größe M)
1	Eigelb (Größe M)
250 g	Magerquark
2 Stück	Vollkorn- oder Kokos-Zwieback
100 g	fertiger Strudelteig (aus dem Kühlregal oder TK)
2 EL	gehobelte Mandeln

Zubereitungszeit: 20 Minuten
Backzeit: etwa 25 Minuten

1. Die Maracujas halbieren und das Fruchtmark mit einem Löffel herausnehmen. Fruchtmark evtl. durch ein feines Sieb streichen. Die Zitrone heiß abwaschen, abtrocknen und die Schale abreiben. Zitronenhälfte auspressen.

2. Den Backofen vorheizen.
Ober-/Unterhitze: etwa 180 °C
Heißluft: etwa 160 °C

3. 40 g Butter oder Margarine, Zucker und Zitronenschale in einer Rührschüssel mit einem Schneebesen sehr cremig rühren. Ei und Eigelb gut unterrühren.

4. Quark, Zitronensaft und Maracujamark oder -nektar hinzugeben und unterrühren. Zwiebäcke fein zerbröseln und unterheben.

5. Ein Backblech (30 x 40 cm, mit Backpapier belegt) mit dem Strudelteig (TK-Strudelteig vorher auftauen lassen) belegen. Die Maracuja-Quark-Masse darauf verteilen, dabei rundherum einen etwa 3 cm breiten Rand frei lassen. Die Teigränder über die Quarkmasse schlagen. Dann den Teig von der längeren Seite her aufrollen.

6. Die restliche Butter oder Margarine zerlassen. Den Strudel damit bestreichen und mit Mandeln bestreuen.

7. Backblech in den vorgeheizten Backofen schieben. Strudel **etwa 25 Minuten backen.**

8. Den Strudel mit dem Backpapier vom Backblech auf einen Kuchenrost ziehen. Strudel leicht abkühlen lassen, in 4–6 Stücke schneiden und servieren.

Marinierte Hähnchenkeulen mit Rosmarinkartoffeln | Beliebt

4 Portionen

Pro Portion:
E: 35 g, F: 31 g, Kh: 43 g, kJ: 2509, kcal: 559

> 4 *große Hähnchenkeulen*
> *(je etwa 200 g)*

Für die Marinade:
> 1 *walnuss-*
> *großes Stück frischer Ingwer*
> 3 *Knoblauchzehen*
> 1 *Chilischote*
> 1 TL *rote Currypaste*
> *abgeriebene Schale und*
> *Saft von*
> 1 *Bio-Zitrone*
> *(unbehandelt, ungewachst)*
> 3 EL *helle Sojasauce*
> 1 EL *Sesamöl*
> 2 EL *flüssiger Honig*

Für das Gemüse:
> je 1 *rote und gelbe Paprikaschote*
> 1 *Zucchini*
> 2 *Frühlingszwiebeln*
> 2 *Tomaten*
> 1–2 EL *Olivenöl*
> *grobes Meersalz*
> *frisch gemahlener Pfeffer*

Für die Rosmarinkartoffeln:
> 1 kg *mittelgroße Kartoffeln*
> 1 TL *Rosmarinnadeln*
> 3 EL *Olivenöl*
> *Salz*

Zubereitungszeit: 45 Minuten, ohne Marinierzeit
Garzeit: 30–40 Minuten

1. Hähnchenkeulen unter fließendem kalten Wasser abspülen und trocken tupfen.

2. Für die Marinade Ingwer schälen und fein schneiden. Den Knoblauch abziehen und fein würfeln. Chili entstielen, entkernen, abspülen, abtropfen lassen und in Ringe schneiden. Ingwer mit Knoblauch, Chili und den restlichen Zutaten mit einem Schneebesen kräftig verrühren.

3. Die Hähnchenkeulen mit der Marinade bestreichen, zugedeckt in den Kühlschrank stellen und 1–2 Stunden marinieren. Dabei die Hähnchenkeulen ab und zu wenden und mit der Marinade bestreichen.

4. Den Backofen vorheizen.
Ober-/Unterhitze: etwa 180 °C
Heißluft: etwa 160 °C

5. Paprikaschoten halbieren, entstielen, entkernen und die weißen Scheidewände entfernen. Schoten abspülen, abtropfen lassen und in Würfel schneiden. Zucchini abspülen, abtrocknen und die Enden abschneiden. Zucchini längs halbieren und in würfeln.

6. Die Frühlingszwiebeln putzen, abspülen, abtropfen lassen und in etwa 3 cm lange Stücke schneiden. Die Tomaten abspülen, abtrocknen, vierteln und die Stängelansätze herausschneiden.

7. Paprika, Zucchini, Frühlingszwiebeln und Tomaten mit etwas Olivenöl vermischen, alles in eine Auflaufform (gefettet) geben und mit Salz und Pfeffer würzen. Die Hähnchenkeulen drauflegen. Die Auflaufform auf dem Rost in den vorgeheizten Backofen schieben. Die Hähnchenkeulen **30–40 Minuten garen.**

8. In der Zwischenzeit für die Rosmarinkartoffeln die Kartoffeln schälen, abspülen, abtropfen lassen und halbieren. Kartoffelhälften in einen Topf mit Wasser bedeckt geben, zugedeckt etwa 5 Minuten vorkochen, dann abgießen und abtropfen lassen.

9. Kartoffelhälften mit Rosmarinnadeln, Olivenöl und Salz in einer weiteren Auflaufform (gefettet) vermischen. Die Form zu den Hähnchenkeulen in den Backofen schieben. Die Rosmarinkartoffeln **etwa 25 Minuten mitgaren.**

10. Die Hähnchenkeulen aus der Form nehmen. Das Gemüse nochmals abschmecken und mit Rosmarinkartoffeln und Hähnchenkeulen servieren.

Meeräsche in der Salzkruste

Gut vorzubereiten
2 Portionen

Pro Portion:
E: 51 g, F: 29 g, Kh: 6 g, kJ: 2035, kcal: 487

1	küchenfertige Meeräsche (ungeschuppt, etwa 700 g)
2 Stängel	Rosmarin
2	Knoblauchzehen
1	Bio-Zitrone (unbehandelt, ungewachst)
1½ kg	grobes Salz
etwa 50 ml	Wasser
1	Eiweiß (Größe M)
1	kleine Zucchini (etwa 150 g)
1 Glas	Artischockenherzen (Abtropfgewicht 280 g)
4 Stängel	Thymian
	Salz
	frisch gemahlener Pfeffer

Zubereitungszeit: 40 Minuten
Garzeit: etwa 25 Minuten

1. Meeräsche von innen und außen unter fließendem kalten Wasser abspülen und trocken tupfen. Rosmarin abspülen, trocken tupfen und in Stücke schneiden. Knoblauch ungeschält grob zerhacken. Zitrone heiß abwaschen, abtrocknen und die Schale mit einem Sparschäler abschälen.

2. Rosmarin, Knoblauch und Zitronenschale in die Bauchhöhle der Meeräsche füllen.

3. Den Backofen vorheizen.
Ober-/Unterhitze: etwa 180 °C
Heißluft: etwa 160 °C

4. Das Salz mit etwas Wasser und Eiweiß zu einem pastösen Teig verrühren. Den Boden einer feuerfesten Form oder eines Backblechs mit einem Drittel des Salzteiges belegen. Die gefüllte Meeräsche daraufgelegen und mit dem restlichen Salzteig so belegen, dass der Fisch komplett verhüllt ist.

5. Die Form auf dem Rost oder das Backblech in den vorgeheizten Backofen schieben. Die Meeräsche **etwa 25 Minuten garen.**

6. Die Zucchini abspülen, abtrocknen und die Enden abschneiden. Zucchini in etwa 5 mm dicke Scheiben schneiden. Die Artischockenherzen in einem Sieb abtropfen lassen, das Öl dabei auffangen. Artischockenherzen halbieren. Thymian abspülen und trocken tupfen. Die Blättchen von den Stängeln zupfen.

7. Das aufgefangene Öl in einer Pfanne erhitzen. Zucchinischeiben darin von beiden Seiten braten. Artischockenherzen und Thymian hinzufügen, etwa 2 Minuten mitbraten lassen. Gemüse mit Salz und Pfeffer würzen.

8. Zum Servieren die Salzkruste aufschlagen und vorsichtig vom Fisch lösen.

Tipp: Für Fische in der Salzkruste nur ungeschuppte Fische verwenden. Die Schuppen schützen das Fischfleisch vor dem Salz.

Mexikanischer Blechkuchen I
Einfach
8–10 Portionen

Pro Portion:
E: 39 g, F: 32 g, Kh: 16 g, kJ: 2120, kcal: 505

2	Brötchen (Semmeln) vom Vortag
1 ¼ kg	Gehacktes (halb Rind-, halb Schweinefleisch
4	Eier (Größe M)
4 EL	frisch gehackte Petersilie
2 EL	Schnittlauchröllchen
1 EL	frisch gehacktes Basilikum
	Salz
	frisch gemahlener Pfeffer
½ TL	Paprikapulver edelsüß
2 Dosen	Mexikanische Gemüsemischung (Abtropfgewicht je 280 g)
1 TL	rosa Pfefferbeeren
250 g	Mozzarella-Käse
evtl. einige	Stängel Thymian
evtl.	Basilikumblättchen

Zubereitungszeit: 35 Minuten
Garzeit: etwa 25 Minuten

1. Die Brötchen in kaltem Wasser einweichen und anschließend gut ausdrücken.

2. Das Gehackte in eine große Schüssel geben. Die Eier, Petersilie, Schnittlauchröllchen, Basilikum und die eingeweichten Brötchen hinzugeben und gut unterarbeiten. Masse mit Salz, Pfeffer und Paprika würzen.

3. Gemüsemischung in einem Sieb abtropfen lassen. Dann die Hälfte der Gemüsemischung unter die Gehacktesmasse geben.

4. Den Backofen vorheizen.
Ober-/Unterhitze: etwa 200 °C
Heißluft: etwa 180 °C

5. Gehacktesmasse in eine Fettpfanne (30 x 40 cm, mit Speiseöl bestrichen, mit Semmelbröseln bestreut) geben und mit einer Teigkarte verstreichen. Restliche Gemüsemischung darauf verteilen und etwas in die Gehacktesmasse drücken. Die Pfefferbeeren daraufstreuen.

6. Mozzarella abtropfen lassen und in dünne Scheiben schneiden. Die Mozzarellascheiben auf die Gehacktesmasse legen. Die Fettpfanne in den vorgeheizten Backofen schieben. Den mexikanischen Blechkuchen **etwa 25 Minuten garen.**

7. Nach Belieben Thymian und Basilikumblättchen abspülen und trocken tupfen. Den mexikanischen Blechkuchen in Quadrate oder Rechtecke schneiden. Mit Thymian und Basilikumblättchen garniert servieren.

Beilage: Ofenfrisches Roggenbaguette und einen gemischten Blattsalat oder Krautsalat.

Tipp: Den Mexikanischen Blechkuchen können Sie auch in 2 Pizzaformen (Foto, Ø 28 cm) zubereiten.

M

Mini-Paprikaschoten mit Fischfüllung I
Raffiniert
4 Portionen

Pro Portion:
E: 33 g, F: 27 g, Kh: 12 g, kJ: 1811, kcal: 432

4	kleine, rote Paprikaschoten (je etwa 100 g)
4	kleine, grüne Paprikaschoten (je etwa 100 g)

Für die Füllung:

	einige Stängel Zitronenthymian
600 g	Schellfisch
1	Ei (Größe M)
100 g	Schlagsahne
	Salz
	frisch gemahlener Pfeffer
1	kleiner Staudensellerie (etwa 400 g)
2	Fleischtomaten (je etwa 150 g)
4 EL	Olivenöl
100 g	entsteinte Oliven
200 ml	Gemüsebrühe oder -fond

Zubereitungszeit: 60 Minuten, ohne Abkühlzeit
Garzeit: 40–50 Minuten

1. Von den Paprikaschoten einen Deckel am Stielansatz abschneiden. Kerne und die weißen Scheidewände entfernen. Die Schoten abspülen und abtrocknen.

2. Für die Füllung Thymian abspülen und trocken tupfen. Die Blättchen von den Stängeln zupfen. Blättchen klein schneiden.

3. Den Backofen vorheizen.
Ober-/Unterhitze: etwa 180 °C
Heißluft: etwa 160 °C

4. Schellfisch unter fließendem kalten Wasser abspülen, trocken tupfen, in sehr kleine Würfel schneiden und in eine Schüssel geben. Thymian, Ei und Sahne hinzugeben. Die Zutaten gut vermengen, mit Salz und Pfeffer würzen. Die Fischmasse in den Paprikaschoten verteilen und in den Kühlschrank stellen.

5. Staudensellerie putzen und die harten Außenfäden abziehen. Den Sellerie abspülen, abtropfen lassen und in kleine Stücke schneiden. Die Tomaten abspülen, abtrocknen und die Stängelansätze herausschneiden. Die Tomaten vierteln, entkernen und in kleine Stücke schneiden.

6. Olivenöl in einem Bräter erhitzen. Selleriestücke darin andünsten. Oliven und Tomatenstückchen hinzugeben, mit Salz und Pfeffer würzen. Die gefüllten Paprikaschoten in den Bräter setzen. Gemüsebrühe oder -fond hinzugießen.

7. Den Bräter auf dem Rost in den vorgeheizten Backofen schieben. Die Paprikaschoten **40–50 Minuten garen.**

Beilage: Butterreis mit geriebenem Parmesan-Käse bestreut.

Moussaka | Klassisch
6 Portionen

Pro Portion:
E: 34 g, F: 46 g, Kh: 12 g, kJ: 2519, kcal: 601

1 ½ kg	Auberginen
	Salz
500 g	Tomaten
2	Zwiebeln
150 ml	Olivenöl
600 g	Gehacktes (Lamm- oder Rindfleisch)
	frisch gemahlener Pfeffer
je etwa 1 TL	gerebelter Oregano, Thymian und Basilikum
2	Knoblauchzehen
1 EL	gehackte Petersilie
300 g	Joghurt (3,5 % Fett)
125 ml (⅛ l)	Milch
2	Eier (Größe M)
150 g	geriebener mittelalter Gouda-Käse

Zubereitungszeit: 60 Minuten
Garzeit: etwa 35 Minuten

1. Auberginen abspülen, abtrocknen und die Enden abschneiden. Auberginen in ½–1 cm dicke Scheiben schneiden, mit Salz bestreuen und etwa 15 Minuten stehen lassen.

2. In der Zwischenzeit die Tomaten kreuzweise einschneiden und mit kochendem Wasser begießen. Nach 1–2 Minuten herausnehmen und mit kaltem Wasser abschrecken. Anschließend enthäuten, halbieren und die Stängelansätze herausschneiden. Die Tomaten in Scheiben schneiden. Danach die Zwiebeln abziehen und würfeln.

3. Den Backofen vorheizen.
Ober-/Unterhitze: etwa 200 °C
Heißluft: etwa 180 °C

4. Etwas Öl in einer Pfanne erhitzen. Die Auberginenscheiben mit Küchenpapier trocken tupfen, portionsweise in dem Öl von beiden Seiten anbraten und auf Küchenpapier abtropfen lassen.

5. Das restliche Öl in der Pfanne erhitzen. Die Zwiebelwürfel darin andünsten. Gehacktes hinzufügen und unter Rühren darin anbraten, dabei die Klümpchen mithilfe einer Gabel zerdrücken. Gehacktes mit Salz, Pfeffer, Oregano, Thymian und Basilikum würzen, etwa 5 Minuten schmoren. Knoblauch abziehen, durch eine Knoblauchpresse drücken und unterrühren.

6. Die Hälfte der Auberginenscheiben in eine große, flache Auflaufform (etwa 30 x 25 cm, gefettet) geben und mit Salz, Pfeffer und Petersilie bestreuen. Die Hälfte der Tomatenscheiben daraufgeben. Das Gehackte darauf verteilen und nacheinander die restlichen Auberginen- und Tomatenscheiben fächerartig darauflegen.

7. Joghurt mit Milch und Eiern verrühren und über die Zutaten gießen. Gouda darüberstreuen. Die Form auf dem Rost in den vorgeheizten Backofen schieben. Moussaka **etwa 35 Minuten garen.**

Beilage: Fladenbrot und Tomatensalat.

Nackensteaks auf dem Blech I
Gut vorzubereiten
6 Portionen

Pro Portion:
E: 42 g, F: 27 g, Kh: 2 g, kJ: 1767, kcal: 423

> 6 *Schweinenackensteaks*
> *(je etwa 180 g)*
> *Salz, frisch gemahlener Pfeffer*
> 6 TL *mittelscharfer Senf*
> 4 *mittelgroße Zwiebeln*
> 12 Scheiben *durchwachsener Speck*

Außerdem:
> *Alufolie*

Zubereitungszeit: 25 Minuten, ohne Durchziehzeit
Garzeit: etwa 90 Minuten

1. Nackensteaks unter fließendem kalten Wasser abspülen, trocken tupfen und mit Salz und Pfeffer würzen. Nackensteaks auf ein Backblech (gefettet) legen und dick mit Senf bestreichen. Zugedeckt einige Stunden (am besten über Nacht) im Kühlschrank durchziehen lassen.

2. Den Backofen vorheizen.
Ober-/Unterhitze: etwa 200 °C
Heißluft: etwa 180 °C

3. Zwiebeln abziehen und in dünne Ringe schneiden. Die Nackensteaks mit Zwiebelringen belegen, restliche Zwiebelringe darum verteilen. Die Nackensteaks dann mit den Speckscheiben belegen. Das Backblech vollständig mit Alufolie zudecken.

4. Dann das Backblech in den vorgeheizten Backofen schieben. Die Steaks **etwa 90 Minuten garen.**

5. Das Backblech auf einen Rost stellen. Die Alufolie entfernen und die Nackensteaks sofort servieren.

Beilage: Kartoffelgratin oder Bratkartoffeln und ein gemischter Salat.

Tipp: Bestreuen Sie die Zwiebelringe mit Paprika edelsüß, bevor Sie die Speckscheiben auflegen.

Nudelauflauf mit Gemüse und Schinken | Für Kinder – einfach

4 Portionen

Pro Portion:
E: 33 g, F: 24 g, Kh: 54 g, kJ: 2498, kcal: 596

2 ½ l	Wasser
2 ½ gestr. TL	Salz
250 g	Nudeln, z. B. Hörnchen, Hütchen oder Penne
250 ml (¼ l)	Fleisch- oder Gemüsebrühe
300 g	italienisches Pfannengemüse
2	Fleischtomaten
200 g	gekochter Schinken
125 ml (⅛ l)	Milch
3	Eier (Größe M)
	Salz
	frisch gemahlener Pfeffer
100 g	geriebener Mozzarella-Käse

Zubereitungszeit: 30 Minuten
Garzeit: etwa 45 Minuten

1. Das Wasser in einem großen Topf zugedeckt zum Kochen bringen. Dann Salz und Nudeln hinzugeben. Die Nudeln im geöffneten Topf bei mittlerer Hitze nach Packungsanleitung kochen lassen, dabei gelegentlich umrühren.

2. Anschließend die Nudeln in ein Sieb geben, mit Wasser abspülen und abtropfen lassen.

3. Den Backofen vorheizen.
Ober-/Unterhitze: etwa 180 °C
Heißluft: etwa 160 °C

4. Brühe in einem Topf zum Kochen bringen. Pfannengemüse hinzugeben und etwa 2 Minuten kochen lassen.

5. Tomaten kreuzweise einschneiden und mit kochendem Wasser begießen. Nach 1–2 Minuten herausnehmen und mit kaltem Wasser abschrecken. Tomaten enthäuten, halbieren und die Stängelansätze herausschneiden. Die Tomaten in Würfel schneiden. Schinken ebenfalls würfeln.

6. Milch mit Eiern in einer großen Schüssel verschlagen, mit Salz und Pfeffer würzen. Danach Tomaten-, Schinkenwürfel und das Pfannengemüse mit der Brühe hinzufügen.

7. Die Schinken-Gemüse-Masse abwechselnd mit den Nudeln in eine flache, große Auflaufform (gefettet) geben und mit Käse bestreuen.

8. Die Form auf dem Rost in den vorgeheizten Backofen schieben. Den Auflauf **etwa 45 Minuten garen**.

Nussauflauf mit Früchten I
Süße Mahlzeit
4 Portionen

Pro Portion:
E: 7 g, F: 37 g, Kh: 34 g, kJ: 2091, kcal: 500

    50 g Kirschen
    50 g grüne, kernlose Trauben
    50 g Johannisbeeren
    50 g Himbeeren
  100 g Möhren
  100 g Butter
    2 EL Honig
    2 Eigelb (Größe M)
  1 Pck. Dr. Oetker Finesse
    Geriebene Zitronenschale
    30 g gemahlene Mandeln
    50 g gemahlene Haselnüsse
    80 g Speisestärke
 ½ Pck. Dr. Oetker Backin
    2 Eiweiß (Größe M)
 1 Msp. gemahlene Gewürznelken

Zubereitungszeit: 35 Minuten
Backzeit: 30–35 Minuten

1. Kirschen, Trauben und Johannisbeeren abspülen, trocken tupfen und entstielen. Himbeeren verlesen, vorsichtig abspülen und trocken tupfen.

2. Die Möhren putzen, schälen, abspülen, abtropfen lassen und fein raspeln.

3. Den Backofen vorheizen.
Ober-/Unterhitze: etwa 200 °C
Heißluft: etwa 180 °C

4. Butter mit Handrührgerät mit Rührbesen schaumig schlagen, Honig und Eigelb unterrühren.

5. Die Zitronenschale, Mandeln, Haselnüsse und Möhrenraspel unterheben. Speisestärke mit Backpulver vermischen, daraufsieben und untermischen.

6. Das Eiweiß steif schlagen und vorsichtig mit den gemahlenen Gewürznelken unter den Teig heben.

7. Die Früchte vorsichtig unter den Teig heben und in einer Kastenform (etwa 25 x 11 cm, gefettet) verteilen.

8. Die Kastenform auf dem Rost im unteren Drittel in den vorgeheizten Backofen schieben. Den Nussauflauf **30–35 Minuten backen.**

9. Den Auflauf in der Form auf einen Kuchenrost stellen und etwa 10 Minuten abkühlen lassen.

10. Dann den Auflauf aus der Form aus der Form lösen und stürzen. Nussauflauf in Portionsstücke schneiden und servieren.

Tipp: Dazu eine **eiskalte Minzsauce** servieren. Dafür 500 g Schlagsahne mit 1 Esslöffel Honig etwas einkochen lassen (3–4 Minuten). 1 kleines Bund Minze abspülen und trocken tupfen. Die Minzeblätter von den Stängeln zupfen und in die Sahne geben, den Topf von der Kochstelle nehmen. Minzsahne etwa 30 Minuten ziehen lassen, dann fein pürieren. Die Sauce zugedeckt in einem gefriergeeigneten Behälter in einen Gefrierschrank stellen und leicht gefrieren lassen. Den warmen Nussauflauf mit der kalten Minzsauce und einigen Minzeblättchen anrichten und servieren.

Ofenfilet all' italiana I
Raffiniert
4 Portionen

Pro Portion:
E: 40 g, F: 15 g, Kh: 6 g, kJ: 1347, kcal: 322

600 g	festes Fischfilet, z. B. Lengfisch, Atlantik-Seelachs, Lachsforelle (frisch oder TK)
1	Bio-Zitrone (unbehandelt, ungewachst)
500 g	Fleischtomaten
	Salz
	frisch gemahlener Pfeffer
etwas	frischer Rosmarin, Thymian oder Basilikum
125 g	Mozzarella-Käse
4 EL	frisch geriebener Parmesan-Käse
1 EL	Vollkorn-Semmelbrösel
einige	Basilikumblättchen

Zubereitungszeit: 20 Minuten
Garzeit: etwa 25 Minuten

1. Fischfilets (TK-Fischfilets vorher auftauen lassen) kurz unter fließendem kalten Wasser abspülen, trocken tupfen und in 4 Portionen teilen.

2. Zitrone heiß abwaschen, abtrocknen und die Schale abreiben. Von der Zitronenschale etwa 1 Teelöffel abmessen. Zitrone halbieren, den Saft auspressen und 2 Esslöffel abmessen. Fischfiletstücke mit 2 Esslöffeln Zitronensaft beträufeln.

3. Den Backofen vorheizen.
Ober-/Unterhitze: etwa 180 °C
Heißluft: etwa 160 °C

4. Tomaten kreuzweise einschneiden und mit kochendem Wasser begießen. Nach 1–2 Minuten herausnehmen und mit kaltem Wasser abschrecken. Anschließend enthäuten, halbieren und die Stängelansätze herausschneiden. Tomatenhälften in dicke Scheiben schneiden.

5. Die Fischfiletstücke in einer flachen Auflaufform (mit Butter ausgestrichen) verteilen. Fischstücke mit Salz, Pfeffer und Zitronenschale würzen. Die Tomatenscheiben dachziegelartig auf die Fischfiletstücke legen, diese auch mit Salz und Pfeffer würzen.

6. Kräuter abspülen und trocken tupfen. Die Blättchen bzw. Nadeln von den Stängeln zupfen. Blättchen und Nadeln klein schneiden und auf den Tomatenscheiben verteilen.

7. Den Mozzarella abtropfen lassen, in dünne Scheiben schneiden und auf die Tomatenscheiben legen. Parmesan-Käse mit Semmelbröseln mischen und daraufstreuen. Form auf dem Rost in den vorgeheizten Backofen schieben. Ofenfilets **etwa 25 Minuten garen.**

8. Basilikumblättchen abspülen und trocken tupfen. Die Ofenfilets auf einer vorgewärmten Platte anrichten und mit den Basilikumblättchen bestreut servieren.

Beilage: Tomatensalat und Roggenvollkornbrot oder Vollkornreis.

Ofengemüse mit Käsehaube I
Vegetarisch
4 Portionen

Pro Portion:
E: 20 g, F: 16 g, Kh: 55 g, kJ: 1843, kcal: 441

3	Möhren (250 g)
1 ¼ kg	große Kartoffeln
1	mittelgroße Zucchini (250 g)
1 Stange	Porree (250 g)
	Salzwasser
	Salz
	frisch gemahlener Pfeffer
125 ml (⅛ l)	Gemüsebrühe
100 ml	fettarme Milch (1,5 % Fett)
150 g	Crème légère
2	Eier (Größe M)
	Kümmel
	frisch geriebene Muskatnuss
1 Bund	Schnittlauch
100 g	Gratin-Käse (42 % Fett)

Zubereitungszeit: 40 Minuten
Garzeit: etwa 45 Minuten

1. Den Backofen vorheizen.
Ober-/Unterhitze: etwa 200 °C
Heißluft: etwa 180 °C

2. Die Möhren putzen. Möhren und Kartoffeln schälen, abspülen, abtropfen lassen und in dünne Scheiben schneiden oder hobeln. Zucchini abspülen, abtrocknen und die Enden abschneiden. Die Zucchini ebenfalls in Scheiben schneiden. Porree putzen, gründlich abspülen, abtropfen lassen und in Ringe schneiden.

3. Salzwasser in einem Topf zum Kochen bringen. Die Kartoffel- und Möhrenscheiben darin etwa 5 Minuten vorgaren, mit einem Schaumlöffel herausnehmen und abtropfen lassen. Die Zucchini- und Porreescheiben darin etwa 1–2 Minuten vorgaren. Die Zucchini- und Porreescheiben anschließend ebenfalls abtropfen lassen.

4. Gemüse in eine Auflaufform (gefettet) einschichten, zwischendurch mit Salz und Pfeffer bestreuen. Gemüsebrühe, Milch, Crème légère und Eier verquirlen, mit Salz, Kümmel, Muskat und Pfeffer kräftig würzen.

5. Den Schnittlauch abspülen, trocken tupfen, in feine Röllchen schneiden und hinzugeben. Die Eiermilch auf das Gemüse gießen und den Gratin-Käse darauf verteilen. Die Form auf dem Rost in den vorgeheizten Backofen schieben. Das Ofengemüse **etwa 45 Minuten garen.**

6. Das Ofengemüse **zum Ende der Backzeit evtl.** mit Alufolie zudecken, damit der Käse nicht zu dunkel wird.

Ofengulasch mit Möhren und Kartoffeln | Deftig
4–6 Portionen

Pro Portion:
E: 48 g, F: 32 g, Kh: 36 g, kJ: 2646, kcal: 631

1 kg	Rindergulasch
500 g	Zwiebeln
80 g	Butter
	Salz
	frisch gemahlener Pfeffer
15 g	Paprikapulver edelsüß
15 g	Paprikapulver rosenscharf
30 g	Weizenmehl
1 EL	Tomatenmark mit Würzgemüse
1 l	Tomatensaft
1 l	Rinderfond
150 g	Pastinaken
300 g	Möhren
600 g	Kartoffeln
2 EL	gehackte Petersilie

Zubereitungszeit: 40 Minuten
Garzeit: etwa 90 Minuten

1. Rindergulasch mit Küchenpapier trocken tupfen und in ganz kleine Stücke schneiden (jedes Gulaschstück achteln). Zwiebeln abziehen und würfeln.

2. Den Backofen vorheizen.
Ober-/Unterhitze: etwa 200 °C
Heißluft: etwa 180 °C

3. Butter in einem Bräter erhitzen. Die Fleischstücke darin unter Rühren 3–4 Minuten anbraten. Zwiebelwürfel dazugeben und weitere 3–4 Minuten mitbraten. Das Ganze mit Salz und Pfeffer würzen.

4. Das Paprikapulver und Mehl daraufstäuben und so lange verrühren (am besten mit einem Kochlöffel), bis vom Paprikapulver und Mehl nichts mehr zu sehen ist. Den Bräter auf dem Rost im unteren Drittel in den vorgeheizten Backofen schieben und das Fleisch **etwa 10 Minuten garen.**

5. Dann Tomatenmark unterrühren. Tomatensaft und Fond hinzugießen und unterrühren. Das Fleisch sollte jetzt mit Sauce bedeckt sein. Den Bräter zugedeckt wieder in den vorgeheizten Backofen schieben und die **Backofentemperatur um etwa 20 °C auf Ober-/Unterhitze: etwa 180 °C, Heißluft: etwa 160 °C herunterschalten.** Das Gulasch **weitere etwa 50 Minuten garen.**

6. In der Zwischenzeit Pastinaken und Möhren putzen. Kartoffeln, Pastinaken und Möhren schälen, abspülen, abtropfen lassen und wie das Gulaschfleisch in ganz kleine Würfel schneiden.

7. Die Gemüsewürfel in den Bräter geben und das Ganze **weitere etwa 30 Minuten garen.**

8. Das Ofengulasch mit gehackter Petersilie bestreuen und servieren.

Tipp: Das Ofengulasch mit 1 Esslöffel Crème fraîche verfeinern.

Ofenkartoffeln | Einfach
4 Portionen

Pro Portion:
E: 6 g, F: 12 g, Kh: 38 g, kJ: 1207, kcal: 289

    8 mehligkochende Kartoffeln
      (etwa 1 kg)
      Salz

Für die Sauce:
  150 g Crème fraîche
    1 EL gehackte Petersilie
      frisch gemahlener Pfeffer
evtl. einige Kümmelsamen

Außerdem:
      Alufolie

Zubereitungszeit: 20 Minuten
Garzeit: 45–60 Minuten

1. Den Backofen vorheizen.
Ober-/Unterhitze: etwa 200 °C
Heißluft: etwa 180 °C

2. Die Kartoffeln gründlich waschen, evtl. abbürsten, trocken tupfen und der Länge nach etwa 1 cm tief einschneiden. Die Einschnitte salzen. Die Kartoffeln einzeln in Alufolie (gefettet) wickeln und auf dem Rost im unteren Drittel in den vorgeheizten Backofen schieben. Kartoffeln je nach Größe **45–60 Minuten garen.**

3. Inzwischen für die Sauce Crème fraîche mit Petersilie verrühren, mit Salz und Pfeffer würzen. Nach Belieben mit etwas Kümmel abschmecken.

4. Wenn die Kartoffeln gar sind, die Alufolie öffnen, die Kartoffeln mit 2 Gabeln aufbrechen und mit der Sauce füllen.

Tipps: Die Folienkartoffeln zu gegrilltem Fleisch oder Gemüse, zu Steaks oder als Snack servieren. Sehr große Kartoffeln (je etwa 250 g, dann genügt 1 Kartoffel pro Person) sind unter der Bezeichnung Backkartoffeln zu bekommen.

Rezeptvariante: Für **Ofenkartoffeln mit Lachs** (im Foto vorn) zusätzlich 100 g Räucher- oder Graved Lachs in sehr feine Streifen schneiden. Crème fraîche und Lachsstreifen in die heißen Kartoffeln füllen.

Ofentomaten mit Couscous-Füllung | Für Gäste

4 Portionen

Pro Portion:
E: 18 g, F: 26 g, Kh: 40 g, kJ: 1954, kcal: 466

30 g	Pinienkerne
1	gelbe Paprikaschote
4	Fleischtomaten
325 ml	Gemüsebrühe
150 g	Couscous
einige	
Stängel	Koriander
100 g	Doppelrahm-Frischkäse
100 ml	Milch
1 Msp.	gemahlener Kreuzkümmel
	Salz
	frisch gemahlener Pfeffer
100 g	Sucuk (Rohwurst aus der Türkei)
	oder 100 g Chorizo
	(Rohwurst aus Spanien)
3–4 EL	Kartoffelchips
	(orientalisch gewürzt)

Zubereitungszeit: 35 Minuten
Garzeit: etwa 15 Minuten

1. Die Pinienkerne in einer Pfanne ohne Fett leicht anrösten, dann aus der Pfanne nehmen und erkalten lassen.

2. Paprikaschote halbieren, entstielen, entkernen und die weißen Scheidewände entfernen. Schote abspülen, abtropfen lassen und in kleine Würfel schneiden.

3. Tomaten abspülen, abtrocknen und einen Deckel abschneiden (dabei den Stängelansatz mit abschneiden). Die Deckel in kleine Würfel schneiden, dabei die Stängelansätze herausschneiden. Tomaten vorsichtig aushöhlen und das Fruchtfleisch beiseitestellen.

4. Von der Gemüsebrühe 200 ml zum Kochen bringen. Die Paprikawürfel hinzugeben und etwa 2 Minuten köcheln lassen. Dann Couscous hinzufügen und das Ganze weitere etwa 3 Minuten bei schwacher Hitze ziehen lassen.

5. Koriander abspülen, trocken tupfen und die Blättchen von den Stängeln zupfen. Einige Blättchen zum Garnieren beiseitelegen. Restliche Blättchen hacken.

6. Frischkäse mit Milch verrühren. Nach und nach Tomatenwürfel, gehackte Korianderblättchen und Kreuzkümmel hinzufügen.

7. Das Ganze unter den Couscous heben und mit Salz und Pfeffer würzen.

8. Die Wurst in kleine Würfel schneiden. Eine Pfanne ohne Fett erwärmen, Wurstwürfel darin kurz anbraten.

9. Wurstwürfel zusammen mit den Pinienkernen zum bunten Couscous geben und alles in die ausgehöhlten Tomaten füllen.

10. Den Backofen vorheizen.
Ober-/Unterhitze: etwa 200 °C
Heißluft: etwa 180 °C

11. Das beiseitegestellte Tomatenfruchtfleisch mit 125 ml ($\frac{1}{8}$ l) Wasser in einem Topf kurz aufkochen lassen. Die restliche Brühe einrühren.

12. Tomatensauce mit Salz und Pfeffer würzen und in eine Auflaufform (gefettet) geben. Die gefüllten Tomaten darauf verteilen.

13. Die Auflaufform auf dem Rost im unteren Drittel in den vorgeheizten Backofen schieben. Die Ofentomaten **etwa 10 Minuten garen.**

14. Die Kartoffelchips vorsichtig zerbröseln und auf den gefüllten Tomaten verteilen. Die Ofentomaten **weitere etwa 5 Minuten garen.**

15. Die Ofentomaten mit den beiseitegelegten Korianderblättchen garnieren und servieren.

Tipps: Dazu eisgekühlten Ayran (türkisches Erfrischungsgetränk auf der Basis von Joghurt) reichen. Statt der Couscous-Füllung können Sie auch eine Bulgur-Füllung zubereiten. Dazu einfach Couscous durch Bulgur (nach Packungsanleitung zubereiten) ersetzen.

Orangenhähnchen vom Blech I
Einfach
6 Portionen

Pro Portion:
E: 53 g, F: 48 g, Kh: 28 g, kJ: 3172, kcal: 758

4	Hähnchenkeulen (je 230–250 g)
4	Hähnchenbrustfilets (mit Haut, je etwa 230 g)
	Salz
	frisch gemahlener Pfeffer
1 TL	Currypulver, z. B. Thai-Currypulver
3–4	Orangen
125 ml (1/8 l)	Olivenöl
4	Knoblauchzehen
400–500 g	rote Zwiebeln
800 g	neue, kleine Kartoffeln
einige	Stängel Thymian

Zubereitungszeit: 30 Minuten
Garzeit: etwa 75 Minuten

1. Hähnchenkeulen und -brustfilet unter fließendem kalten Wasser abspülen und trocken tupfen. Die Hähnchenteile mit Salz, Pfeffer und Currypulver würzen und gut einmassieren. Die Teile mit der Hautseite nach oben in einer Fettpfanne verteilen.

2. Orangen halbieren und auspressen. Den Saft mit dem Olivenöl in eine Schüssel geben.

3. Knoblauch und Zwiebeln abziehen. Den Knoblauch durch eine Knoblauchpresse in die Orangensaft-Öl-Mischung pressen. Die Zwiebeln sechsteln, sodass kleine Schiffchen entstehen.

4. Kartoffeln gründlich unter fließendem kalten Wasser waschen und abbürsten, je nach Größe halbieren oder vierteln. Kartoffeln und Zwiebelschiffchen ebenfalls in die Saft-Öl-Mischung geben.

5. Thymian abspülen und trocken tupfen. Die Blättchen von den Stängeln zupfen. Einige Blättchen zum Garnieren beiseitelegen. Restliche Blättchen ebenfalls in die Saft-Öl-Mischung geben, mit Salz und Pfeffer würzen und alles gut vermengen.

6. Die Mischung in die Fettpfanne gießen, dabei auch die Hähnchenteile mit der Marinade begießen.

7. Die Fettpfanne im unteren Drittel in den nicht vorgeheizten Backofen schieben.
Ober-/Unterhitze: etwa 200 °C
Heißluft: etwa 180 °C
Die Hähnchenteile **etwa 75 Minuten garen.**

8. Orangenhähnchen vom Blech mit den beiseitegelegten Thymianblättchen garniert servieren.

Tipp: Dazu Fladenbrot reichen, um die restliche, köstliche Orangen-Olivenöl-Mischung vom Blech aufsaugen zu können.

Rezeptvariante: Für **Salbeihähnchen** (6 Portionen) 1–1 1/4 kg Hähnchenbrustfilet unter fließendem kalten Wasser abspülen, trocken tupfen und in eine Schale legen. Schale und Saft von 3–4 Bio-Zitronen (unbehandelt, ungewachst), 6 fein gewürfelte Chilischoten, 20 abgespülte Salbeiblättchen und 6 Esslöffel Olivenöl verrühren. Hähnchenbrustfilet zugedeckt im Kühlschrank 1–2 Stunden unter mehrmaligem Wenden darin marinieren. Den Backofen auf Ober-/Unterhitze: etwa 95 °C vorheizen. 3 Esslöffel Olivenöl in einem Bräter erhitzen. Filet trocken tupfen und darin von allen Seiten gut anbraten. Mit Salz und Pfeffer würzen. Marinade darauf verteilen. Den Bräter auf dem Rost in den vorgeheizten Backofen schieben. Hähnchenbrustfilet etwa 30 Minuten garen.

Paprika „Olé" (Paprikaschoten, gefüllt mit Reis) I

Vegetarisch

4 Stück

Pro Stück:

E: 6 g, F: 24 g, Kh: 35 g, kJ: 1582, kcal: 377

4	große, grüne Paprikaschoten
1	Aubergine (etwa 250 g)
2	Zwiebeln
1	Knoblauchzehe
6	Tomaten (etwa 350 g)
8 EL	Olivenöl
120 g	Rundkornreis
400 ml	Gemüsebrühe
	Salz
	Chilipulver
½ Bund	Koriander oder 1 geh. Msp. gemahlener Koriander
8 Stängel	glatte Petersilie

Zubereitungszeit: 30 Minuten

Garzeit: etwa 45 Minuten

1. Paprikaschoten abspülen, abtrocknen, am Stielende einen Deckel abschneiden und mithilfe eines Löffels die Kerne und die weißen Scheidewände entfernen. Schoten abspülen, gut abtropfen lassen. Aubergine abspülen, abtrocknen und das Ende abschneiden. Die Aubergine in etwa 1 cm kleine Würfel schneiden.

2. Die Zwiebeln und Knoblauchzehe abziehen und fein würfeln. Tomaten abspülen, abtrocknen, halbieren und die Stängelansätze herausschneiden. Tomaten grob würfeln.

3. Backofen vorheizen.

Ober-/Unterhitze: etwa 200 °C

Heißluft: etwa 180 °C

4. Öl in einer Pfanne erhitzen. Die Auberginenwürfel darin von allen Seiten bei mittlerer bis großer Hitze kräftig anbraten. Die Zwiebel- und Knoblauchwürfel hinzugeben und andünsten. Reis zugeben und unter Rühren glasig dünsten.

5. Die Tomatenwürfel zu der Reismasse geben. Mit 250 ml (¼ l) Brühe auffüllen, einmal aufkochen und etwa 12 Minuten bei schwacher Hitze kochen lassen. Etwa 5 Minuten bei abgeschalteter Kochstelle ausquellen lassen. Reismasse mit Salz und Chilipulver würzen.

6. Inzwischen Koriander abspülen, trocken tupfen, Blättchen von den Stängeln zupfen. Blättchen fein schneiden und unter die Reismasse mischen. Die Masse in die vorbereiteten Paprikaschoten füllen. Die Schoten in eine Auflaufform (gefettet) setzen und die restliche Brühe darum verteilen. Die Paprikadeckel wieder aufsetzen. Die Form auf dem Rost in den vorgeheizten Backofen schieben. Die Paprikaschoten **etwa 45 Minuten garen.**

7. Petersilie abspülen, trocken tupfen, Blättchen von den Stängeln zupfen und fein schneiden. Die Paprikaschoten mit Petersilie bestreuen und nach Belieben mit etwas Garflüssigkeit servieren.

Rezeptvariante 1: Für **Auberginen „französisch"** (4 Stück) 4 kleine Auberginen abspülen, abtrocknen, der Länge nach einen Deckel abschneiden. Fruchtfleisch mit einem Teelöffel herauslösen, einen etwa ½ cm breiten Rand stehen lassen. Fruchtfleisch fein würfeln. 1 kleine Gemüsezwiebel abziehen, fein würfeln. 2 Knoblauchzehen abziehen, mit 1 Prise Salz zu einer Paste zerdrücken. 4 Fleischtomaten abspülen, abtrocknen, halbieren, entkernen. Die Stängelansätze herausschneiden. Tomaten in kleine Stücke schneiden. 8 Stängel Basilikum abspülen, trocken tupfen, Blättchen von den Stängeln zupfen. Blättchen fein hacken. Auberginen in kochendem Salzwasser etwa 3 Minuten blanchieren, in ein Sieb geben, mit kaltem Wasser abspülen, abtropfen lassen. Auberginen in eine Auflaufform (gefettet) setzen. 4 Esslöffel Öl in einem Topf erhitzen, etwa drei Viertel der Zwiebelwürfel hinzugeben, glasig andünsten. Auberginenwürfel und Tomatenstücke hinzufügen, etwa 10 Minuten schmoren. Knoblauchpaste und Basilikum unterrühren, mit Salz und Pfeffer würzen. Auberginen mit der Auberginen-Tomaten-Masse füllen und mit 5 Esslöffeln geriebenem Emmentaler Käse bestreuen. Die Auberginen auf dem Rost in den Backofen schieben, bei angegebener Backofeneinstellung etwa 30 Minu-

ten garen. Für eine Sauce etwa 1 Esslöffel Öl in einem Topf erhitzen, die restlichen Zwiebelwürfel darin glasig dünsten. 1 Dose Tomatenstücke (400 g) unterheben, unter Rühren zum Kochen bringen. Die Tomatensauce mit 1 Päckchen 8-TK-Kräuter, Salz und Pfeffer würzen. Gefüllte Auberginen mit der Sauce servieren und nach Belieben mit Basilikumblättchen garnieren.

Rezeptvariante 2: Für **Champignons „italienisch"** (4 Stück) von 4 Riesenchampignons die Stielenden abschneiden und die Champignons putzen, evtl. mit Küchenpapier abreiben. Die Stiele aus den Champignonköpfen drehen und aus den Köpfen die Lamellen herausschaben. Köpfe und Stiele abspülen und trocken tupfen. Stiele fein würfeln. 2 Tomaten abspülen, abtrocknen, halbieren und die Stängelansätze herausschneiden. Tomaten fein würfeln. 2 Scheiben Schinkenspeck in kleine Würfel schneiden. 1 kleine Zwiebel abziehen, fein würfeln. 1 Esslöffel Butter zerlassen. Speck- und Zwiebelwürfel darin andünsten. Champignonwürfel zufügen und mitdünsten. Tomatenwürfel unterrühren, mit Salz, Pfeffer und ½ Päckchen Italienische-TK-Kräuter würzen, 6–8 Minuten dünsten. Die Champignonköpfe innen mit Salz und Pfeffer bestreuen, die Füllung hineingeben und in eine kleine Auflaufform (gefettet) geben. 2 Esslöffel geriebenen Parmesan daraufstreuen. 100 g Schlagsahne mit 1 Esslöffel Tomatenmark, Salz und Pfeffer und ½ Teelöffel getrocknetem Oregano in einem Topf zum Kochen bringen. Sauce in die Form gießen. Die Champignons auf dem Rost in den Backofen schieben, bei angegebener Backofeneinstellung etwa 30 Minuten garen.

Paprikapastete mit Blätterteig I
Vegetarisch
4 Portionen

Pro Portion:
E: 18 g, F: 36 g, Kh: 31 g, kJ: 2168, kcal: 518

225 g	TK-Blätterteig
je 1	rote, gelbe und grüne Paprikaschote
2	Zwiebeln
1	Zucchini (etwa 150 g)
1 Topf	glatte Petersilie
	Salz, frisch gemahlener Pfeffer
200 g	Doppelrahm-Frischkäse
4	Eier (Größe M)
¼ TL	Pul Biber (geschrotete Pfefferschoten)

Zubereitungszeit: 30 Minuten, ohne Auftauzeit
Backzeit: 30–35 Minuten

1. Blätterteigplatten zugedeckt nebeneinander nach Packungsanleitung auftauen lassen.

2. Die Paprikaschoten halbieren, entstielen, entkernen und die weißen Scheidewände entfernen. Schoten abspülen und in Viertel schneiden. Wasser in einem Topf zum Kochen bringen. Die Paprikaviertel darin etwa 6 Minuten kochen, danach in ein Sieb abgießen, mit kaltem Wasser abschrecken und enthäuten.

3. Die Zwiebeln abziehen, halbieren und in Scheiben schneiden. Zucchini abspülen, abtropfen lassen und die Enden abschneiden. Zucchini längs halbieren und in kleine Würfel schneiden.

4. Petersilie abspülen, trocken tupfen und die Blättchen von den Stängeln zupfen. Blättchen fein hacken. Zwiebel- und Zucchiniwürfel mit der Petersilie vermischen und mit Salz und Pfeffer abschmecken. Frischkäse mit Eiern verrühren und mit Salz, Pfeffer und Pul Biber würzen.

5. Den Backofen vorheizen.
Ober-/Unterhitze: etwa 200 °C
Heißluft: etwa 180 °C

6. Die Blätterteigplatten aufeinanderlegen und auf einer leicht bemehlten Arbeitsfläche zu einer runden Platte (Ø 30–32 cm) ausrollen. Die Blätterteigplatte in eine Tarte- oder Pizzaform (Ø 28 cm, gefettet) legen und mehrmals mit einer Gabel einstechen.

7. Zucchinimischung auf dem Teigboden verteilen und Paprikaviertel darauflegen. Frischkäsemasse daraufgeben und vorsichtig verstreichen. Die Form auf dem Rost im unteren Drittel in den vorgeheizten Backofen schieben. Die Pastete **30–35 Minuten backen.**

8. Nach dem Backen die Paprikapastete vierteln und sofort servieren.

Tipp: Sie können auch 1 Packung Blätterteig aus dem Kühlregal (Ø 32 cm, 230 g) verwenden.

Paprika-Reis-Auflauf I
Gut vorzubereiten
4–6 Portionen

Pro Portion:
E: 42 g, F: 38 g, Kh: 54 g, kJ: 3067, kcal: 731

2	Zwiebeln
2	Knoblauchzehen
2 EL	Olivenöl
3 Dosen	stückige Tomaten (je 400 g)
6 Stängel	Oregano
	Salz, frisch gemahlener Pfeffer
	gemahlener Kreuzkümmel (Cumin)
je 2	rote, grüne und gelbe Paprikaschoten
	Wasser
1 TL	Salz
250 g	Langkornreis
1 EL	Olivenöl
750 g	Gehacktes (halb Rind-, halb Schweinefleisch)
100 g	geriebener Gouda-Käse

Zum Garnieren:
4 Stängel Oregano

Zubereitungszeit: 50 Minuten
Garzeit: etwa 35 Minuten

1. Zwiebeln und Knoblauch abziehen und fein würfeln. Olivenöl in einer großen Pfanne erhitzen. Zwiebel- und Knoblauchwürfel darin glasig dünsten. Tomatenstücke hinzugeben und unter Rühren etwas einkochen lassen. Oregano abspülen und trocken tupfen. Die Blättchen von den Stängeln zupfen und fein hacken. Die Sauce mit Salz, Pfeffer, Oregano und Kreuzkümmel würzen.

2. Paprika halbieren, entstielen, entkernen und die weißen Scheidewände entfernen. Schoten abspülen und abtropfen lassen. Wasser in einem großen Topf zum Kochen bringen. Paprika 10–15 Minuten darin garen. Paprika in ein Sieb geben und kurz mit kaltem Wasser übergießen, gut abtropfen lassen. Die Haut von den Paprikaschoten abziehen.

3. Das Wasser und Salz in einem Topf zum Kochen bringen. Den Reis dazugeben und nach Packungsanleitung zubereiten. Den gegarten Reis in einem Sieb abtropfen lassen.

4. Den Backofen vorheizen.
Ober-/Unterhitze: etwa 200 °C
Heißluft: etwa 180 °C

5. Olivenöl in einer Pfanne erhitzen, Gehacktes hinzufügen und unter Rühren 5–10 Minuten braten. Dabei die Fleischklümpchen mit einer Gabel zerdrücken, mit Salz, Pfeffer, Oregano und Kreuzkümmel würzen.

6. Paprikaschoten, den Reis und das Gehackte in eine flache Auflaufform (gefettet) schichten. Tomatensauce darübergießen und mit Käse bestreuen.

7. Die Form auf dem Rost in den vorgeheizten Backofen schieben. Den Auflauf **etwa 35 Minuten garen.**

8. Zum Garnieren Oreganostängel abspülen und trocken tupfen, den Auflauf damit garnieren.

Party-Baguettes | Gut vorzubereiten
24 Stück

Pro Stück:
E: 17 g, F: 19 g, Kh: 18 g, kJ: 1319, kcal: 318

- 6 mittelgroße Tomaten
- 2 gelbe Paprikaschoten
- 200 g Salatgurke
- 2 rote Zwiebeln
- 12 Baguette-Brötchen (je etwa 60 g)
- 500 g Kräuter-Crème-fraîche
- 150 g Salamischeiben
- 500 g mittelalter Gouda-Käse (in Scheiben)
- 200 g Putenbrustaufschnitt
- 200 g gekochter Schinken (in Scheiben)
- 250 g Raclette-Käse (in Scheiben)
- ½ Bund Basilikum
- ½ Bund glatte Petersilie
- grob gemahlener Pfeffer

Zubereitungszeit: 40 Minuten
Backzeit: 10–15 Minuten

1. Die Tomaten abspülen, abtrocknen, halbieren, die Stängelansätze herausschneiden. Tomaten in Scheiben schneiden. Paprika halbieren, entstielen, entkernen und die weißen Scheidewände entfernen. Schoten abspülen, abtropfen lassen und in Streifen schneiden.

2. Gurke abspülen, abtrocknen und in dünne Scheiben schneiden. Zwiebeln abziehen. Zuerst in dünne Scheiben schneiden und dann in Ringe teilen.

3. Den Backofen vorheizen.
Ober-/Unterhitze: etwa 200 °C
Heißluft: etwa 180 °C

4. Die Baguette-Brötchen waagerecht aufschneiden. Baguettehälften mit Kräuter-Crème-fraîche bestreichen. 8 Baguettehälften nacheinander mit Tomaten-, Salamischeiben und der Hälfte der Gouda-Scheiben belegen.

5. Auf weitere 8 Baguettehälften nacheinander Gurkenscheiben, Putenbrustaufschnitt und die restlichen Gouda-Scheiben legen. Die restlichen Baguettehälften nacheinander mit Paprikastreifen, gekochtem Schinken und Raclette-Käse belegen.

6. Alle Brötchenhälften auf Backbleche (mit Backpapier belegt) legen und nacheinander (bei Heißluft zusammen) in den vorgeheizten Backofen schieben. Die Baguettes **10–15 Minuten überbacken.**

7. Basilikum und Petersilie abspülen und trocken tupfen. Die Blättchen von den Stängeln zupfen und in Streifen schneiden. Baguettes nach dem Backen mit Zwiebelringen belegen und mit Pfeffer und Kräutern bestreuen.

Pastete mit Schafkäse | Für Gäste
4–6 Portionen

Pro Portion:
E: 35 g, F: 37 g, Kh: 52 g, kJ: 2946, kcal: 704

2	Zwiebeln
2 EL	Olivenöl
500 g	Rindergehacktes
	Salz
	frisch gemahlener Pfeffer
1 EL	Paprikapulver edelsüß
1/4 TL	Pul Biber
	(geschrotete Pfefferschoten)
1/2 Bund	glatte Petersilie
200 g	Schafkäse
300 g	Krautsalat
etwa 300 g	Yufka- oder Filoteig
250 g	Zaziki
1–2 EL	Olivenöl

Zubereitungszeit: 45 Minuten
Backzeit: 30–35 Minuten

1. Zwiebeln abziehen, halbieren und in Ringe schneiden. Olivenöl in einer Pfanne erhitzen. Die Zwiebelringe darin anbraten. Gehacktes hinzufügen und unter Rühren darin anbraten, dabei die Fleischklümpchen mit einer Gabel zerdrücken. Gehacktes mit Salz, Pfeffer, Paprikapulver und Pul Biber würzen.

2. Petersilie abspülen, trocken tupfen und die Blättchen von den Stängeln zupfen. Schafkäse fein zerkrümeln. Krautsalat in einem Sieb abtropfen lassen.

3. Den Backofen vorheizen.
Ober-/Unterhitze: etwa 180 °C
Heißluft: etwa 160 °C

4. Eine Springform (Ø 28 cm, gefettet) mit etwa einem Drittel der Teigplatten so auslegen, dass auch die Ränder der Form mit Teig bedeckt sind. Nacheinander Gehacktes, Zaziki, Krautsalat, Schafkäsekrümel und Petersilie daraufschichten. Die restlichen Teigplatten dünn mit Olivenöl einstreichen und darauflegen.

5. Die Form auf dem Rost im unteren Drittel in den vorgeheizten Backofen schieben. Danach die Pastete **30–35 Minuten backen.**

6. Die Pastete nach dem Backen etwas ruhen lassen, dann den Springformrand lösen und entfernen. Die Pastete mit einem Sägemesser in Stücke schneiden.

Tipps: Die Filo- bzw. Yufkateigplatten gibt es in unterschiedlichen Packungsgrößen. Die Platten lassen sich gut mit einer Haushaltsschere zurechtschneiden.

Pfefferlachs | Schnell
4 Portionen

Pro Portion:
E: 37 g, F: 25 g, Kh: 21 g, kJ: 1920, kcal: 459

1 TL	weiße Pfefferkörner
1 TL	schwarze Pfefferkörner
50 g	Butter
2 Stängel	Petersilie
1–2 EL	flüssiger Honig
5 EL	Semmelbrösel
einige	rote Pfefferkörner
	Salz
750 g	Lachsfilet
3 EL	Olivenöl
	frisch gemahlener Pfeffer
1 Prise	Zucker

Zubereitungszeit: 25 Minuten
Garzeit: 5–7 Minuten

1. Die Pfefferkörner im Mörser zerstoßen und in einer Pfanne ohne Fett rösten, bis ein duftender Rauch aufsteigt. Pfefferkörner in eine Schüssel geben. Butter zerlassen.

2. Petersilie abspülen und trocken tupfen. Die Blätter von den Stängeln zupfen. Blätter klein schneiden.

3. Butter, Honig, Semmelbrösel und Petersilie zu den zerstoßenen Pfefferkörnern in die Schüssel geben und gut vermischen. Rote Pfefferkörner unterrühren. Die Masse mit Salz abschmecken.

4. Den Backofen vorheizen.
Ober-/Unterhitze: etwa 220 °C
Heißluft: etwa 200 °C

5. Das Lachsfilet unter fließendem kalten Wasser abspülen, mit Küchenpapier trocken tupfen und in 4 gleich große Stücke schneiden.

6. Olivenöl in einer großen Pfanne erhitzen. Lachsstücke darin von beiden Seiten kurz anbraten, mit Salz, Pfeffer und 1 Prise Zucker würzen.

7. Die Lachsstücke aus der Pfanne nehmen und mit der Hautseite nach oben auf ein Backblech (mit Backpapier belegt) legen. Die Pfefferbröselmasse auf den Lachsstücken verteilen und etwas andrücken.

8. Das Backblech in den vorgeheizten Backofen schieben. Die Lachsstücke **5–7 Minuten garen.**

Pfifferlings-Steak-Auflauf I
Dauert länger
4 Portionen

Pro Portion:
E: 42 g, F: 32 g, Kh: 29 g, kJ: 2426, kcal: 579

4 dünne Scheiben	Schweinenackensteak (ohne Knochen, je 150–175 g)
300 g	Zwiebeln
300 g	Pfifferlinge
2 EL	Rapsöl
1 kleiner Zweig	Rosmarin
1 Dose	stückige Tomaten (Einwaage 825 g)
	Salz
	frisch gemahlener Pfeffer
500 g	Kartoffeln
1 TL	Salz
50 g	frisch geriebener Parmesan-Käse
20 g	Semmelbrösel
1 TL	abgeriebene Schale von
1	Bio-Zitrone (unbehandelt, ungewachst)

Zubereitungszeit: 30 Minuten
Garzeit: etwa 85 Minuten

1. Fleisch mit Küchenpapier trocken tupfen. Zwiebeln abziehen und in feine Ringe schneiden. Pfifferlinge putzen, evtl. abspülen und gut abtropfen lassen. Die großen Pfifferlinge evtl. halbieren. Rosmarin abspülen und trocken tupfen.

2. Den Backofen vorheizen.
Ober-/Unterhitze: etwa 200 °C
Heißluft: etwa 180 °C

3. Öl in einer großen Pfanne erhitzen. Zwiebeln und Pilze darin unter Wenden etwa 5 Minuten braten. Die Tomaten und den Rosmarin dazugeben, mit Salz und Pfeffer würzen. Alles bei schwacher Hitze etwa 3 Minuten köcheln lassen.

4. Fleisch und die Pilz-Tomaten-Mischung nacheinander in eine große Auflaufform (gefettet) schichten. Die Form mit Alufolie zudecken.

5. Die Form auf dem Rost in den vorgeheizten Backofen schieben. Den Auflauf **etwa 75 Minuten garen.**

6. In der Zwischenzeit Kartoffeln gründlich waschen, evtl. abbürsten, mit Wasser bedeckt zum Kochen bringen. Salz hinzugeben und die Kartoffeln zugedeckt etwa 20 Minuten garen.

7. Die Kartoffeln abgießen, etwas abkühlen lassen, pellen und in dünne Scheiben schneiden. Form nach etwa 75 Minuten aus dem Backofen nehmen und Alufolie entfernen.

8. Die Kartoffelscheiben dachziegelartig auf den Auflauf schichten. Den Käse mit Semmelbröseln und Zitronenschale mischen und daraufstreuen.

9. Auflauf wieder in den vorgeheizten Backofen schieben und **weitere etwa 10 Minuten überbacken.**

Pfirsich-Kirsch-Gratin I
Süße Mahlzeit
8–10 Portionen

Pro Portion:
E: 8 g, F: 13 g, Kh: 82 g, kJ: 2062, kcal: 492

- 3 Gläser Schattenmorellen (entsteint, gezuckert, Abtropfgewicht je 360 g)
- 350 g Zucker
- 200 g abgezogene, gemahlene Mandeln
- 2 große Dosen Pfirsichspalten (Abtropfgewicht je 500 g)
- 6 Eiweiß (Größe M)

Zubereitungszeit: 15 Minuten
Backzeit: etwa 10 Minuten je Form

1. Den Backofen vorheizen.
Ober-/Unterhitze: etwa 250 °C
Heißluft: etwa 230 °C

2. Schattenmorellen in einem Sieb gut abtropfen lassen. Kirschen mit 150 g Zucker und 150 g Mandeln verrühren, in eine große, flache oder in 2 mittelgroße Auflaufformen (gefettet) geben.

3. Pfirsichspalten ebenso in einem Sieb gut abtropfen lassen. Pfirsichspalten auf die Kirschen legen.

4. Das Eiweiß mit Handrührgerät mit Rührbesen auf höchster Stufe steif schlagen. Der Schnee muss so fest sein, dass ein Messerschnitt sichtbar bleibt. Nach und nach restlichen Zucker (200 g) unterschlagen. Die restlichen Mandeln (50 g) mit einem Teigschaber vorsichtig unterheben.

5. Die Eiweiß-Mandel-Masse auf den Pfirsichspalten verteilen. Die Form oder Formen nacheinander (bei Heißluft zusammen) auf dem Rost in den vorgeheizten Backofen schieben. Das Gratin **etwa 10 Minuten je Form backen.**

Tipp: Das Gratin wird besonders gut, wenn es unter dem Grill etwa 5 Minuten überbacken wird.

Pikant geschmorte Putenkeule I
Preiswert
4–5 Portionen

Pro Portion:
E: 36 g, F: 23 g, Kh: 9 g, kJ: 1597, kcal: 382

2	Knoblauchzehen
1 walnussgroßes Stück	frischer Ingwer
½ TL	grob geschrotete Chiliflocken
3 TL	flüssiger Honig
1	Putenoberkeule (ohne Knochen, etwa 800 g)
	Salz
	frisch gemahlener Pfeffer
2	Zwiebeln
2	Möhren
1 Stange	Porree (Lauch)
2 EL	Sonnenblumenöl
2 EL	Tomatenmark
1	Pimentkorn
1	Lorbeerblatt
2	Gewürznelken
200 ml	Gemüse- oder Geflügelbrühe

Außerdem:
Küchengarn

Zubereitungszeit: 25 Minuten
Garzeit: etwa 50 Minuten

1. Knoblauch abziehen. Ingwer schälen. Knoblauch und Ingwer in sehr kleine Würfel schneiden und in eine kleine Schüssel geben. Chili und Honig gut unterrühren.

2. Die Putenoberkeule kurz unter fließendem kalten Wasser abspülen, trocken tupfen, mit Salz und Pfeffer rundherum einreiben. Die Putenkeule von innen mit der Hälfte der Ingwer-Honig-Mischung bestreichen. Die Putenkeule mit Küchengarn zu einem Rollbraten zusammenbinden.

3. Den Backofen vorheizen.
Ober-/Unterhitze: etwa 180 °C
Heißluft: etwa 160 °C

4. Die Zwiebeln abziehen und in Spalten schneiden. Möhren putzen, schälen, abspülen, abtropfen lassen und in Scheiben schneiden. Porree putzen, die Stange längs halbieren, gründlich abspülen, gut abtropfen lassen und in Streifen schneiden.

5. Das Sonnenblumenöl in einem Bräter erhitzen. Die Putenkeule darin von allen Seiten kräftig anbraten. Putenkeule herausnehmen und kurz beiseitelegen.

6. Zwiebelspalten, Möhrenscheiben und Porreestreifen in dem verbliebenen Bratfett unter mehrmaligem Rühren andünsten. Das Tomatenmark unterrühren. Gemüse mit Salz, Pfeffer, Piment, Lorbeerblatt und Gewürznelken würzen. Brühe hinzugießen. Die beiseitegelegte Putenkeule auf das Gemüse legen.

7. Den Bräter zugedeckt auf dem Rost in den vorgeheizten Backofen schieben. Die Putenkeule **etwa 50 Minuten garen.**

8. Den Bräter aus dem Backofen nehmen. Die gare Putenkeule aus dem Bräter nehmen und mit der restlichen Ingwer-Honig-Mischung bestreichen, auf den Rost (mit Alufolie belegt, gefettet) legen und in den Backofen schieben. Die Putenkeule von allen Seiten knusprig braun braten.

9. Küchengarn entfernen. Die Putenkeule in Scheiben schneiden und mit dem Gemüse anrichten.

Pizza Contadina und Pizza Amore Mio | Einfach

2 Pizzen

Pro Pizza Contadina:
E: 55 g, F: 79 g, Kh: 110 g, kJ: 5788, kcal: 1383

Pro Pizza Amore Mio:
E: 66 g, F: 82 g, Kh: 103 g, kJ: 5953, kcal: 1422

Für den Pizzateig (Grundrezept):

125 ml (⅛ l)	Milch
50 g	Butter oder Margarine
250 g	Weizenmehl
1 Pck.	Dr. Oetker Trockenbackhefe
1 Prise	Salz

Für den Belag Contadina:

2–3 EL	Schmand (Sauerrahm)
50 g	geriebener Gouda-Käse
3–4	eingelegte, grüne Peperoni
5–6 Scheiben	scharfe Salami
einige Blätter	Frisée-Salat
100 g	Schafkäse
1–2	Tomaten
	frisch gemahlener Pfeffer

Für den Belag Amore Mio:

2–3 EL	Schmand (Sauerrahm)
50 g	geriebener Gouda-Käse
10–12	kleine Kapern
1 kleines Bund	Rucola (Rauke)
75 g	gehobelter Parmesan-Käse
3–4 Scheiben	Parmaschinken

Zubereitungszeit: 30 Minuten, ohne Teiggehzeit
Backzeit: 15–20 Minuten je Pizza

1. Für den Pizzateig Milch in einem Topf leicht erwärmen. Butter oder Margarine darin zerlassen. Mehl in eine Rührschüssel geben und mit Hefe vermischen. Lauwarme Milch-Fett-Mischung und Salz dazugeben. Alle Zutaten mit Handrührgerät mit Knethaken zunächst kurz auf niedrigster Stufe, dann auf höchster Stufe etwa 5 Minuten verkneten.

2. Den Teig zugedeckt so lange an einem warmen Ort gehen lassen, bis er sich sichtbar vergrößert hat (etwa 15 Minuten).

3. Teig und Arbeitsfläche leicht mit Mehl bestäuben. Den Teig nochmals kurz durchkneten, halbieren und jede Hälfte zu einer runden Platte (Ø etwa 30 cm) ausrollen. Jede Teigplatte auf ein Backblech (mit Backpapier belegt) legen.

4. Den Backofen vorheizen.
Ober-/Unterhitze: etwa 220 °C
Heißluft: etwa 200 °C

5. Für die Pizza Contadina (im Foto vorn) eine Teigplatte dünn mit Schmand bestreichen und mit Käse bestreuen. Die Peperoni abtropfen lassen und in etwa 1 cm lange Stücke schneiden. Salami und Peperoni auf dem Käse verteilen.

6. In der Zwischenzeit für die Pizza Amore Mio (im Foto oben) die zweite Teigplatte dünn mit Schmand bestreichen und mit Käse bestreuen. Kapern abtropfen lassen und daraufstreuen.

7. Die Backbleche nacheinander (bei Heißluft zusammen) in den vorgeheizten Backofen schieben. Die Pizzen **je 15–20 Minuten backen.**

8. In der Zwischenzeit für die Pizza Contadina Frisée-Salat waschen, gut abtropfen lassen und in mundgerechte Stücke zupfen. Den Schafkäse zerbröckeln. Tomaten abspülen, abtrocknen und vierteln. Stängelansätze herausschneiden und entkernen. Tomaten in kleine Würfel schneiden.

9. Für die Pizza Amore Mio Rucola waschen, gut abtropfen lassen, die Stiele abschneiden und Salatblätter in mundgerechte Stücke zupfen.

10. Nach dem Backen die Pizza Contadina mit Frisée, Schafkäse und Tomaten belegen, mit Pfeffer würzen. Die Pizza Amore Mio mit Rucola, Parmesan und Schinken belegen.

Pizza-Schnitzel I
Raffiniert – für die Party
12 Portionen

Pro Portion:
E: 42 g, F: 26 g, Kh: 12 g, kJ: 1897, kcal: 454

  12 Schweineschnitzel
    (je 100–120 g)

Für die Marinade:
  5 EL flüssiger Blütenhonig
  1 EL Zitronensaft
  2½ TL milder Senf

Für den Belag:
  800 g Thüringer Mett (gewürztes Schweinemett)
  12 TL Tomatenketchup
  1 Bund Frühlingszwiebeln
  600 g Tomaten
  einige Blättchen Basilikum
  2 Gläser Champignonscheiben (Abtropfgewicht je 200 g)
  300 g Kräuter-Crème-fraîche
  150 g geriebener Gouda-Käse

Zubereitungszeit: 40 Minuten, ohne Durchziehzeit
Garzeit: etwa 35 Minuten

1. Schweineschnitzel mit Küchenpapier trocken tupfen und in eine Fettpfanne (gefettet) legen.

2. Für die Marinade Honig mit Zitronensaft und Senf gut verrühren. Die Marinade auf den Schnitzeln verteilen und etwa 15 Minuten durchziehen lassen.

3. Für den Belag das Thüringer Mett auf die Schnitzel geben, mit einer Gabel gleichmäßig verteilen und gut andrücken. Je 1 Teelöffel Tomatenketchup auf das Mett streichen.

4. Frühlingszwiebeln putzen, abspülen, gut abtropfen lassen und in Ringe schneiden, einige zum Garnieren beiseitelegen. Die restliche Frühlingszwiebelringe auf dem Mett verteilen.

5. Den Backofen vorheizen.
Ober-/Unterhitze: etwa 200 °C
Heißluft: etwa 180 °C

6. Tomaten abspülen, trocken tupfen, halbieren und die Stängelansätze herausschneiden. Tomatenhälften in Scheiben schneiden und auf den Frühlingszwiebelscheiben verteilen.

7. Basilikumblättchen abspülen und trocken tupfen, einige Blättchen zum Garnieren beiseitelegen. Von den restlichen Blättchen jeweils 2–3 Blättchen auf die Tomatenscheiben legen.

8. Champignonscheiben in einem Sieb abtropfen lassen und ebenfalls auf die Tomatenscheiben legen. Kräuter-Crème-fraîche daraufgeben, leicht verstreichen und mit Käse bestreuen.

9. Die Fettpfanne in den vorgeheizten Backofen schieben. Die Pizza-Schnitzel **etwa 35 Minuten garen.**

10. Die Pizza-Schnitzel mit beiseitegelegten Basilikumblättchen und Frühlingszwiebelringen garnieren.

Beilage: Ciabatta-Brot.

Pizza-Toasts | Raffiniert – schnell
8–10 Stück

Pro Stück:
E: 13 g, F: 8 g, Kh: 12 g, kJ: 723, kcal: 172

8–10 Scheiben	Vollkorn-Toast
2	Fleischtomaten
1 EL	TK-Knoblauch-Kräuter-Mischung oder ½–1 TL Pizza-Gewürz-Mischung
1 EL	Olivenöl
	Salz, frisch gemahlener Pfeffer
4–5 kleine Scheiben	Kochschinken oder Salami
200–250 g	Mozzarella-Käse

Zubereitungszeit: 15 Minuten
Backzeit: etwa 10 Minuten

1. Den Backofen vorheizen.
Ober-/Unterhitze: etwa 200 °C
Heißluft: etwa 180 °C

2. Toastbrotscheiben im Toaster leicht rösten, abkühlen lassen und auf einem Backblech (mit Backpapier belegt) verteilen.

3. Tomaten abspülen, trocken tupfen, halbieren und die Stängelansätze entfernen. Tomatenhälften in kleine Würfel schneiden, in ein Sieb geben und abtropfen lassen.

4. Die Tomatenwürfel mit der Kräuter- oder Gewürz-Mischung und Olivenöl verrühren, mit Salz und Pfeffer würzen. Die Tomatenwürfel auf den Toastbrotscheiben verteilen.

5. Schinken- oder Salamischeiben halbieren, auf die Tomatenwürfel legen. Mozzarella abtropfen lassen, in feine Scheiben schneiden darauf verteilen. Das Backblech in den vorgeheizten Backofen schieben. Pizza-Toasts **etwa 10 Minuten goldbraun überbacken.**

Rezeptvariante 1: Für **Tunfisch-Pizza-Toasts**
1 kleine Dose Tunfisch in Öl (Abtropfgewicht 52 g) abtropfen lassen. Tunfisch zerzupfen, mit den Tomatenwürfeln mischen und dann auf den Toastbrotscheiben verteilen.

Rezeptvariante 2: Für **Champignon-Pizza-Toasts**
100 g rosé Champignons putzen, mit Küchenpapier abreiben, evtl. abspülen, gut trocken tupfen und in feine Scheiben schneiden. Champignonscheiben mit den Tomatenwürfeln mischen und auf den Toastbrotscheiben verteilen.

Pizza-Variationen vom Blech I

Beliebt

je 1 Blech

Pro Blech (Margherita):
E: 68 g, F: 90 g, Kh: 229 g, kJ: 8421, kcal: 2012

Pro Blech (Salami):
E: 101 g, F: 117 g, Kh: 232 g, kJ: 10036, kcal: 2397

Pro Blech (Tonno):
E: 142 g, F: 156 g, Kh: 237 g, kJ: 12262, kcal: 2930

Pro Blech (Schinken):
E: 104 g, F: 92 g, Kh: 259 g, kJ: 9644, kcal: 2305

Für den Hefeteig (für je 1 Blech):

300 g	Weizenmehl
1 Pck.	Dr. Oetker Trockenbackhefe
½ gestr. TL	Zucker
1 gestr. TL	Salz
3 EL	Olivenöl
125 ml (⅛ l)	lauwarmes Wasser

Für 1 Blech Pizza Margherita:

200 g	mittelgroße Tomaten
125 g	Mozzarella-Käse
	Salz
	frisch gemahlener Pfeffer
25 g	geriebener Parmesan
1–2 EL	Olivenöl
6 Blättchen	Basilikum

Für 1 Blech Pizza Salami:

1 Glas	Champignonscheiben
	(Abtropfgewicht 280 g)
1 Dose	Pizza-Tomaten
	(400 g)
1–2 gestr. TL	gerebelter Oregano
100 g	Salami (in Scheiben)
150 g	geriebener Pizza-Käse

Für 1 Blech Pizza Tonno:

3	rote Zwiebeln
2 EL	Olivenöl
1 Dose	Pizza-Tomaten
	(400 g)
2 Dosen	Tunfisch in Öl
	(Abtropfgewicht je 160 g)
150 g	geriebener Gouda-Käse

Für 1 Blech Pizza mit Schinken:

je ½	rote und grüne Paprikaschote
2	Zwiebeln
1 Dose	Gemüsemais
	(Abtropfgewicht 140 g)
100 g	gekochter Schinken
1 Dose	Pizza-Tomaten
	(400 g)
1–2 gestr. TL	gerebelter Oregano
150 g	geriebener Gouda-Käse

Zubereitungszeit: je Pizza 30 Minuten,
ohne Teiggehzeit
Backzeit: je Pizza 25–30 Minuten

1. Für den Teig Mehl in eine Rührschüssel geben und mit der Hefe sorgfältig vermischen. Zucker, Salz, Öl und Wasser hinzufügen. Die Zutaten mit Handrührgerät mit Knethaken zunächst auf niedrigster, dann auf höchster Stufe in etwa 5 Minuten zu einem glatten Teig verarbeiten. Den Teig an einem warmen Ort so lange gehen lassen, bis er sich sichtbar vergrößert hat. Auf der leicht bemehlten Arbeitsfläche nochmals durchkneten. Teig auf einem Backblech (30 x 40 cm, gefettet) ausrollen.

2. Den Backofen vorheizen.
Ober-/Unterhitze: etwa 200 °C
Heißluft: etwa 180 °C

3. Für **Pizza Margherita** Tomaten abspülen, abtrocknen, halbieren und die Stängelansätze herausschneiden. Die Tomaten in Scheiben schneiden. Mozzarella abtropfen lassen und ebenfalls in Scheiben schneiden. Tomaten- und Mozzarellascheiben auf dem Teig verteilen, mit Salz, Pfeffer und Parmesan bestreuen und mit Öl beträufeln.

4. Oder für **Pizza Salami** Champignons in einem Sieb abtropfen lassen. Pizza-Tomaten auf dem Teig verteilen und mit Oregano bestreuen. Salami und Champignons auf der Tomatenmasse verteilen und mit Käse bestreuen.

5. Für **Pizza Tonno** Zwiebeln abziehen, halbieren und in Scheiben schneiden. Öl in einer Pfanne erhitzen, die Zwiebelscheiben darin andünsten. Pizza-Tomaten auf dem Teig verteilen und mit den Zwiebelscheiben belegen. Tunfisch abtropfen lassen, etwas zerpflücken und darauf verteilen, mit dem Käse bestreuen.

6. Für **Pizza mit Schinken** Paprikahälften, entstielen, entkernen, die weißen Scheidewände entfernen. Die Schoten abspülen, abtropfen lassen und in dünne Streifen schneiden. Die Zwiebeln abziehen und erst in Scheiben schneiden, dann in Ringe teilen. Den Mais in einem Sieb abtropfen lassen. Den Schinken in Stücke schneiden.

7. Pizza-Tomaten auf dem Teig verteilen, mit Oregano bestreuen und mit Paprikastreifen, Zwiebelringen, Mais und Schinken belegen. Käse darauf verteilen.

8. Das Backblech in den vorgeheizten Backofen schieben. Pizza **25–30 Minuten backen.**

9. Pizza Margherita vor dem Servieren mit Basilikum bestreuen.

Porree-Pfifferlings-Fisch

Einfach
2 Portionen

Pro Portion:
E: 49 g, F: 19 g, Kh: 7 g, kJ: 1687, kcal: 403

1 Stange	Porree (Lauch)
2–3	Möhren
200 g	Pfifferlinge
2	Fischfilets, z. B. Seelachsfilet (je etwa 200 g)
	Salz, frisch gemahlener Pfeffer
1 TL	abgeriebene Schale von
1	Bio-Zitrone (unbehandelt, ungewachst)
etwa 60 g	Mozzarella-Käse
1 EL	Speiseöl, z. B. Rapsöl
30 g	geriebener Gouda-Käse

Zubereitungszeit: 25 Minuten
Garzeit: etwa 20 Minuten

1. Den Backofen vorheizen.
Ober-/Unterhitze: etwa 200 °C
Heißluft: etwa 180 °C

2. Porree putzen, gründlich abspülen und abtropfen lassen. Porree in dünne Ringe schneiden. Möhren putzen, schälen, abspülen, abtropfen lassen und in feine Stifte schneiden. Pfifferlinge putzen, evtl. kurz abspülen und gut abtropfen lassen. Große Pfifferlinge evtl. halbieren.

3. Fischfilets unter fließendem kalten Wasser abspülen und trocken tupfen. Filets mit Salz, Pfeffer und Zitronenschale würzen, in eine Auflaufform (gefettet) legen.

4. Die Form auf dem Rost in den vorgeheizten Backofen schieben. Fisch **etwa 10 Minuten vorgaren.**

5. In der Zwischenzeit Mozzarella abtropfen lassen und in kleine Stücke schneiden. Öl in einer Pfanne erhitzen. Möhrenstifte, Pfifferlinge und Porree darin unter Wenden etwa 5 Minuten bei starker Hitze anbraten und anschließend mit Salz und Pfeffer würzen. Mozzarellastücke unterrühren.

6. Die Pilz-Gemüse-Mischung auf dem Fisch verteilen und geriebenen Käse daraufstreuen. Die Form wieder zurück in den vorgeheizten Backofen schieben. Das Ganze **weitere etwa 10 Minuten garen.**

7. Filets mit dem Gemüse aus der Form nehmen und auf 2 Tellern anrichten.

Provenzalischer Auflauf | Beliebt
8–10 Portionen

Pro Portion:
E: 47 g, F: 37 g, Kh: 107 g, kJ: 2441, kcal: 584

8	mittelgroße Tomaten (etwa 1 kg)
4	Fenchelknollen (etwa 1 kg)
1 Glas	grüne Oliven ohne Stein (Abtropfgewicht 170 g)
1 ¼ kg	Hähnchenbrustfilet
5 EL	Olivenöl
	Salz
	frisch gemahlener Pfeffer

Für die Sahne-Eier-Sauce:

4	Knoblauchzehen
600 g	Schlagsahne
10	Eier (Größe M)
1 TL	gerebelter Rosmarin

Zubereitungszeit: 40 Minuten
Garzeit: etwa 60 Minuten

1. Tomaten abspülen, abtropfen lassen und halbieren. Stängelansätze herausschneiden. Tomaten in große Würfel schneiden. Von den Fenchelknollen die Stiele dicht oberhalb der Knollen abschneiden. Die braunen Stellen und Blätter entfernen. Die Knollen abspülen, abtropfen lassen, halbieren und würfeln.

2. Die Fenchelwürfel in kochendem Salzwasser etwa 3 Minuten blanchieren, in ein Sieb geben, kurz mit kaltem Wasser übergießen und gut abtropfen lassen. Oliven in einem Sieb abtropfen lassen.

3. Den Backofen vorheizen.
Ober-/Unterhitze: etwa 180 °C
Heißluft: etwa 160 °C

4. Hähnchenbrustfilet unter fließendem kalten Wasser abspülen, trocken tupfen und in Würfel schneiden. Olivenöl in einer Pfanne erhitzen. Filetwürfel von allen Seiten darin anbraten, mit Salz und Pfeffer würzen.

5. Für die Sauce Knoblauch abziehen und durch eine Knoblauchpresse drücken. Sahne, Eier, Knoblauch, Rosmarin, Salz und Pfeffer gut verrühren. Tomaten-, Fenchelwürfel und Oliven mit den Filetwürfeln vermischen und in eine große, flache Auflaufform (gefettet) oder Fettpfanne (gefettet) geben. Sahne-Eier-Sauce darübergießen.

6. Die Form auf dem Rost oder die Fettpfanne in den vorgeheizten Backofen schieben. Den Auflauf **etwa 60 Minuten garen.**

Beilage: Knoblauchbrot (Baguette geröstet, mit Knoblauchbutter bestrichen).

Tipps: Auflauf zum Servieren mit Rosmarin garnieren. Statt Fenchel können auch Zucchini, Auberginen oder Paprikastreifen gemischt verwendet werden.

Putenauflauf | Mit Alkohol
4 Portionen

Pro Portion:
E: 41 g, F: 14 g, Kh: 51 g, kJ: 2274, kcal: 541

500 g	Putenschnitzel
400 g	Champignons
1	große Zwiebel
1 Stange	Porree (Lauch)
250 g	Basmati-Wildreis-Mischung
	Salz
	frisch gemahlener Pfeffer
300 ml	Hühnerbrühe
250 ml (¼ l)	trockener Weißwein
150 g	Schlagsahne

Zubereitungszeit: 20 Minuten
Garzeit: 40–50 Minuten

1. Die Putenschnitzel unter fließendem kalten Wasser abspülen, trocken tupfen und in Streifen schneiden.

2. Champignons putzen, mit Küchenpapier abreiben, evtl. abspülen, trocken tupfen und in Scheiben schneiden. Zwiebel abziehen und in kleine Würfel schneiden.

3. Den Porree putzen. Die Stange seitlich einschneiden, gründlich abspülen, abtropfen lassen und in etwa 2 cm lange Stücke schneiden.

4. Den Backofen vorheizen.
Ober-/Unterhitze: etwa 200 °C
Heißluft: etwa 180 °C

5. Putenstreifen mit Champignonscheiben, Zwiebelwürfeln, Porreestücken und Reis vermengen. Dann die Mischung mit Salz und Pfeffer würzen und in eine etwas höhere Auflaufform (gefettet) geben. Hühnerbrühe mit Weißwein und Schlagsahne verrühren und dazugießen. Den Auflauf gut umrühren.

6. Die Form auf dem Rost in den Backofen schieben. Den Auflauf **40–50 Minuten garen,** dabei **nach etwa 30 Minuten Garzeit** den Auflauf einmal gut umrühren.

Putenauflauf „Schwäbische Art" I
Beliebt
4–6 Portionen

Pro Portion:
E: 40 g, F: 28 g, Kh: 43 g, kJ: 2461, kcal: 586

200 g	Zuckerschoten
3	Möhren (etwa 300 g)
500 g	Putenbrustfilet
2 EL	Sonnenblumenöl
500 g	Schupfnudeln (aus dem Kühlregal)
250 g	Schlagsahne
125 ml (1/8 l)	Milch
125 ml (1/8 l)	Gemüsebrühe
5	Eier (Größe M)
25 g	TK-Küchenkräuter
	Salz
	frisch gemahlener Pfeffer

Zubereitungszeit: 35 Minuten
Garzeit: etwa 60 Minuten

1. Zuckerschoten putzen, die Enden abschneiden, abspülen, abtropfen lassen und quer halbieren. Möhren putzen, schälen, abspülen, abtropfen lassen und in dünne Scheiben schneiden oder hobeln. Zuckerschoten und Möhrenscheiben in kochendem Salzwasser etwa 2 Minuten blanchieren, mit kaltem Wasser übergießen und in einem Sieb gut abtropfen lassen.

2. Putenbrustfilet unter fließendem kalten Wasser abspülen, trocken tupfen und in Streifen schneiden. Öl in einer Pfanne erhitzen. Putenbruststreifen in mehreren Portionen unter mehrmaligem Wenden darin anbraten.

3. Den Backofen vorheizen.
Ober-/Unterhitze: etwa 180 °C
Heißluft: etwa 160 °C

4. Schupfnudeln, Zuckerschoten, Möhrenscheiben und Putenbruststreifen gut vermengen und in eine flache Auflaufform (gefettet) geben.

5. Sahne, Milch, Gemüsebrühe, Eier und Kräuter gut verschlagen, mit Salz und Pfeffer leicht würzen. Die Eiersahne auf die Schupfnudelmischung gießen.

6. Die Form auf dem Rost in den vorgeheizten Backofen schieben. Den Auflauf **etwa 60 Minuten garen.**

Tipps: Anstelle von Putenbrustfilet kann auch 500 g Schweinefilet verwendet werden. Statt mit Schupfnudeln können Sie den Auflauf auch mit der gleichen Menge Spätzle aus dem Kühlregal zubereiten.

Putenkeule mit Gemüse | Für Gäste

4 Portionen

Pro Portion:
E: 50 g, F: 42 g, Kh: 17 g, kJ: 2723, kcal: 652

> 4 EL Speiseöl,
>   z. B. Sonnenblumenöl
> 1 Putenoberkeule
>   (mit Knochen, etwa 1 kg)
>   Salz
>   frisch gemahlener Pfeffer
> 1 l heißes Wasser oder
>   Gemüsebrühe
>
> 500 g Zwiebeln
> 200 g Möhren
> 200 g Knollensellerie
>   1 kleine Petersilienwurzel
> 200 g Porree (Lauch)
> 250 g Tomaten
> 1–2 Stängel Rosmarin oder Thymian
>
> 150 g saure Sahne
>   1 EL Speisestärke

Zum Bestreuen:
> 1–2 EL gehackter Thymian

Zubereitungszeit: 25 Minuten
Garzeit: etwa 90 Minuten

1. Öl in einer Fettpfanne verteilen, auf der mittleren Einschubleiste etwa 10 Minuten in den Backofen schieben und den Backofen vorheizen.
Ober-/Unterhitze: etwa 200 °C
Heißluft: etwa 180 °C

2. Putenkeule unter fließendem kalten Wasser abspülen und trocken tupfen. Putenkeule mit Salz und Pfeffer einreiben, in die heiße Fettpfanne legen und **etwa 70 Minuten garen.**

3. Sobald der Bratensatz bräunt, etwas heißes Wasser oder Gemüsebrühe zugießen. Putenkeule ab und zu mit dem Bratensatz begießen. Verdampfte Flüssigkeit nach und nach durch Wasser oder Brühe ersetzen.

4. Inzwischen Zwiebeln abziehen und würfeln. Möhren putzen, schälen. Sellerie schälen. Petersilienwurzel putzen und schälen. Gemüse abspülen und abtropfen lassen. Die Möhren in etwa 1 ½ cm dicke Scheiben schneiden. Den Sellerie und die Petersilienwurzel grob würfeln.

5. Porree putzen, die Stange längs halbieren, gründlich abspülen, abtropfen lassen und in etwa 3 cm lange Stücke schneiden.

6. Tomaten abspülen, abtrocknen, halbieren und die Stängelansätze herausschneiden. Tomaten würfeln.

7. Rosmarin- oder Thymianstängel abspülen, trocken tupfen, die Nadeln oder Blättchen von den Stängeln zupfen und grob hacken.

8. Die Zwiebeln und das vorbereitete Gemüse zu der Putenkeule geben, evtl. noch etwas Wasser oder Brühe zugießen.

9. Anschließend die Putenkeule mit Salz, Pfeffer, Rosmarin oder Thymian würzen. Das Ganze **weitere etwa 20 Minuten garen.**

10. Die Putenkeule mit dem Gemüse auf einer vorgewärmten Platte anrichten und zugedeckt warm stellen.

11. Den Bratensatz mit etwas Wasser lösen und durch ein Sieb gießen. Bratensatz mit Wasser auf 400 ml auffüllen und zum Kochen bringen.

12. Saure Sahne mit Speisestärke verrühren und mit einem Schneebesen in die kochende Flüssigkeit einrühren. Dabei darauf achten, dass keine Klümpchen entstehen.

13. Die Sauce zum Kochen bringen und bei schwacher Hitze etwa 5 Minuten leicht kochen lassen, dabei gelegentlich umrühren. Die Sauce mit Salz und Pfeffer abschmecken.

14. Putenkeule und Gemüse mit Thymian bestreuen und mit der Sauce servieren.

Beilage: Salzkartoffeln, Nudeln oder Reis.

Rahmschnitzel mit Zwiebel-Kräuter-Kruste | Raffiniert
4 Portionen

Pro Portion:
E: 52 g, F: 31 g, Kh: 17 g, kJ: 2350, kcal: 562

4	Putenschnitzel (je etwa 150 g)
1–2 EL	Speiseöl, z. B. Sonnenblumenöl
	Salz, frisch gemahlener Pfeffer
400 g	Champignons
100 g	Schlagsahne
75 g	Röstzwiebeln (Fertigprodukt)
je 3 Stängel	Majoran und Thymian oder jeweils ½ TL gerebelter Majoran oder Thymian
3 EL	Semmelbrösel
150 g	geraspelter Gratin-Käse

Zubereitungszeit: 25 Minuten
Garzeit: etwa 20 Minuten

1. Die Putenschnitzel unter fließendem kalten Wasser abspülen, mit Küchenpapier trocken tupfen. Speiseöl in einer großen Pfanne erhitzen. Die Putenschnitzel darin von beiden Seiten kurz anbraten, mit Salz und Pfeffer würzen. Die Putenschnitzel in einer großen Auflaufform (gefettet) verteilen.

2. Den Backofen vorheizen.
Ober-/Unterhitze: etwa 200 °C
Heißluft: etwa 180 °C

3. Champignons putzen, mit Küchenpapier abreiben, evtl. abspülen, gut abtropfen lassen und in Scheiben schneiden. Champignonscheiben in dem verbliebenen Bratfett unter Rühren kurz andünsten, mit Salz und Pfeffer würzen. Sahne und 2–3 Esslöffel Wasser hinzugießen und unter Rühren aufkochen lassen. Die Champignonmasse auf den Putenschnitzeln verteilen und mit Röstzwiebeln bestreuen.

4. Kräuter abspülen und trocken tupfen. Die Blättchen von den Stängeln zupfen. Kräuterblättchen und Semmelbrösel mit dem geraspelten Käse mischen, auf den Putenschnitzeln verteilen.

5. Die Form auf dem Rost auf mittlerer Einschubleiste in den vorgeheizten Backofen schieben. Die Rahmschnitzel **etwa 20 Minuten garen.**

6. **Nach etwa 15 Minuten Garzeit** mit Alufolie zudecken, damit die Kruste nicht zu dunkel wird.

Ravioli-Käse-Auflauf | Einfach
4 Portionen

Pro Portion:
E: 23 g, F: 22 g, Kh: 70 g, kJ: 2412, kcal: 573

    2 Dosen Ravioli in Tomatensauce
                    (je 800 g)
    1 Bund   Frühlingszwiebeln
    20 g   Speisestärke
    200 g   geriebener Emmentaler Käse

Zubereitungszeit: 15 Minuten
Garzeit: etwa 40 Minuten

1. Den Backofen vorheizen.
Ober-/Unterhitze: etwa 200 °C
Heißluft: etwa 180 °C

2. Ravioli in einem Sieb abtropfen lassen, dabei die Tomatensauce auffangen. Frühlingszwiebeln putzen, abspülen, abtropfen lassen und in Ringe schneiden.

3. Die Speisestärke unter die Tomatensauce rühren, dabei darauf achten, dass keine Klümpchen entstehen. Die Hälfte des Käses und zwei Drittel der Frühlingszwiebelringe unterrühren.

4. Die Ravioli in einer Auflaufform (etwa 20 x 30 cm, etwa 2,5 l Inhalt, gefettet) verteilen. Angerührte Tomatensauce gleichmäßig daraufgießen und restlichen Käse daraufstreuen.

5. Die Form auf dem Rost auf mittlerer Einschubleiste in den vorgeheizten Backofen schieben.

6. Den Ravioli-Käse-Auflauf **etwa 40 Minuten garen.**

7. Den Auflauf aus dem Backofen nehmen, etwas abkühlen lassen und servieren.

Tipp: Statt der Dosen-Ravioli können Sie frische Käse-Tortellini (1 kg) aus dem Kühlregal verwenden und dann 600 ml Tomatensauce mit Kräutern wie im Rezept beschrieben mitverarbeiten.

Regenbogen-Lasagne I

Für Gäste

4 Portionen

Pro Portion:
E: 26 g, F: 28 g, Kh: 79 g, kJ: 2860, kcal: 683

Für die Béchamelsauce:

1	mittelgroße Zwiebel
20 g	Butter
2 EL	Rapsöl
25 g	Weizenmehl
250 ml (¼ l)	Milch
250 ml (¼ l)	Gemüsebrühe
1 EL	mittelscharfer Senf
	Salz
	frisch gemahlener Pfeffer

Für die Tomatensauce:

1	Zwiebel
1	Knoblauchzehe
2 EL	Olivenöl
1 Dose	geschälte Tomaten (800 g)
2 TL	Instant-Gemüsebrühen-Pulver
1 TL	Paprikapulver edelsüß
½ TL	Zucker
	Salz
	frisch gemahlener Pfeffer

450 g	TK-Blattspinat
4	rote Paprikaschoten
1 Dose	Gemüsemais (Abtropfgewicht 340 g)
250 g	Lasagneplatten (ohne Vorkochen)
75 g	geriebener Gouda-Käse

Zubereitungszeit: 45 Minuten
Garzeit: etwa 60 Minuten

1. Für die Béchamelsauce Zwiebel abziehen und in kleine Würfel schneiden. Butter und Rapsöl in einer Pfanne erhitzen. Zwiebelwürfel darin andünsten.

2. Mehl hinzufügen und unter Rühren so lange darin erhitzen, bis es hellgelb ist.

3. Milch und Brühe nach und nach hinzugießen und mit einem Schneebesen durchschlagen. Darauf achten, dass keine Klümpchen entstehen.

4. Die Sauce 2–3 Minuten unter Rühren kochen lassen. Senf unterrühren, mit Salz und Pfeffer würzen.

5. Für die Tomatensauce Zwiebel und Knoblauch abziehen und in kleine Würfel schneiden. Olivenöl in einer großen Pfanne erhitzen. Die Zwiebel- und Knoblauchwürfel darin andünsten.

6. Tomaten mit der Flüssigkeit hinzufügen, mit einer Gabel etwas zerdrücken und mit Brühepulver, Paprika, Zucker, Salz und Pfeffer würzen. Die Sauce unter Rühren etwas einkochen lassen.

7. Blattspinat nach Packungsanleitung zubereiten. Paprika vierteln, entstielen, entkernen und die weißen Scheidewände entfernen. Schoten abspülen und abtropfen lassen. Wasser in einem großen Topf zum Kochen bringen. Die Paprikaschoten darin 10–15 Minuten garen. In ein Sieb geben, kurz mit kaltem Wasser übergießen und abtropfen lassen. Die Haut der Paprikaschoten abziehen.

8. Den Backofen vorheizen.
Ober-/Unterhitze: etwa 180 °C
Heißluft: etwa 160 °C

9. Mais in einem Sieb abtropfen lassen. Eine flache Auflaufform (gefettet) mit einer Schicht Lasagneplatten auslegen.

10. Zuerst etwas von der Béchamelsauce, dann den Blattspinat darauf verteilen. Eine weitere Lage Lasagneplatten darauflegen.

11. Die Hälfte der Tomatensauce, die Paprikaviertel und den Mais darauf verteilen. Eine weitere Lage Lasagneplatten auslegen. Diese zuerst mit der restlichen Béchamelsauce, dann mit der restlichen Tomatensauce übergießen.

12. Den Auflauf mit Käse bestreuen. Die Form auf dem Rost in den vorgeheizten Backofen schieben. Lasagne **etwa 60 Minuten garen.**

Reisauflauf mit Schafkäse I
Raffiniert
6 Portionen

Pro Portion:
E: 29 g, F: 28 g, Kh: 45 g, kJ: 2351, kcal: 561

750 ml (¾ l)	Wasser
1 gestr. TL	Salz
300 g	Langkornreis
3	Tomaten (etwa 300 g)
1	Zucchini (etwa 200 g)
einige Stängel	Oregano
1	Knoblauchzehe
2 EL	Olivenöl
400 g	Lamm- oder Rindergehacktes
	Salz
	frisch gemahlener Pfeffer
100 g	Schafkäse
500 ml (½ l)	Milch
6	Eier (Größe M)

Zubereitungszeit: 60 Minuten
Garzeit: etwa 60 Minuten

1. Wasser in einem Topf zum Kochen bringen. Salz und Reis hinzufügen und zugedeckt wieder zum Kochen bringen. Reis nach Packungsanleitung ausquellen lassen. Den garen Reis in ein Sieb geben und gut abtropfen lassen.

2. In der Zwischenzeit Tomaten abspülen, abtrocknen, halbieren und die Stängelansätze herausschneiden. Die Zucchini abspülen, abtrocknen und die Enden abschneiden. Zucchini und Tomaten in Würfel schneiden.

3. Oregano abspülen, trocken tupfen und die Blättchen von den Stängeln zupfen. Einige Blättchen zum Garnieren beiseitelegen. Restliche Blättchen fein hacken. Knoblauch abziehen und durch eine Knoblauchpresse drücken.

4. Den Backofen vorheizen.
Ober-/Unterhitze: etwa 180 °C
Heißluft: etwa 160 °C

5. Olivenöl in einer großen Pfanne erhitzen. Das Gehackte darin anbraten, dabei die Fleischklümpchen mit einer Gabel etwas zerdrücken. Knoblauch dazugeben, mit Salz und Pfeffer würzen.

6. Schafkäse in Würfel schneiden oder zerkrümeln. Milch mit Eiern verschlagen, mit Salz und Pfeffer würzen.

7. Reis, Zucchini-, Tomatenwürfel, Oregano und das Gehackte mischen, in eine große Auflaufform (gefettet) geben. Die Eiermilch über den Auflauf gießen. Schafkäse darauf verteilen.

8. Die Form auf dem Rost in den vorgeheizten Backofen schieben. Den Auflauf **etwa 60 Minuten garen.**

9. Den Auflauf vor dem Servieren mit den beiseitegelegten Oreganoblättchen garnieren.

Beilage: Gemischter Salat mit Oliven und milden Peperoni.

Reisauflauf mit Spargel I

Mit Alkohol
4 Portionen

Pro Portion:
E: 48 g, F: 23 g, Kh: 57 g, kJ: 2770, kcal: 663

600 g	Hähnchenbrustfilet
	Salz, frisch gemahlener Pfeffer
	Saft von
1	Limette
500 g	weißer Spargel
1 Bund	Frühlingszwiebeln
250 g	Risotto-Reis
60 g	geriebener Parmesan-Käse
350 ml	Hühner- oder Gemüsebrühe
150 ml	trockener Weißwein
200 g	Schlagsahne
1 Prise	Zucker
3 Stängel	glatte Petersilie

Zubereitungszeit: 20 Minuten
Garzeit: etwa 60 Minuten

1. Hähnchenbrustfilet unter fließendem kalten Wasser abspülen, trocken tupfen und halbieren. Filetstücke in eine große, flache Auflaufform (gefettet) legen, mit Salz und Pfeffer bestreuen und mit Limettensaft beträufeln.

2. Den Spargel von oben nach unten schälen, darauf achten, dass die Schalen vollständig entfernt, die Köpfe aber nicht verletzt werden. Die unteren Enden abschneiden (holzige Stellen vollkommen entfernen). Spargel abspülen, abtropfen lassen und in etwa 3 cm lange Stücke schneiden.

3. Den Backofen vorheizen.
Ober-/Unterhitze: etwa 200 °C
Heißluft: etwa 180 °C

4. Frühlingszwiebeln putzen, abspülen, abtropfen lassen und in etwa 2 cm lange Stücke schneiden.

5. Reis mit Spargel- und Frühlingszwiebelstücken mischen und auf das Fleisch geben, mit der Hälfte des Käses bestreuen.

6. Brühe mit Weißwein und Sahne verrühren, mit Salz, Pfeffer und Zucker würzen, über den Auflauf gießen.

7. Die Form auf dem Rost im unteren Drittel in den vorgeheizten Backofen schieben. Den Auflauf **etwa 30 Minuten garen.** Dann **die Backofentemperatur um etwa 20 °C auf Ober-/Unterhitze: etwa 180 °C, Heißluft: etwa 160 °C herunterschalten.** Den Auflauf **weitere etwa 20 Minuten garen.** Während der Garzeit den Auflauf ab und zu umrühren.

8. Den Auflauf mit dem restlichen Käse bestreuen, wieder in den vorgeheizten Backofen schieben und **weitere etwa 10 Minuten garen.**

9. Petersilienstängel abspülen und trocken tupfen. Blättchen von den Stängeln zupfen. Blättchen klein schneiden. Auflauf mit Petersilie bestreut servieren.

Tipp: Statt frischem Spargel können Sie auch TK-Spargel verwenden.

Rhabarber-Ofenschlupfer I
Süße Mahlzeit
4 Portionen

Pro Portion:
E: 20 g, F: 41 g, Kh: 84 g, kJ: 3411, kcal: 815

- 300 g Brioche oder Hefezopf
- 250 g Rhabarber
- 120 g Zucker
- 50 g Rosinen oder Korinthen
- 5 cl Rum
- 50 g gehobelte Mandeln
- 1 Vanilleschote
- 4 Eier (Größe M)
- 200 g Schlagsahne
- 300 ml Milch
- ½ TL gemahlener Zimt
- 1 Prise Salz

Zubereitungszeit: 20 Minuten, ohne Trockenzeit
Backzeit: etwa 20 Minuten

1. Brioche oder Hefezopf in etwa 1 cm große Würfel schneiden und über Nacht (z. B. auf einem Backblech ausgebreitet) trocknen lassen.

2. Rhabarber putzen, abziehen, abspülen, abtropfen lassen und in kleine Stücke schneiden. Rhabarberstücke mit Zucker in einer Schüssel vermengen.

3. Die Rosinen oder Korinthen mit Rum in einen Topf geben und kurz aufkochen lassen. Den Topf von der Kochstelle nehmen.

4. Gehobelte Mandeln in einer Pfanne ohne Fett unter Rühren leicht bräunen, dann auf eine Teller legen.

5. Die Vanilleschote der Länge nach halbieren und das Mark herauskratzen.

6. Den Backofen vorheizen.
Ober-/Unterhitze: etwa 200 °C
Heißluft: etwa 180 °C
Dabei eine Fettpfanne, etwa 1 cm hoch mit Wasser gefüllt, im unteren Drittel miteinschieben.

7. Eier mit Sahne und Milch verschlagen. Vanillemark unterrühren. Die Eiersahne mit Zimt und Salz würzen.

8. Die Brioche- oder Hefezopfwürfel, Rhabarberstücke und Rumrosinen oder -korinthen vermischen und in eine Auflaufform (etwa 25 x 30 cm, gefettet, mit Semmelbröseln ausgestreut) füllen. Die Eiersahne gleichmäßig über die vorbereitete Masse gießen. Gehobelte Mandeln daraufstreuen.

9. Die Auflaufform in das erwärmte Wasser der Fettpfanne stellen und in den vorgeheizten Backofen schieben. Ofenschlupfer **etwa 20 Minuten backen.**

Tipps: Servieren Sie zum Schlupfer eine Vanillesauce. Sollte keine Rhabarberzeit sein, können Sie auch frische Beeren oder frisches Steinobst verwenden.

Rezeptvariante: Für einen **Gemüse-Ofenschlupfer** 300 g Weißbrotwürfel mit 1 gewürfelten Zucchini, je 1 roten und gelben gewürfelten Paprikaschote, 100 g geriebenem Gruyère-Käse und 50 g gerösteten, gehobelten Mandeln vermischen. Die Mischung in eine Auflaufform (gefettet, mit Semmelbröseln ausgestreut) geben. 4 Eier (Größe M) mit 200 g Schlagsahne und 300 ml Milch verschlagen und kräftig mit 1 Messerspitze Paprikapulver rosenscharf, Salz, Pfeffer und geriebener Muskatnuss würzen. Die Eiersahne auf die Mischung in der Form gießen. Die Form wie im Rezept beschrieben in eine mit Wasser gefüllte Fettpfanne stellen und in den vorgeheizten Backofen schieben. Den Gemüse-Ofenschlupfer ebenfalls etwa 20 Minuten garen. Dazu zusätzlich eine Tomatensauce servieren.

R

Riesentoast | Einfach
6 Portionen

Pro Portion:
E: 30 g, F: 29 g, Kh: 58 g, kJ: 2580, kcal: 616

400 g	Schweinenacken (ohne Knochen)
	Gyros-Gewürz
3 EL	Olivenöl
200 g	Tomaten
etwa 350 g	Gurke
1	kleiner Eisbergsalat
1	großes Fladenbrot (etwa 600 g)
500 g	Zaziki (aus dem Kühlregal)
50 g	schwarze Oliven
200 g	Schafkäse

Zubereitungszeit: 60 Minuten
Backzeit: 10–12 Minuten

1. Den Schweinenacken mit Küchenpapier trocken tupfen. Zuerst in dünne Scheiben, dann in dünne Streifen schneiden. Fleischstreifen mit Gyros-Gewürz würzen. Olivenöl in einer Pfanne erhitzen. Die Fleischstreifen darin braten, gelegentlich umrühren.

2. Den Backofen vorheizen.
Ober-/Unterhitze: etwa 200 °C
Heißluft: etwa 180 °C

3. Die Tomaten abspülen, abtrocknen und halbieren. Die Stängelansätze herausschneiden. Die Tomaten in Scheiben schneiden. Gurke schälen und die Enden abschneiden. Die Gurke in etwa 1 cm große Würfel schneiden. Eisbergsalat putzen, halbieren, in dünne Streifen schneiden, abspülen und trocken schleudern.

4. Das Fladenbrot waagerecht halbieren und die beiden Hälften mit der Schnittfläche nach oben auf ein Backblech (mit Backpapier belegt) legen. Die Fladenbrothälften mit Zaziki bestreichen und mit Eisbergsalat, Gurkenwürfeln, Tomatenscheiben, Oliven und Fleischstreifen belegen.

5. Den Schafkäse in kleine Würfel schneiden und auf den belegten Fladenbrothälften verteilen, mit Gyros-Gewürz bestreuen. Das Backblech in den vorgeheizten Backofen schieben. Riesentoast **10–12 Minuten backen.**

Tipp: Wer etwas Zeit sparen möchte, kann auch küchenfertiges Gyrosfleisch verwenden.

Roastbeef in Salzkruste I

Für Gäste
4–6 Portionen

Pro Portion:
E: 48 g, F: 19 g, Kh: 24 g, kJ: 1927, kcal: 459

    1 kg gleichgroße, festkochende Kartoffeln
    1 TL Salz

    1 kg Roastbeef
           frisch gemahlener Pfeffer
  1–2 EL Olivenöl

Für die Salzkruste:
    3 Eiweiß (Größe M)
    1 kg grobes Salz

  3–4 EL Olivenöl
    1 EL gehackte Rosmarinnadeln

Zubereitungszeit: 40 Minuten, ohne Ruhezeit
Garzeit: etwa 30 Minuten

1. Die Kartoffeln schälen, abspülen, abtropfen lassen und je nach Größe halbieren oder vierteln. Die Kartoffelhälften oder -viertel knapp mit Wasser bedeckt in einem Topf zum Kochen bringen. Das Salz hinzugeben und die Kartoffeln etwa 15 Minuten garen. Die Kartoffeln abgießen und abtropfen lassen.

2. In der Zwischenzeit den Backofen vorheizen.
Ober-/Unterhitze: etwa 180 °C
Heißluft: etwa 160 °C

3. Roastbeef mit Küchenpapier trocken tupfen und mit Pfeffer würzen. Olivenöl in einer Pfanne erhitzen. Das Roastbeef darin von allen Seiten etwa 8 Minuten gut anbraten.

4. Das Eiweiß mit 1 Prise Salz sehr steif schlagen. Das Salz mit so viel Eiweiß vermischen, dass eine Paste entsteht.

5. Eine Salz-Eiweiß-Schicht auf eine Hälfte eines Backbleches geben. Angebratenes Roastbeef darauflegen. Das Roastbeef mit der Salzpaste rundherum bestreichen und gut andrücken.

6. Die vorgegarten Kartoffelhälften oder -viertel mit Olivenöl und Rosmarinnadeln vermischen, auf der anderen Hälfte des Backbleches verteilen (dabei darauf achten, das die Kartoffeln nicht zu sehr mit der Salzkruste in Berührung kommen).

7. Das Backblech auf mittlerer Einschubleiste in den vorgeheizten Backofen schieben. Das Roastbeef **etwa 30 Minuten garen.**

8. Das Roastbeef nach dem Garen noch etwa 10 Minuten ruhen lassen. Die Kartoffeln in der Zwischenzeit warm stellen. Dann die Salzkruste aufklopfen. Roastbeef in Scheiben schneiden und mit den Rosmarinkartoffeln servieren.

Beilage: Grüne Bohnen im Speckmantel.

Rösti auf Kasseler | Schnell
4 Portionen

Pro Portion:
E: 41 g, F: 42 g, Kh: 17 g, kJ: 2526, kcal: 602

    4 Scheiben Kasseler
                (aus dem Kotelettstück,
                ohne Knochen, je etwa 180 g)
    4 TK-Rösti-Ecken (je etwa 56 g)
  200 g Schmand (Sauerrahm)
   25 g TK-8-Kräuter
  100 g geriebener Gratin-Käse

Zubereitungszeit: 10 Minuten
Garzeit: etwa 20 Minuten

1. Den Backofen vorheizen.
Ober-/Unterhitze: etwa 200 °C
Heißluft: etwa 180 °C

2. Kasselerscheiben mit Küchenpapier trocken tupfen und nebeneinander in eine Auflaufform (gefettet) legen. Je 1 unaufgetauten Rösti auf jede Kasselerscheibe legen.

3. Den Schmand mit Kräutern und Käse verrühren. Die Masse auf die Rösti streichen.

4. Die Form auf dem Rost in den vorgeheizten Backofen schieben. Das Ganze **etwa 20 Minuten garen.**

Beilage: Gemischter Blattsalat und Gewürzgurken.

Runder Schichtbraten | Raffiniert
8–10 Portionen

Pro Portion:
E: 42 g, F: 21 g, Kh: 40 g, kJ: 2299, kcal: 549

2 Bund	Suppengrün (Möhre, Sellerie, Porree, je etwa 300 g)
2	Zwiebeln
2	Knoblauchzehen
30 g	frischer Ingwer
3 EL	Olivenöl
200 g	Risotto-Reis, z. B. Arborio-Reis
500 ml (½ l)	Gemüsebrühe
½ Bund	glatte Petersilie
	Salz, frisch gemahlener Pfeffer
2	Eiweiß (Größe M)
16	große, dünne Schweineschnitzel (je 100 g)
50 g	gehackte Mandeln
30 g	Butter

Zubereitungszeit: 45 Minuten, ohne Ruhezeit
Garzeit: 50–60 Minuten

1. Suppengrün vorbereiten. Dazu Sellerie und Möhren putzen, schälen, abspülen, abtropfen lassen und raspeln. Porree putzen, längs halbieren, gründlich abspülen, abtropfen lassen und in dünne Streifen schneiden. Zwiebeln abziehen und fein würfeln. Knoblauch abziehen und hacken. Ingwer schälen.

2. Öl in einem Topf erhitzen. Reis darin andünsten. Suppengrün, Zwiebeln und Knoblauch dazugeben und alles zugedeckt bei mittlerer Hitze etwa 15 Minuten garen, dabei die Gemüsebrühe nach und nach zum Reis gießen.

3. Petersilie abspülen, trocken tupfen, die Blättchen von den Stängeln zupfen und hacken. Ingwer reiben. Petersilie und Ingwer unter den Gemüsereis mischen. Den Reis mit Salz und Pfeffer würzen, etwas abkühlen lassen. Das Eiweiß unter den Gemüsereis mischen.

4. Den Backofen vorheizen.
Ober-/Unterhitze: etwa 200 °C
Heißluft: etwa 180 °C

5. Schnitzel mit Küchenpapier trocken tupfen und von beiden Seiten mit Pfeffer bestreuen. Den Rand einer Springform (Ø 26 cm, gefettet) auf ein Backblech (mit Backpapier belegt) stellen.

6. Vier Schnitzel nebeneinander in den Springformrand auf das Backpapier legen, sodass der Boden bedeckt ist. Ein Drittel Gemüsereis darauf verteilen. Darauf nacheinander wieder 4 Schnitzel, ein Drittel Gemüsereis, 4 Schnitzel, ein Drittel Gemüsereis und 4 Schnitzel legen und andrücken.

7. Die oberste Lage Schnitzel mit Mandeln bestreuen und mit Butterstückchen belegen. Die Form mit Alufolie zudecken. Das Backblech in den vorgeheizten Backofen schieben. Den Schichtbraten **50–60 Minuten garen. Nach etwa 30 Minuten Garzeit** die Alufolie entfernen.

8. Den garen Schichtbraten aus dem Backofen nehmen und 10 Minuten in der Form ruhen lassen. Den Springformrand entfernen und den Braten in Stücke schneiden (am besten mit einem elektrischen Messer).

Tipp: Dazu einen Tomatensalat servieren.

Salzbraten | Raffiniert – dauert länger
12 Portionen

Pro Portion:
E: 48 g, F: 25 g, Kh: 0 g, kJ: 1757, kcal: 420

    2 kg Salz
    3 kg *Schweinenacken (ohne Knochen)*

Zubereitungszeit: 30 Minuten, ohne Ruhezeit
Garzeit: 2–2 ½ Stunden

1. Den Backofen vorheizen.
Ober-/Unterhitze: etwa 200 °C
Heißluft: etwa 180 °C

2. Salz etwa 2 cm dick auf ein Backblech streuen.

3. Schweinenacken mit Küchenpapier trocken tupfen und auf das Salz legen. Das Backblech im unteren Drittel in den vorgeheizten Backofen schieben. Den Schweinenacken **2–2 ½ Stunden garen.**

4. Etwa nach der Hälfte der Bratzeit das Fleisch wenden.

5. Das Fleisch aus dem Backofen nehmen. 10 Minuten zugedeckt ruhen lassen, dann mit einem scharfen Messer (am besten mit einem elektrischen Messer) in Scheiben schneiden und servieren.

Tipps: Servieren Sie dazu einen Kartoffelsalat oder rustikales Krustenbrot und Senf. Das Fleisch schmeckt auch kalt sehr gut, dann mit geriebenem Meerrettich oder verschiedenen kalten Dips servieren.

Salzburger Nockerln I
Süße Mahlzeit – schnell
4 Portionen

Pro Portion:
E: 7 g, F: 10 g, Kh: 16 g, kJ: 782, kcal: 187

    4 Eigelb (Größe M)
    2 EL Weizenmehl
    1 Prise Salz
    3 Tropfen Butter-Vanille-Aroma
    4 Eiweiß (Größe M)
    2 EL feiner Zucker
    2 EL Puderzucker

Zubereitungszeit: 20 Minuten
Backzeit: etwa 10 Minuten

1. Den Backofen vorheizen.
Ober-/Unterhitze: etwa 200 °C
Heißluft: etwa 180 °C

2. Eigelb mit Mehl, Salz und Butter-Vanille-Aroma verrühren. Eiweiß steif schlagen, nach und nach Zucker unterschlagen.

3. Einen Esslöffel Eischnee mit der Eigelbmasse verrühren, dann Eigelbmasse unter den Schnee ziehen.

4. Die Masse in 4 Hügeln in eine flache Auflaufform (gefettet) geben. Die Form auf mittlerer Einschubleiste auf dem Rost in den vorgeheizten Backofen schieben. Die Nockerln **etwa 10 Minuten backen.**

5. Nockerln mit Puderzucker bestäuben und sofort servieren.

Tipp: Die Nockerln fallen schnell zusammen, da sie nur außen gebräunt sind, innen aber noch feucht und weich sein sollen.

Hinweis: Nur ganz frische Eier verwenden, die nicht älter als 5 Tage sind (Legedatum beachten!).

Sauerkraut-Pie | Deftig
4 Portionen

Pro Portion:
E: 34 g, F: 59 g, Kh: 29 g, kJ: 3291, kcal: 787

225 g	TK-Blätterteig
2	Zwiebeln
1 Dose	Sauerkraut (Abtropfgewicht 770 g)
2 EL	Speiseöl, z. B. Rapsöl
125 g	roher, gewürfelter Schinken
200 ml	Fleischbrühe
	frisch gemahlener Pfeffer
1 EL	Zucker
1–2 EL	Instant-Bratensauce
2 EL	Speiseöl, z. B. Rapsöl
4	Bratwürste (etwa 500 g)
1	Eigelb (Größe M)

Zubereitungszeit: 30 Minuten, ohne Auftauzeit
Backzeit: etwa 30 Minuten

1. Blätterteigplatten zugedeckt nebeneinander nach Packungsanleitung auftauen lassen.

2. Zwiebeln abziehen, halbieren und in feine Würfel schneiden. Sauerkraut in einem Sieb abtropfen lassen und evtl. etwas kleiner schneiden.

3. Das Speiseöl in einer Pfanne erhitzen. Die Zwiebel- und Schinkenwürfel darin anbraten. Das Sauerkraut hinzufügen und unter Rühren ebenfalls kurz anbraten. Fleischbrühe hinzugießen. Sauerkraut etwa 10 Minuten garen.

4. Sauerkraut mit Pfeffer, Zucker und Bratensauce würzen, etwas abkühlen lassen und in einer Pie- oder Tarteform (Ø 26–28 cm, gefettet) verteilen.

5. Speiseöl in einer Pfanne erhitzen. Die Bratwürste darin anbraten und anschließend auf das Sauerkraut legen.

6. Den Backofen vorheizen.
Ober-/Unterhitze: etwa 180 °C
Heißluft: etwa 160 °C

7. Blätterteigplatten aufeinanderlegen und auf einer leicht bemehlten Arbeitsfläche zu einer Platte in Größe der Pie- oder Tarteform ausrollen. Eigelb verschlagen und den Innenrand der Form damit bestreichen. Die Blätterteigplatte auf das Sauerkraut legen und am Rand der Form fest andrücken.

8. Mit einem spitzen Messer in der Mitte der Blätterteigplatte einen Kreis (Ø etwa 2 cm) herausschneiden, damit beim Backen der Dampf entweichen kann. Die Blätterteigplatte mit dem restlichen, verschlagenen Eigelb bestreichen.

9. Die Form auf dem Rost im unteren Drittel in den vorgeheizten Backofen schieben. Pie **etwa 30 Minuten backen.**

10. Sauerkraut-Pie nach dem Backen kurz ruhen lassen und in Stücke schneiden.

Schafkäse-Tarte | Für Gäste
4–6 Portionen

Pro Portion:
E: 9 g, F: 37 g, Kh: 22 g, kJ: 2039, kcal: 487

5 kleine	
Zweige	Rosmarin
150 g	Zucchini
300 g	Schafkäse
100 g	Weizenmehl (Type 550)
30 g	Vollkorn-Weizengrieß
2 gestr. TL	Dr. Oetker Backin
1 gestr. TL	Salz
1 gestr. TL	Dr. Oetker Finesse
	Geriebene Zitronenschale
50 ml	Wasser
2	Eier (Größe M)
80 ml	Olivenöl
30 g	Pinienkerne

Zum Beträufeln und Bestreuen:
1–2 EL Olivenöl
grob gemahlener schwarzer Pfeffer

Zubereitungszeit: 45 Minuten
Backzeit: 35–45 Minuten

1. Rosmarin abspülen, trocken tupfen. Von 3 Zweigen Rosmarin die Nadeln abzupfen, grob hacken. Zucchini abspülen, abtrocknen und die Enden abschneiden. Die Zucchini in kleine Würfel schneiden. 150 g von dem Schafkäse zerbröseln.

2. Den Backofen vorheizen.
Ober-/Unterhitze: etwa 200 °C
Heißluft: etwa 180 °C

3. Mehl, Grieß, Backpulver, Salz, gehackten Rosmarin und Zitronenschale in eine Rührschüssel geben und verrühren. Wasser, Eier und Olivenöl hinzufügen und mit Handrührgerät mit Rührbesen unterrühren. Die Zucchiniwürfel und Schafkäsebrösel unterrühren.

4. Den Teig in eine Tarteform (Ø 26–28 cm, gefettet, mit Semmelbröseln ausgestreut) füllen und glatt streichen. Restlichen Schafkäse grob zerbröseln und auf dem Teig verteilen. Restlichen Rosmarin in kleine Zweige zupfen und zusammen mit den Pinienkernen über Käse und Teig streuen. Tarte mit Olivenöl beträufeln und mit Pfeffer bestreuen.

5. Die Form auf dem Rost in den vorgeheizten Backofen schieben. Die Tarte **35–45 Minuten backen.**

6. Die Form auf einen Kuchenrost stellen. Die Tarte in der Form etwas erkalten lassen.

Tipp: Die Tarte schmeckt lauwarm und kalt.

Scheibenbraten, überbacken I

Dauert länger

10 Portionen

Pro Portion:
E: 70 g, F: 34 g, Kh: 8 g, kJ: 2585, kcal: 618

2 Stücke	Schweinefleisch
	(je 1 ¼ kg Oberschale)
	Salz
	frisch gemahlener Pfeffer
2–3 TL	gerebelter Rosmarin
2 Bund	Suppengrün (Möhre,
	Sellerie, Porree)
2	mittelgroße Zwiebeln
2	Tomaten
3 EL	Butterschmalz
etwa	
250 ml (¼ l)	Wasser

Für die Füllung:

500 g	Champignons
450 g	Gemüsezwiebeln
5	Knoblauchzehen
40 g	Butter
4 EL	gehackte Petersilie
300 g	feine Kalbsleberwurst

Zum Überbacken:

150 g	Crème fraîche
150 g	saure Sahne
100 g	geriebener Emmentaler Käse
60 g	frisch geriebener
	Parmesan-Käse
	Paprikapulver edelsüß

evtl. dunkler Saucenbinder

Zubereitungszeit: 2 Stunden, ohne Kühlzeit
Garzeit: 1 ¾–2 Stunden
Backzeit: etwa 45 Minuten

1. Schweinefleisch mit Küchenpapier trocken tupfen, mit Salz, Pfeffer und Rosmarin einreiben.

2. Suppengrün putzen, abspülen, abtropfen lassen, Zwiebeln abziehen und alles in Stücke schneiden. Die

Tomaten abspülen, abtrocknen, vierteln und die Stängelansätze herausschneiden.

3. Den Backofen vorheizen.
Ober-/Unterhitze: etwa 200 °C
Heißluft: etwa 180 °C

4. Das Butterschmalz in einem Bräter zerlassen. Das Fleisch darin von allen Seiten gut anbraten. Suppengrün, Zwiebeln und Tomaten um das Fleisch legen und mit andünsten. Die Hälfte des Wassers angießen. Den Bräter ohne Deckel auf dem Rost in den vorgeheizten Backofen schieben. Braten 1 ¾–2 **Stunden garen.**

5. Während der Garzeit das Fleisch ab und zu wenden und verdampfte Flüssigkeit durch Wasser ersetzen.

6. In der Zwischenzeit für die Füllung Champignons putzen, mit Küchenpapier abreiben, evtl. abspülen, abtropfen lassen und in Würfel schneiden. Gemüsezwiebeln abziehen und würfeln. Knoblauch abziehen und fein hacken.

7. Butter zerlassen. Gemüsezwiebelwürfel und Knoblauch darin andünsten. Champignonwürfel hinzugeben und unter Rühren bei starker Hitze 5–10 Minuten darin dünsten, bis die Flüssigkeit verdampft ist. Petersilie unterrühren, mit Salz und Pfeffer würzen und erkalten lassen. Die Kalbsleberwurst unterrühren.

8. Das gare Fleisch aus dem Bräter nehmen und zugedeckt erkalten lassen. Den Bratensatz mit Wasser loskochen, mit dem Gemüse durch ein Sieb streichen, evtl. mit Wasser auf 1 l auffüllen und kalt stellen.

9. Den Backofen wieder vorheizen.
Ober-/Unterhitze: etwa 180 °C
Heißluft: etwa 160 °C

10. Die kalten Bratenstücke in etwa 1 cm dicke Scheiben schneiden, die Scheiben etwa ½ cm dick mit der Champignon-Leberwurst-Masse bestreichen. Die Bratenstücke wieder zusammensetzen und in je eine Auflaufform (gefettet) setzen (Formen sollten möglichst nicht viel größer als das jeweilige Bratenstück sein).

11. Crème fraîche, saure Sahne, beide Käsesorten und Paprikapulver verrühren und auf dem Fleisch verteilen. Die Auflaufformen zugedeckt (mit Deckeln oder Alufolie) auf dem Rost in den vorgeheizten Backofen schieben. Die Braten **etwa 30 Minuten überbacken.**

12. Dann Deckel oder Alufolie entfernen und die Bratenstücke **noch weitere etwa 15 Minuten überbacken.**

13. Die beiseitegestellte Sauce erhitzen, nach Belieben mit Saucenbinder binden, evtl. nochmals mit den Gewürzen abschmecken und zu dem Fleisch reichen.

Tipps: Sie können Fleisch, Sauce und Füllung bereits am Vortag zubereiten. Am Tag des Verzehrs die Bratenstücke mit der Füllung zusammensetzen, mit der Käsemasse bestreichen und wie ab Punkt 11 angegeben überbacken.

Schlemmertopf | Für Gäste
6 Portionen

Pro Portion:
E: 48 g, F: 46 g, Kh: 20 g, kJ: 3059, kcal: 730

1 kg	Schweineschulter
2 Beutel	Zwiebelsuppe
	frisch gemahlener Pfeffer
1 Glas	Champignons
	(Abtropfgewicht 340 g)
1 Dose	Kidneybohnen
	(Abtropfgewicht 255 g)
1 Dose	geschälte Tomaten (800 g)
250 g	Schlagsahne
200 g	geriebener Gouda-Käse

Zubereitungszeit: 25 Minuten
Garzeit: etwa 90 Minuten

1. Den Backofen vorheizen.
Ober-/Unterhitze: etwa 200 °C
Heißluft: etwa 180 °C

2. Das Fleisch mit Küchenpapier trocken tupfen und in große Würfel schneiden. Die Fleischwürfel in eine große Auflaufform (gefettet) oder einen Bräter (gefettet) geben. Das Zwiebelsuppenpulver darauf verteilen und mit Pfeffer würzen.

3. Die Champignons in einem Sieb abtropfen lassen und vierteln oder halbieren. Kidneybohnen ebenfalls abtropfen lassen. Die Bohnen mit Champignons und Tomaten mit der Flüssigkeit zum Fleisch geben. Die Zutaten miteinander vermischen.

4. Sahne darübergießen. Die Form mit einem Deckel oder mit Alufolie zudecken und auf dem Rost in den Backofen schieben. Schlemmertopf **etwa 60 Minuten garen.**

5. Nach dieser Zeit den Deckel oder die Alufolie entfernen. Den Schlemmertopf mit Käse bestreuen und noch **weitere etwa 30 Minuten garen,** bis der Käse goldbraun ist.

Beilage: Stangenweißbrot.

Schmorgurken mit Feta-Reis-Füllung | Beliebt

4 Portionen

Pro Portion:
E: 17 g, F: 21 g, Kh: 53 g, kJ: 2004, kcal: 478

175 g	Langkornreis
	Salzwasser
200 g	Fetakäse
etwa 130 g	getrocknete Tomaten in Öl
6 Stängel	Basilikum
	frisch gemahlener Pfeffer
2	mittelgroße Schmorgurken (etwa 800 g)
3	große Fleischtomaten
2	Knoblauchzehen
2 EL	Olivenöl
2 EL	Kapern
1–2 EL	Balsamico-Essig
1 EL	flüssiger Honig
	Salz
1 Prise	gemahlener Piment
100 ml	Gemüsebrühe
einige	vorbereitete Basilikumstreifen

Zubereitungszeit: 25 Minuten
Garzeit: etwa 40 Minuten

1. Den Langkornreis in kochendem Salzwasser nach Packungsanleitung etwa 18 Minuten quellen lassen.

2. In der Zwischenzeit den Fetakäse in kleine Würfel schneiden. Getrocknete Tomaten in einem Sieb abtropfen lassen, dabei das Öl auffangen. 1–2 Esslöffel des Tomatenöls mit den Käsewürfeln mischen.

3. Den gegarten Reis in einem Sieb abtropfen lassen und mit der Fetakäse-Masse mischen. Getrocknete Tomaten in feine Streifen schneiden und unterheben.

4. Basilikum abspülen und trocken tupfen. Die Blättchen von den Stängeln zupfen. Blättchen in Streifen schneiden. Die Hälfte der Basilikumstreifen unter die Reis-Käse-Masse heben. Dann die Masse mit Pfeffer abschmecken.

5. Schmorgurken schälen und der Länge nach halbieren. Die Kerne mit einem Löffel herausschaben. Die Gurkenhälften in eine große Auflaufform (gefettet) setzen. Die Reis-Käse-Masse darauf verteilen.

6. Den Backofen vorheizen.
Ober-/Unterhitze: etwa 200 °C
Heißluft: etwa 180 °C

7. Fleischtomaten abspülen, trocken tupfen, halbieren und die Stängelansätze herausschneiden. Tomatenhälften grob würfeln. Knoblauch abziehen und in kleine Würfel schneiden.

8. Olivenöl in einer Pfanne erhitzen. Tomaten- und Knoblauchwürfel darin unter Rühren etwa 5 Minuten dünsten. Kapern abtropfen lassen und hinzugeben, mit Balsamico-Essig, Honig, Salz, Piment und Pfeffer würzen. Die restlichen Basilikumstreifen unterrühren.

9. Tomatensugo um die Gurkenhälften herum verteilen, Brühe hinzugießen. Die Form mit Alufolie zudecken und auf dem Rost in den vorgeheizten Backofen schieben. Schmorgurken **etwa 40 Minuten garen.**

10. Die Auflaufform aus dem Backofen nehmen. Die Schmorgurken mit dem Tomatensugo anrichten. Nach Belieben die Feta-Reis-Füllung zusätzlich mit Basilikumstreifen bestreuen.

Schmorgurken, mit Lachs gefüllt I
Für Gäste
4 Portionen

Pro Portion:
E: 33 g, F: 50 g, Kh: 8 g, kJ: 2571, kcal: 614

    4 Schmorgurken (je etwa 400 g)
    Salzwasser

Für die Füllung:
    600 g Lachsfilet
    1 Zwiebel (etwa 50 g)
    1 Bund Dill
    20 g Butter
    2 EL Rapsöl
    250 g Schlagsahne
    1 EL Speisestärke
    Salz, frisch gemahlener Pfeffer
    400 ml Gemüsebrühe

    etwas Dill
    rosa Pfefferbeeren

Zubereitungszeit: 45 Minuten
Garzeit: etwa 30 Minuten

1. Gurken gründlich abspülen, abtrocknen oder evtl. schälen. Das obere Drittel der Länge nach abschneiden und in kleine Würfel schneiden. Die Kerne der Gurken mit einem Löffel oder Kugelausstecher vorsichtig herauskratzen.

2. Gurken in kochendem Salzwasser etwa 2 Minuten blanchieren, in ein Sieb geben, mit kaltem Wasser übergießen und abtropfen lassen.

3. Für die Füllung Lachsfilet unter fließendem kalten Wasser abspülen und trocken tupfen. Das Lachsfilet in große Würfel schneiden. Die Zwiebel abziehen und in kleine Würfel schneiden. Dill abspülen und trocken tupfen. Die Spitzen von den Stängeln zupfen und fein hacken.

4. Den Backofen vorheizen.
Ober-/Unterhitze: etwa 200 °C
Heißluft: etwa 180 °C

5. Die Butter und das Rapsöl in einer Pfanne erhitzen. Die Zwiebel- und Gurkenwürfel darin glasig dünsten. Lachswürfel hinzugeben und von allen Seiten kurz darin anbraten. Sahne mit Speisestärke anrühren, hinzugießen und kurz zum Kochen bringen. Mit Salz und Pfeffer würzen und Dill unterrühren. Die Gurkenhälften mit der Masse füllen und in einen Bräter (gefettet) oder in eine Fettpfanne (gefettet) legen. Brühe hinzugießen.

6. Den Bräter auf dem Rost oder die Fettpfanne in den vorgeheizten Backofen schieben. Schmorgurken **etwa 30 Minuten garen.**

7. Dill abspülen und trocken tupfen. Die gefüllten Gurken mit kleinen Dillstängeln und Pfefferbeeren garniert servieren.

Schnelle Pizza-Brötchen I
Gut vorzubereiten
12 Stück

Pro Stück:
E: 18 g, F: 12 g, Kh: 32 g, kJ: 1307, kcal: 312

4	Fleischtomaten
2 EL	TK-Knoblauch-Kräuter-Mischung oder 1 TL Pizza-Gewürz-Mischung
2 EL	Olivenöl
	Salz, frisch gemahlener Pfeffer
6 Scheiben	gekochter Schinken
500 g	Mozzarella-Käse
12	kleine Aufbackbrötchen (je 50–70 g, aus dem Brotregal)

Zubereitungszeit: 30 Minuten
Backzeit: etwa 12 Minuten

1. Den Backofen vorheizen.
Ober-/Unterhitze: etwa 200 °C
Heißluft: etwa 180 °C

2. Tomaten abspülen, abtrocknen, halbieren, Stängelansätze herausschneiden. Tomaten in kleine Würfel schneiden, auf ein Sieb geben, abtropfen lassen. Die Tomatenwürfel mit der Knoblauch-Kräuter- oder Pizza-Gewürz-Mischung und dem Olivenöl vermischen, mit Salz und Pfeffer würzen.

3. Die Schinkenscheiben übereinanderlegen und in 4 breite Streifen schneiden. Mozzarella abtropfen lassen und in feine Scheiben schneiden.

4. Die Brötchen auf einem Backblech (mit Backpapier belegt) verteilen. Die Brötchen waagerecht der Länge nach je zweimal ein-, aber nicht durchschneiden. Die Einschnitte vorsichtig etwas auseinanderdrücken.

5. Die Tomatenwürfel und Schinkenstreifen darin verteilen, Mozzarellascheiben darauflegen.

6. Das Backblech in den vorgeheizten Backofen schieben. Die Brötchen **etwa 12 Minuten backen.**

7. Die Pizzabrötchen sofort vom Backblech nehmen und noch warm servieren.

Schneller Mexicana-Auflauf mit Cabanossi | Einfach
4 Portionen

Pro Portion:
E: 28 g, F: 34 g, Kh: 52 g, kJ: 2629, kcal: 625

4 TL	Mexiko-Gewürzmischung
2 EL	Olivenöl
375 g	vorgegarter Langkornreis (Folienbeutel, z. B. Express-Reis)
250 g	Cabanossi
150 g	rosé Champignons
1 Dose	Pizza-Tomaten (Einwaage 800 g)
	Salz
	frisch gemahlener Pfeffer
1 Dose	Chilibohnen (Einwaage 400 g)
1 Dose	Gemüsemais-Paprika-Mischung (Mexiko-Mix, Abtropfgewicht 285 g)
125 g	Schafkäse
1–2 EL	Schnittlauchröllchen

Zubereitungszeit: 25 Minuten
Garzeit: etwa 30 Minuten

1. Den Backofen vorheizen.
Ober-/Unterhitze: etwa 200 °C
Heißluft: etwa 180 °C

2. Gewürz mit Öl verrühren und mit dem vorgegarten Reis mischen. Cabanossi in Scheiben schneiden. Pilze putzen, mit Küchenpapier abreiben, evtl. abspülen und gut abtropfen lassen. Große Pilze halbieren.

3. Tomaten in eine große Auflaufform (gefettet) geben und mit etwas Salz und Pfeffer würzen. Maismischung abtropfen lassen. Bohnen mit Sauce, die abgetropfte Maismischung, Pilze, Cabanossi und Reis unter die Tomaten mischen evtl. nochmals mit etwas Salz abschmecken.

4. Schafkäse fein zerbröckeln und auf der Gemüsemischung verteilen. Die Form auf dem Rost im unteren Drittel in den vorgeheizten Backofen schieben. Den Auflauf **etwa 30 Minuten garen.** Zum Servieren den Auflauf mit Petersilie bestreuen.

Tipp: Die typische Mexiko-Gewürzmischung besteht aus folgenden Zutaten, die Sie sich natürlich auch selbst zusammenstellen können: Paprikapulver, Chili, Knoblauch, gemahlene Senfkörner, Kreuzkümmel (Cumin), Pfeffer, Lorbeerblätter.

Schnitzel aus dem Backofen I
Einfach
12 Stück

Pro Stück:
E: 43 g, F: 15 g, Kh: 10 g, kJ: 1455, kcal: 348

12	**Schnitzel (je etwa 180 g)**
	Salz
	frisch gemahlener Pfeffer
150 g	Semmelbrösel
2	Eier (Größe M)
6 EL	Wasser
125 ml (⅛ l)	Speiseöl, z. B. Sonnenblumenöl
2 EL	Paprikapulver edelsüß

Zubereitungszeit: 30 Minuten
Garzeit: etwa 25 Minuten

1. Den Backofen vorheizen.
Ober-/Unterhitze: etwa 220 °C
Heißluft: etwa 200 °C

2. Schnitzel mit Küchenpapier trocken tupfen, mit Salz und Pfeffer würzen. Zwei tiefe Teller nebeneinanderstellen. Semmelbrösel in einen der Teller geben. Im zweiten Teller die Eier mit Wasser verschlagen.

3. Die Schnitzel erst durch verschlagenes Ei ziehen, dann in den Semmelbröseln wenden. Die Panade gut andrücken.

4. Öl mit dem Paprikapulver verrühren, das Backblech damit bestreichen. Schnitzel nebeneinander darauflegen und ebenfalls mit dem Öl-Paprika-Gemisch bestreichen.

5. Das Backblech in den vorgeheizten Backofen schieben. Schnitzel **etwa 25 Minuten garen.** Dabei die Schnitzel während des Bratens einmal wenden.

Beilage: Bunter Kartoffelsalat.

Tipp: Unter die Semmelbrösel noch etwa 1 Esslöffel geriebenen Parmesan-Käse mischen.

Schnitzelpfanne | Für die Party
12 Portionen

Pro Portion:
E: 54 g, F: 38 g, Kh: 9 g, kJ: 2641, kcal: 588

12	Schweineschnitzel (je etwa 175 g)
	Salz
	frisch gemahlener Pfeffer
12 Scheiben	Chesterkäse
1 kg	frische Champignons (oder aus der Dose)
3	Zwiebeln
150 g	geräucherter Speck
4 Stangen	Porree (Lauch)
500 g	Schlagsahne
500 g	Schmand (Sauerrahm)
	Paprikapulver
	Currypulver
2 Pck.	Jägersauce (Fertigprodukt, für je 250 ml [¼ l] Flüssigkeit)

Zubereitungszeit: 30 Minuten, ohne Durchziehzeit
Garzeit: etwa 90 Minuten

1. Schnitzel mit Küchenpapier, trocken tupfen, mit Salz und Pfeffer würzen.

2. Die rohen Schnitzel nebeneinander in eine Fettpfanne (gefettet) legen und auf jedes Schnitzel eine Scheibe Käse legen.

3. Pilze putzen, evtl. mit Küchenpapier abreiben, kurz abspülen und gut abtropfen lassen. Champignons aus der Dose gut abtropfen lassen. Die Champignons in Scheiben schneiden.

4. Zwiebeln abziehen und würfeln, Speck würfeln. Speck, Zwiebeln und Champignons in einer Pfanne anbraten, mit Pfeffer würzen und auf den Schnitzeln verteilen.

5. Porree putzen. Die Stangen längs halbieren, gründlich abspülen und abtropfen lassen. Porree in dünne Ringe schneiden und auf den Schnitzeln verteilen.

6. Sahne und Schmand verrühren mit Salz, Pfeffer, Paprika und Curry würzen. Jägersauce in die kalte Sahne einrühren und über die Schnitzel in der Fettpfanne gießen. Das Ganze zugedeckt im Kühlschrank 24 Stunden ziehen lassen.

7. Am nächsten Tag den Backofen vorheizen.
Ober-/Unterhitze: etwa 180 °C
Heißluft: etwa 160 °C

8. Die Fettpfanne in den vorgeheizten Backofen schieben. Die Schnitzelpfanne **etwa 90 Minuten garen.**

Tipp: Statt Jägersauce Zwiebelsauce verwenden.

Schoko-Kirsch-Crumble | Mit Alkohol
4 Portionen

Pro Portion:
E: 7 g, F: 33 g, Kh: 70 g, kJ: 2612, kcal: 625

Für die Streusel:
- 100 g Butter
- 20 g abgezogene, gemahlene Mandeln
- 125 g Weizenmehl
- 75 g brauner Zucker
- ¼ gestr. TL Salz
- 500 g Sauerkirschen
- 30 g Zartbitter-Schokolade
- 125 ml (⅛ l) Kirschsaft
- 1 TL gemahlener Piment
- 1 gestr. EL Speisestärke
- 75 g Crème fraîche
- 3–4 EL gesiebter Puderzucker
- 2 EL Kirschwasser

Außerdem:
- 4 feuerfeste Förmchen (je etwa 250 ml [¼ l])

Zubereitungszeit: 45 Minuten, ohne Kühlzeit
Backzeit: 35–40 Minuten

1. Für die Streusel Butter zerlassen. Mandeln, Mehl, 25 g Zucker, Salz und die zerlassene Butter in eine Rührschüssel geben. Die Zutaten mit Handrührgerät mit Rührbesen zu Streuseln von gewünschter Größe verarbeiten. Teigstreusel etwa 30 Minuten in den Kühlschrank stellen.

2. Die Kirschen waschen, abtropfen lassen, entstielen und entsteinen. Schokolade fein hacken.

3. Den Backofen vorheizen.
Ober-/Unterhitze: etwa 180 °C
Heißluft: etwa 160 °C

4. Kirschsaft mit Piment und dem restlichen Zucker in einem Topf zum Kochen bringen. Speisestärke mit etwas Wasser anrühren, in den Kirschsaft rühren und unter Rühren aufkochen lassen. Dann den Topf von der Kochstelle nehmen. Schokolade hinzugeben und unter Rühren schmelzen. Kirschen unterrühren.

5. Das Kirschkompott in 4 ofenfeste Förmchen (gefettet) bis etwa 2 cm unter dem Rand füllen. Die Streusel darauf verteilen (Streusel können über die Förmchen ragen).

6. Die Förmchen auf dem Rost in den vorgeheizten Backofen schieben. Crumble **35–40 Minuten goldbraun backen.**

7. Crème fraîche mit 2 Esslöffeln Puderzucker und Kirschwasser glatt rühren. Crumbles mit restlichem Puderzucker bestäuben und mit Crème fraîche servieren.

Schokoladenauflauf mit Aprikosen | Süße Mahlzeit
8 Portionen

Pro Portion:
E: 12 g, F: 18 g, Kh: 62 g, kJ: 1992, kcal: 475

2 Dosen	Aprikosenhälften (Abtropfgewicht je 480 g)
200 g	Zartbitter-Schokolade
2 Pck.	Gala Pudding-Pulver Schokolade
130 g	Zucker
1 l	Milch
4	Eigelb (Größe M)
4	Eiweiß (Größe M)
40 g	gehobelte Mandeln

Zubereitungszeit: 25 Minuten
Backzeit: etwa 10 Minuten

1. Die Aprikosen in einem Sieb abtropfen lassen. Die Zartbitter-Schokolade grob raspeln.

2. Den Backofen vorheizen.
Ober-/Unterhitze: etwa 200 °C
Heißluft: etwa 180 °C

3. Pudding-Pulver, 100 g Zucker, 250 ml (¼ l) Milch und Eigelb in einer kleinen Schüssel verrühren.

4. Restliche Milch in einem Topf zum Kochen bringen, von der Kochstelle nehmen. Angerührtes Pudding-Pulver unter Rühren hineingeben und unter Rühren gut aufkochen lassen.

5. Pudding wieder von der Kochstelle nehmen und die geraspelte Schokolade sofort unterrühren.

6. Eiweiß steif schlagen und ebenfalls unter den heißen Pudding heben.

7. Die Hälfte der Aprikosenhälften in eine große Auflaufform (gefettet) oder in mehrere kleine Auflaufformen (gefettet) geben.

8. Den Pudding darauf verteilen. Die restlichen Aprikosenhälften, die Mandeln und den restlichen Zucker daraufgeben.

9. Die Form oder Formen auf dem Rost in den vorgeheizten Backofen schieben. Den Auflauf **etwa 10 Minuten backen.**

Tipps: Der Auflauf kann auch mit 2 Dosen in Spalten geschnittenen Birnenhälften (Abtropfgewicht je 480 g) und 3 Esslöffeln Birnengeist oder 500 g gemischten Rumtopffrüchten und 500 g frischen Früchten zubereitet werden. Sie können den Auflauf auch unter dem heißen Grill etwa 5 Minuten überbacken.

Schupfnudeln mit Sauerkraut I
Einfach – deftig
4 Portionen

Pro Portion:
E: 19 g, F: 45 g, Kh: 56 g, kJ: 2963, kcal: 711

1	große Zwiebel
3 EL	Sonnenblumenöl
2 TL	Zucker
1 Dose	Sauerkraut (Einwaage 810 g)
1	Lorbeerblatt
4	Wacholderbeeren
1 TL	Instant-Gemüsebrühe
	Salz
	frisch gemahlener Pfeffer
4	Mettenden (etwa 300 g)
500 g	Schupfnudeln
	(aus dem Kühlregal)
25 g	Semmelbrösel
40 g	Butter

Zubereitungszeit: 40 Minuten
Garzeit: etwa 25 Minuten

1. Zwiebel abziehen und in kleine Würfel schneiden. Öl in einer großen Pfanne erhitzen. Die Zwiebelwürfel darin andünsten. Zucker hinzugeben und karamellisieren lassen.

2. Sauerkraut, Lorbeerblatt, Wacholderbeeren und Gemüsebrühe ebenfalls in die Pfanne geben, mit Salz und Pfeffer würzen. Die Zutaten etwa 10 Minuten ohne Deckel garen lassen.

3. Den Backofen vorheizen.
Ober-/Unterhitze: etwa 200 °C
Heißluft: etwa 180 °C

4. Die Mettenden in Scheiben schneiden und mit dem Sauerkraut vermischen. Schupfnudeln in eine große, flache Auflaufform (gefettet) geben. Die Sauerkraut-Mettenden-Mischung darauf verteilen.

5. Den Auflauf mit Semmelbröseln bestreuen. Butter in kleinen Flöckchen daraufsetzen. Die Form auf dem Rost auf mittlerer Einschubleiste in den vorgeheizten Backofen schieben. Den Auflauf **etwa 25 Minuten garen.**

Schwarzwurzelauflauf I
Einfach – vegetarisch
4 Portionen

Pro Portion:
E: 24 g, F: 30 g, Kh: 40 g, kJ: 2215, kcal: 526

1 ³/₈ l	Wasser
4 EL	Weißweinessig
1 kg	Schwarzwurzeln
1 TL	Salz
40 g	frischer Ingwer
1 Stange	Porree (Lauch)
400 g	Eierspätzle oder Gnocchi (aus dem Kühlregal)
3	Eier (Größe M)
100 ml	Schwarzwurzelkochwasser
150 g	Crème fraîche
	Salz
	frisch gemahlener Pfeffer
	frisch geriebene Muskatnuss
150 g	geriebener Emmentaler Käse
2 EL	Sesamsamen

Zubereitungszeit: 50 Minuten
Garzeit: etwa 40 Minuten

1. Ein Liter Wasser mit der Hälfte des Essigs verrühren. Die Schwarzwurzeln unter fließendem kalten Wasser gründlich abbürsten, dünn schälen, abspülen und abtropfen lassen. Die Schwarzwurzeln einige Zeit in das Essigwasser legen, damit die Stangen weiß bleiben, abtropfen lassen und in Stücke schneiden.

2. Das restliche Wasser mit Salz und dem restlichen Essig zum Kochen bringen. Die Schwarzwurzeln hineingeben und in etwa 15 Minuten knapp gar kochen. Schwarzwurzeln in einem Sieb abtropfen lassen, dabei das Kochwasser auffangen und 100 ml abmessen.

3. Den Backofen vorheizen.
Ober-/Unterhitze: etwa 200 °C
Heißluft: etwa 180 °C

4. Ingwer schälen, abspülen, abtropfen lassen und in kleine Würfel schneiden. Porree putzen. Die Stange seitlich einschneiden, gründlich abspülen, abtropfen lassen und in etwa 2 cm lange Stücke schneiden.

5. Schwarzwurzeln mit Spätzle oder Gnocchi, Porreestücken und Ingwerwürfeln vermischen und in eine etwas höhere Auflaufform (gefettet) geben.

6. Die Eier mit Schwarzwurzelkochwasser und Crème fraîche verrühren. Eier-Crème-fraîche mit Salz, Pfeffer und Muskat würzen, auf den Auflauf geben. Zuerst mit Käse und anschließend mit den Sesamsamen bestreuen.

7. Die Form auf dem Rost im unteren Drittel in den vorgeheizten Backofen schieben. Den Auflauf **etwa 40 Minuten garen.**

Beilage: Kurz gebratenes Fleisch, z.B. Kotelett oder Schnitzel.

Tipps: Schwarzwurzeln werden auch Winterspargel genannt, weil sie zubereitet ähnlich aussehen. Sie zeichnen sich durch einen hohen Anteil an Eisen und Kalium aus. Der Kaloriengehalt liegt bei 16 kcal pro 100 g geputzter Ware. Im Kühlschrank halten sich Schwarzwurzeln etwa 1 Woche frisch. Mit Gummihandschuhen schälen oder ungeschält kochen und dann die Haut abziehen.

Schweinefilet im Zwiebelbett I
Für Gäste
4 Portionen

Pro Portion:
E: 43 g, F: 39 g, Kh: 11 g, kJ: 2376, kcal: 569

2	dicke Zwiebeln
2 EL	Rapsöl
600 g	Schweinefilet
8 Scheiben	roher Schinken
2 EL	mittelscharfer Senf
	frisch gemahlener Pfeffer
200 g	Schlagsahne
150 ml	Fleischbrühe
150 g	Crème fraîche
100 ml	Milch
1 Pck.	Pfeffersauce mit grünem Pfeffer
50 g	TK-8-Kräuter-Mischung
	Salz

Zubereitungszeit: 35 Minuten
Garzeit: etwa 45 Minuten

1. Die Zwiebeln abziehen, halbieren und in Spalten schneiden. Rapsöl in einer Pfanne erhitzen. Die Zwiebelspalten zugedeckt etwa 10 Minuten darin dünsten, in eine flache Auflaufform (gefettet) geben.

2. Den Backofen vorheizen.
Ober-/Unterhitze: etwa 180 °C
Heißluft: etwa 160 °C

3. Das Schweinefilet evtl. enthäuten, mit Küchenpapier trocken tupfen und in 8 Medaillons (je etwa 75 g) schneiden.

4. Schinkenscheiben mit je etwas Senf bestreichen und mit Pfeffer bestreuen. Jeweils 1 Medaillon mit je 1 Scheibe Schinken umwickeln und auf die Zwiebelspalten geben.

5. Sahne mit Brühe, Crème fraîche und Milch verrühren. Pfeffersauce unterrühren und Kräuter hinzugeben. Sauce mit Salz und Pfeffer würzen. Die Sauce über die Medaillons gießen.

6. Die Form auf dem Rost in den vorgeheizten Backofen schieben. Das Schweinefilet im Zwiebelbett **etwa 45 Minuten garen.**

Tipp: Bestreuen und garnieren Sie das Schweinefilet vor dem Servieren mit Majoran.

Schweinefilet in Käsesauce I
Raffiniert – schnell
4 Portionen

Pro Portion:
E: 49 g, F: 31 g, Kh: 6 g, kJ: 2110, kcal: 506

750 g	Schweinefilet
	Salz, frisch gemahlener Pfeffer
1 Glas	Champignonscheiben
	(Abtropfgewicht 360 g)
250 g	Sauce béarnaise
	(aus dem Tetra Pak®)
200 g	saure Sahne
100 ml	Milch oder Champignonwasser
50 g	geriebener Käse, z. B. Gouda

Zubereitungszeit: 20 Minuten
Garzeit: etwa 40 Minuten

1. Den Backofen vorheizen.
Ober-/Unterhitze: etwa 180 °C
Heißluft: etwa 160 °C

2. Das Schweinefilet evtl. enthäuten, mit Küchenpapier trocken tupfen und in etwa 4 cm lange Stücke schneiden. Filetstücke etwas flach drücken und mit Salz und Pfeffer bestreuen.

3. Filetstücke in eine flache Auflaufform (gefettet) legen. Champignonscheiben in einem Sieb abtropfen lassen, Champignonwasser evtl. auffangen und die Champignonscheiben auf dem Fleisch verteilen.

4. Sauce béarnaise mit saurer Sahne und Milch oder Champignonwasser verrühren, mit Salz und Pfeffer würzen. Die Sauce über die mit Champignonscheiben belegten Filetstücke gießen. Käse daraufstreuen.

5. Die Auflaufform auf dem Rost in den vorgeheizten Backofen schieben. Das Schweinefilet in Käsesauce **etwa 40 Minuten garen.**

Beilage: Spätzle und ein frischer, bunter Salat.

Tipp: Das Gericht mit Zitronenthymian und Schnittlauchröllchen garnieren.

Schweinefilet mit Spätzle I
Für die Party
10–12 Portionen

Pro Portion:
E: 44 g, F: 41 g, Kh: 27 g, kJ: 2733, kcal: 655

1 ½ kg	Schweinefilet
4	mittelgroße Zwiebeln (etwa 400 g)
500 g	Champignons
8 EL	Speiseöl, z. B. Sonnenblumenöl
	Salz, frisch gemahlener Pfeffer
800 g	Spätzle (aus dem Kühlregal)

Für den Käse-Sahne-Guss:

200 g	Kräuter-Schmelzkäse
400 g	Schlagsahne
450 g	Kräuter-Crème-fraîche
1 EL	gehackte Petersilie
1 EL	Schnittlauchröllchen
100 g	geraspelter Käse, z. B. Gouda oder Parmesan
evtl. 2 EL	gehackte Kräuter

Zubereitungszeit: 50 Minuten
Garzeit: etwa 40 Minuten je Form

1. Schweinefilet evtl. enthäuten, mit Küchenpapier trocken tupfen. Schweinefilet längs halbieren und in dünne Scheiben schneiden.

2. Zwiebeln abziehen, in Würfel schneiden. Champignons putzen, mit Küchenpapier abreiben, evtl. abspülen, gut abtropfen lassen und in Scheiben schneiden.

3. Die Fleischscheiben in 4 Portionen anbraten. Dafür jeweils etwa 1 ½ Esslöffel Speiseöl in einer großen Pfanne erhitzen. Die Fleischscheiben darin kurz von beiden Seiten anbraten, mit Salz und Pfeffer würzen, herausnehmen und auf einen Teller legen.

4. Jeweils die Hälfte des restlichen Speiseöls in die Pfanne geben. Die Zwiebelwürfel und Champignonscheiben darin in 2 Portionen kurz anbraten, mit Salz und Pfeffer würzen.

5. Die Spätzle aus den Packungen nehmen und in 2 Auflaufformen (gefettet) verteilen. Jeweils die Hälfte der Fleischscheiben daraufgeben und mit der Hälfte der Champignon-Zwiebel-Masse belegen.

6. Den Backofen vorheizen.
Ober-/Unterhitze: etwa 200 °C
Heißluft: etwa 180 °C

7. Für den Guss Schmelzkäse zuerst mit etwas von der Sahne verrühren, dann mit der restlichen Sahne und Crème fraîche glatt rühren, mit Salz und Pfeffer würzen. Petersilie und Schnittlauchröllchen unterrühren. Jeweils die Hälfte der Käse-Sahne-Sauce in die Auflaufformen geben und mit Käse bestreuen.

8. Die Auflaufformen nacheinander (bei Heißluft zusammen) auf dem Rost auf unterer Einschubleiste in den vorgeheizten Backofen schieben. Schweinefilet mit Spätzle **etwa 40 Minuten je Form garen.**

9. Nach Belieben Schweinefilet mit Spätzle mit gehackten Kräutern bestreut servieren.

Beilage: Gemischter Blattsalat oder Tomatensalat.

Schweinefiletmedaillons in süßsaurer Pflaumensauce I

Mit Alkohol

4 Portionen

Pro Portion:
E: 44 g, F: 37 g, Kh: 21 g, kJ: 2664, kcal: 639

300 g	Pflaumen
1 EL	Zucker
50 g	frischer Ingwer
4	Frühlingszwiebeln
8	Schweinefiletmedaillons (je etwa 80–90 g)
8 Scheiben	Frühstücksspeck (Bacon, 80–90 g)
2–3 EL	Rapsöl
	Salz
	frisch gemahlener Pfeffer
2 TL	rote Currypaste
½ TL	gemahlener Zimt
100 ml	Pflaumenschnaps
400 ml	Kokosmilch
2 TL	grüner Pfeffer in Lake
2 EL	Saucenpaste oder Instant-Bratensauce

Außerdem:

8	Holzstäbchen

Zubereitungszeit: 25 Minuten
Garzeit: etwa 25 Minuten

1. Die Pflaumen abspülen, trocken tupfen, halbieren, entkernen und vierteln. Die Pflaumenviertel mit Zucker vermengen und etwas durchziehen lassen. Den Ingwer schälen, abspülen, abtropfen lassen, fein raspeln oder in kleine Stücke schneiden.

2. Den Backofen vorheizen.
Ober-/Unterhitze: etwa 180 °C
Heißluft: etwa 160 °C

3. In der Zwischenzeit die Frühlingszwiebeln putzen, abspülen, abtropfen lassen und das Grün so lang abschneiden, dass es sich einmal um ein Medaillon wickeln lässt (aus jeder Stange 2 Grünstreifen schnei-

den). Restliche Frühlingszwiebelstücke in dünne Ringe schneiden.

4. Die Frühlingszwiebelstreifen nebeneinander auf ein Backblech (mit Backpapier belegt) legen und für etwa 1 Minute in den vorgeheizten Backofen schieben (so werden die Streifen etwas weicher und lassen sich dann gut um die Medaillons wickeln).

5. Die Filetmedaillons mit Küchenpapier trocken tupfen. Die Medaillons zuerst jeweils mit 1 Scheibe Frühstücksspeck umwickeln, danach mit je 1 Frühlingszwiebelstreifen und diese mit je 1 Holzstäbchen feststecken.

6. Rapsöl in einer Pfanne erhitzen. Die vorbereiteten Medaillons von beiden Seiten kurz und scharf anbraten, mit Salz und Pfeffer würzen. Die Medaillons aus der Pfanne nehmen und nebeneinander in eine Auflaufform (gefettet) legen.

7. Die Frühlingszwiebelringe in dem verbliebenen Bratfett andünsten und die Currypaste unterrühren. Pflaumenviertel, Ingwer und Zimt dazugeben, weitere 2–3 Minuten mitdünsten. Das Ganze mit Pflaumenschnaps und Kokosmilch ablöschen.

8. Die Pfefferkörner kurz abspülen, abtropfen lassen und mit der Saucenpaste oder Bratensauce in die Sauce einrühren. Die Pflaumensauce über die Medaillons in der Auflaufform gießen.

9. Die Form auf dem Rost im unteren Drittel in den vorgeheizten Backofen schieben. Die Medaillons **etwa 25 Minuten garen.**

Beilage: Curryreis, den man gleichzeitig mit den Medaillons im Ofen garen kann. Dazu 1 fein gewürfelte Zwiebel in einem ofenfesten Topf mit 30 g zerlassener Butter andünsten. 200 g Reis (z. B. Basmati) abspülen, abtropfen lassen, in den Topf geben und glasig dünsten. ½ Teelöffel Currypulver unterrühren. 400 ml heiße Gemüsebrühe hinzugießen. Das Ganze mit Salz würzen, kurz aufkochen lassen und dann zugedeckt mit in den vorgeheizten Ofen schieben. Den Reis etwa 18 Minuten garen. Den Reis mit einer Gabel auflockern und die Butter unterrühren.

Schweineschnitzel „Jäger Art" I
Raffiniert
8 Portionen

Pro Portion:
E: 37 g, F: 28 g, Kh: 16 g, kJ: 1974, kcal: 471

500 g	Möhren
8	Schweineschnitzel (je etwa 130 g)
	Salz, frisch gemahlener Pfeffer
25 g	TK-Basilikum
8 Scheiben	Parmaschinken
4 EL	Olivenöl
250 g	gewürfelter, durchwachsener Speck
3	mittelgroße Zwiebeln
600 g	Kartoffeln
1 Dose	ganze Champignons (Abtropfgewicht 460 g)
500 g	Schlagsahne
250 ml (¼ l)	Fleischbrühe
2 Pck.	Jägersauce (für je 250 ml [¼ l] Flüssigkeit)
einige	Basilikumblättchen

Außerdem:
Holzstäbchen

Zubereitungszeit: 50 Minuten
Garzeit: etwa 60 Minuten

1. Möhren putzen, schälen, abspülen und abtropfen lassen. Etwa 150 g Möhren mit einem Sparschäler in Scheiben schneiden.

2. Schnitzel mit Küchenpapier trocken tupfen und evtl. etwas flach klopfen, mit Salz und Pfeffer bestreuen. Schnitzel nebeneinander auf eine Arbeitsfläche legen. Zuerst Möhrenscheiben, dann Basilikum und zuletzt den Schinken darauf verteilen. Schnitzel zusammenklappen und mit Holzstäbchen zusammenstecken.

3. Den Backofen vorheizen.
Ober-/Unterhitze: etwa 180 °C
Heißluft: etwa 160 °C

4. Das Olivenöl in einer großen Pfanne erhitzen. Die Schnitzel evtl. in 2 Portionen von beiden Seiten darin anbraten, herausnehmen und in eine große, flache Auflaufform (gefettet) legen.

5. Speckwürfel in dem verbliebenen Bratfett auslassen. Zwiebeln abziehen, in Scheiben schneiden und zu den Speckwürfeln geben.

6. Die Kartoffeln schälen, abspülen, abtropfen lassen und in Würfel schneiden. Restliche Möhren ebenfalls in Würfel schneiden. Kartoffel- und Möhrenwürfel zu der Speck-Zwiebel-Masse geben und mit andünsten. Champignons in einem Sieb abtropfen lassen und untermengen.

7. Die Speck-Zwiebel-Champignon-Masse auf den Schnitzeln verteilen. Sahne mit Brühe und Jägersauce gut verrühren und darübergießen.

8. Die Form auf dem Rost in den vorgeheizten Backofen schieben. Die Schnitzel **etwa 60 Minuten garen.** Schnitzel nach der Hälfte der Garzeit wenden.

9. Basilikum abspülen, trocken tupfen. Die Holzstäbchen aus den Schnitzeln entfernen und die Schnitzel mit Basilikum garniert servieren.

Beilage: Nudeln.

Schweizer Kartoffelpfanne I
Preiswert
4 Portionen

Pro Portion:
E: 24 g, F: 35 g, Kh: 36 g, kJ: 2360, kcal: 563

1 kg	Frühkartoffeln
	Salz
	frisch gemahlener Pfeffer
100 g	durchwachsener Speck
2	Zwiebeln
1	Knoblauchzehe
150 g	Schlagsahne
100 g	geriebener Käse, z. B. Emmentaler
4	Eier (Größe M)
2 EL	Schnittlauchröllchen

Zubereitungszeit: 50 Minuten
Garzeit: etwa 45 Minuten

1. Die Kartoffeln waschen, knapp mit Wasser bedeckt in einem Topf zum Kochen bringen. Die Kartoffeln in 20–25 Minuten gar kochen lassen, abgießen, abdämpfen und heiß pellen. Kartoffeln in Scheiben schneiden, mit Salz und Pfeffer bestreuen.

2. Den Backofen vorheizen.
Ober-/Unterhitze: etwa 180 °C
Heißluft: etwa 160 °C

3. Speck in Würfel schneiden. Speckwürfel in einer Pfanne ohne Fett auslassen. Zwiebeln abziehen und in feine Würfel schneiden. Zwiebelwürfel zum Speck geben und glasig dünsten lassen.

4. Knoblauch abziehen und eine Auflaufform (gefettet) damit ausreiben. Die Kartoffelscheiben abwechselnd mit der Speck-Zwiebel-Mischung in die Form geben. Sahne mit Käse verschlagen und darübergießen. Eier aufschlagen und daraufsetzen.

5. Die Form auf dem Rost in den vorgeheizten Backofen schieben. Die Kartoffelpfanne **etwa 45 Minuten garen.**

6. Die Kartoffelpfanne mit Schnittlauchröllchen bestreut servieren.

Seelachs alla pizzaiola | Schnell
4 Portionen

Pro Portion:
E: 38 g, F: 16 g, Kh: 8 g, kJ: 1394, kcal: 332

4	Seelachsfilets (je 180–200 g)
	Salz
	frisch gemahlener Pfeffer
3	Knoblauchzehen
1	rote Zwiebel
1	kleine, rote Chilischote
1	Fleischtomate
4	Sardellenfilets
8	schwarze, entsteinte Oliven
3 EL	Olivenöl
1 Prise	Zucker
370 g	Tomatenstücke mit Basilikum (aus dem Tetra Pak®)
60 g	Kapernäpfel
2 EL	Kapernsaft
2–3 Stängel	Thymian

Zubereitungszeit: 20 Minuten
Garzeit: 12–15 Minuten

1. Die Fischfilets unter fließend kaltem Wasser abspülen und trocken tupfen. Die Filets mit Salz und Pfeffer würzen und nebeneinander in eine Auflaufform (gefettet) legen.

2. Knoblauch und Zwiebel abziehen, in kleine Würfel schneiden.

3. Chilischote halbieren, entstielen und entkernen. Schote abspülen, abtropfen lassen und in kleine Stücke schneiden.

4. Tomate abspülen, abtrocknen, halbieren und die Stängelansätze herausschneiden. Die Tomate in kleine Würfel schneiden.

5. Sardellenfilets kurz abspülen, trocken tupfen und grob hacken. Oliven abtropfen lassen und in Ringe schneiden.

6. Den Backofen vorheizen.
Ober-/Unterhitze: etwa 200 °C
Heißluft: etwa 180 °C

7. Olivenöl in einem Topf erhitzen. Knoblauch-, Zwiebelwürfel und Chili darin kurz andünsten. Tomatenwürfel dazugeben und kurz mit andünsten. Mit Salz, Pfeffer und Zucker würzen. Die Tomatenstücke mit Basilikum unterrühren. Die Sauce kurz aufkochen.

8. Gehackte Sardellenfilets, Olivenringe, Kapernäpfel und Kapernsaft unter die Sauce rühren. Die Sauce über die Fischfilets in der Auflaufform geben.

9. Die Auflaufform auf dem Rost im unteren Drittel in den vorgeheizten Backofen schieben. Die Fischfilets **12–15 Minuten garen.**

10. Thymian abspülen, trocken tupfen und die Blättchen von den Stängeln zupfen. Seelachs alla pizzaiola mit Thymianblättchen garniert servieren.

Beilage: Knuspriges Ciabatta oder Kartoffelecken, ebenfalls aus dem Ofen.

Tipp: Das Gericht kann vor dem Backen auch mit einer Schicht aus 3 Esslöffeln Semmelbröseln, 2 Esslöffeln frisch gehackten Kräutern (z.B. Rosmarin, Thymian und Petersilie) und 4 Esslöffeln Olivenöl vermengt bestreut werden. Den Auflauf dann auf dem Rost im oberen Drittel des vorgeheizten Backofens etwa 15 Minuten überbacken.

Seelachsfilet, gefüllt I
Einfach
4 Portionen

Pro Portion:
E: 39 g, F: 14 g, Kh: 2 g, kJ: 1272, kcal: 304

    2 gleich
      große Seelachsfilets (etwa 750 g)
    2 EL Zitronensaft
         Salz
         frisch gemahlener Pfeffer

Für die Füllung:
    300 g TK-Blattspinat

Für den Belag:
    150 g Crème fraîche
    1 EL geriebener Parmesan-Käse

Zubereitungszeit: 25 Minuten
Garzeit: etwa 30 Minuten

1. Den Backofen vorheizen.
Ober-/Unterhitze: etwa 200 °C
Heißluft: etwa 180 °C

2. Seelachsfilets unter fließendem kaltem Wasser abspülen, trocken tupfen, mit Zitronensaft beträufeln, mit Salz und Pfeffer würzen.

3. Für die Füllung Spinat nach Packungsanleitung zubereiten.

4. Die Hälfte der Filets in eine Auflaufform (gefettet) geben, die Füllung darauf verteilen und mit dem übrigen Fischfilet bedecken.

5. Für den Belag Crème fraîche mit Salz und Käse verrühren. Den Fisch damit bestreichen.

6. Die Form auf dem Rost in den vorgeheizten Backofen schieben. Den Fisch **etwa 30 Minuten garen**.

Beilage: Petersilienkartoffeln, gemischter Salat.

Seelachsfilet mit Frischkäsehaube | Schnell
4 Portionen

Pro Portion:
E: 46 g, F: 39 g, Kh: 12 g, kJ: 2422, kcal: 577

2 Dosen	Prinzessbohnen (Abtropfgewicht je 450 g)
4	Schalotten
2 EL	Butter
	Salz
	frisch gemahlener Pfeffer
4 Scheiben	Seelachsfilet (je etwa 150 g)
200 g	Kräuter-Frischkäse
100 ml	Milch
125 g	ungesalzene, geröstete Erdnusskerne

Zubereitungszeit: 20 Minuten
Garzeit: etwa 25 Minuten

1. Den Backofen vorheizen.
Ober-/Unterhitze: etwa 200 °C
Heißluft: etwa 180 °C

2. Die Bohnen in einem Sieb abtropfen lassen. Die Schalotten abziehen und erst in Scheiben schneiden, dann in Ringe teilen.

3. Die Butter in einer Pfanne zerlassen. Die Zwiebelringe hinzugeben und darin andünsten. Die Bohnen zugeben, kurz miterwärmen, dann mit Salz und Pfeffer würzen. Das Bohnengemüse in eine Auflaufform (gefettet) geben.

4. Die Fischfilets unter fließendem kalten Wasser abspülen und trocken tupfen. Fischfilets von beiden Seiten mit Salz und Pfeffer würzen und nebeneinander auf das Bohnengemüse legen.

5. Den Frischkäse mit der Milch verrühren. Erdnüsse grob hacken und unter den Frischkäse rühren. Die Frischkäsemasse gleichmäßig auf dem Fisch verteilen und etwas andrücken.

6. Die Form auf dem Rost in den vorgeheizten Backofen schieben. Das Ganze **etwa 25 Minuten garen.**

7. Die Fischfilets mit den Bohnen auf Tellern anrichten und servieren.

Seeteufel auf Currywirsing I
Für Gäste
4 Portionen

Pro Portion:
E: 29 g, F: 27 g, Kh: 8 g, kJ: 1643, kcal: 395

1 kg	Wirsing
2	Tomaten (etwa 200 g)
50 g	Butter
	Salz, frisch gemahlener Pfeffer
	frisch geriebene Muskatnuss
1–2 TL	Currypulver, indisch
150 g	Crème fraîche
12	Seeteufelmedaillons (je etwa 50 g)
2 EL	gehackte Petersilie oder Schnittlauchröllchen
etwas	Tomatenwürzsalz

Zubereitungszeit: 25 Minuten
Garzeit: 15–20 Minuten

1. Den Wirsing putzen, vierteln und den Strunk herausschneiden. Den Wirsing abspülen und abtropfen lassen. Wirsing in Streifen schneiden. Die Tomaten abspülen, abtrocknen, halbieren und die Stängelansätze herausschneiden. Tomaten entkernen und in Würfel schneiden.

2. Butter in einer großen Pfanne erhitzen. Die Wirsingstreifen darin 5–6 Minuten anschmoren und mit Salz, Pfeffer und Muskat würzen. Currypulver einstreuen und miterhitzen. Knapp 1 Esslöffel Crème fraîche unterrühren. Etwa zwei Drittel des angeschmorten Wirsings in einer großen Auflaufform (gefettet) oder in 2 kleineren Auflaufformen (gefettet) verteilen.

3. Den Backofen vorheizen.
Ober-/Unterhitze: etwa 180 °C
Heißluft: etwa 160 °C

4. Die Fischmedaillons unter fließendem kalten Wasser abspülen, trocken tupfen und mit Salz und Pfeffer würzen. Die Medaillons nebeneinander mit etwas Abstand auf das Wirsinggemüse legen. Das restliche Wirsinggemüse dazwischen verteilen.

5. Die Tomatenwürfel, 1 Esslöffel Petersilie oder Schnittlauch mit der restlichen Crème fraîche verrühren, mit Pfeffer und Tomatenwürzsalz abschmecken. Die Crème-fraîche-Masse in Klecksen auf dem Auflauf verteilen.

6. Die Auflaufform oder Formen auf dem Rost im unteren Drittel in den vorgeheizten Backofen schieben. Seeteufel auf Currywirsing **15–20 Minuten garen.**

7. Seeteufel auf Currywirsing mit der restlichen gehackten Petersilie oder Schnittlauchröllchen bestreut servieren.

Beilage: Kartoffelpüree.

Tipps: Anstelle des Seeteufels kann man auch Lachsstücke, einen anderen festen Weißfisch oder geschälte Riesengarnelen verwenden. Wenn Sie kein Tomatenwürzsalz zur Hand haben, würzen Sie einfach mit Salz, Pfeffer und frischem Basilikum.

Shepherd's Pie | Mit Alkohol
3–4 Portionen

Pro Portion:
E: 33 g, F: 39 g, Kh: 28 g, kJ: 2609, kcal: 623

2 EL	Speiseöl, z. B. Olivenöl
500 g	Gehacktes (halb Rind-/ halb Schweinefleisch)
1	Gemüsezwiebel
2	Knoblauchzehen
1	Fleischtomate
100 g	Möhrenwürfel
200 ml	Rotwein
1 Dose	geschälte Tomaten (Abtropfgewicht 240 g)
1 Pck.	Kartoffelpüree (Fertigpulver für 3 Portionen) Salz, frisch gemahlener Pfeffer Paprikapulver edelsüß
1 EL	frisch gehackte Kräuter

Zubereitungszeit: 60–75 Minuten
Garzeit: 15–20 Minuten

1. Speiseöl in einer Pfanne erhitzen. Gehacktes darin unter Rühren kräftig anbraten. Dabei die Fleischklümpchen mit einer Gabel zerdrücken. Zwiebel und Knoblauch abziehen. Die Zwiebel halbieren. Zwiebelhälften und Knoblauch in kleine Würfel schneiden, zu dem Gehackten geben und mit anbraten.

2. Fleischtomate abspülen, trocken tupfen, halbieren und den Stängelansatz herausschneiden. Die Tomatenhälften in Stücke schneiden, zusammen mit den Möhrenwürfeln zu dem Gehackten geben und unter gelegentlichem Rühren etwa 5 Minuten mitdünsten lassen.

3. Rotwein und geschälte Tomaten mit der Flüssigkeit hinzugeben, zum Kochen bringen und 30–35 Minuten bei nicht zu starker Hitze einkochen lassen.

4. Den Backofen vorheizen.
Ober-/Unterhitze: etwa 220 °C
Heißluft: etwa 200 °C

5. In der Zwischenzeit Kartoffelpüree nach Packungsanleitung zubereiten. Die Gehacktessauce mit Salz, Pfeffer und Paprika würzen und in eine flache Auflaufform (gefettet) füllen. Das noch warme Kartoffelpüree mit einem Löffel locker auf der Sauce verteilen.

6. Die Form auf dem Rost in den vorgeheizten Backofen schieben. Shepherd's Pie **15–20 Minuten garen.**

7. Die Shepherd's Pie mit den gehackten Kräutern bestreuen und servieren.

Beilage: Knackiger Friséesalat mit einer Kräuter-Vinaigrette.

Tipps: Am saubersten lässt sich alles in die Auflaufform füllen, wenn die Gehacktessauce abgekühlt und fest geworden ist, man das noch warme Püree in einem Einwegspritzbeutel mit Sterntülle füllt und auf der Gehacktessauce aufspritzt. Auch Chili con Carne kann man so überbacken.

Sieben-Pfund-Topf I
Klassisch
10–12 Portionen

Pro Portion:
E: 38 g, F: 20 g, Kh: 13 g, kJ: 1609, kcal: 384

500 g	Kasseler (Kotelettstück, ohne Knochen)
500 g	Champignons
500 g	Gemüsezwiebeln
500 g	rote Paprikaschoten
500 g	Rindergulasch
500 g	Schweinegulasch
500 g	Thüringer Mett (gewürztes Schweinemett)
250 ml (¼ l)	Schaschliksauce
250 ml (¼ l)	Zigeunersauce

Zubereitungszeit: 50 Minuten
Garzeit: etwa 90 Minuten

1. Das Kasseler mit Küchenpapier trocken tupfen und in etwa 1 ½ cm große Würfel schneiden.

2. Den Backofen vorheizen.
Ober-/Unterhitze: etwa 200 °C
Heißluft: etwa 180 °C

3. Champignons putzen, mit Küchenpapier abreiben, evtl. abspülen, trocken tupfen und in Scheiben schneiden. Die Zwiebeln abziehen, halbieren und in Streifen schneiden. Die Paprikaschoten halbieren, entstielen, entkernen und die weißen Scheidewände entfernen. Schotenhälften abspülen, abtropfen lassen und ebenfalls in Streifen schneiden.

4. Rinder- und Schweinegulasch mit Küchenpapier trocken tupfen und mit dem Mett vermischen. Schaschlik- und Zigeunersauce verrühren.

5. Die Gulasch-Mett-Mischung mit Kasselerwürfeln, Champignonscheiben, Zwiebel- und Paprikastreifen in einen großen Bräter schichten. Jeweils etwas von der Schaschlik-Zigeunersauce-Mischung auf die einzelnen Schichten geben.

6. Den Bräter mit dem Deckel verschließen und auf dem Rost im unteren Drittel in den vorgeheizten Backofen schieben.

7. Den Sieben-Pfund-Topf **etwa 90 Minuten garen,** dabei die Zutaten nach jeweils etwa 20 Minuten umrühren.

Tipps: Den Pfundstopf mit etwa 100 g Schlagsahne verfeinern. Petersilienkartoffeln dazureichen.

Spargel-Frischkäse-Tarte | Raffiniert
4 Portionen

Pro Portion:
E: 23 g, F: 43 g, Kh: 42 g, kJ: 2721, kcal: 650

1,4 kg	weißer Spargel
150 g	Ziegenfrischkäse
4	Eier (Größe M)
	Salz
	frisch gemahlener Pfeffer
	Zucker
100 g	Frühstücksspeck in Scheiben (Bacon)
90 g	Butter
1 Bund	Frühlingszwiebeln
200 g	Yufka-Teigblätter

Zubereitungszeit: 45 Minuten
Backzeit: etwa 40 Minuten

1. Den Spargel von oben nach unten schälen. Darauf achten, dass die Schalen vollständig entfernt, die Köpfe aber nicht verletzt werden. Die unteren Enden abschneiden (holzige Stellen vollkommen entfernen). Spargel abspülen und abtropfen lassen.

2. Den Backofen vorheizen.
Ober-/Unterhitze: etwa 180 °C
Heißluft: etwa 160 °C

3. Ziegenkäse mit den Eiern verrühren, mit Salz, Pfeffer und Zucker würzen.

4. Den Frühstücksspeck auf den Boden einer Tarte-Form (Ø 28 cm, mit Butter gefettet) legen. Spargelstangen in die Form schichten.

5. Die Butter zerlassen. Die Frühlingszwiebeln putzen, abspülen, abtropfen lassen und in Ringe schneiden. Einige Frühlingszwiebelringe zum Garnieren beiseitelegen. Restliche Frühlingszwiebelringe auf dem Spargel verteilen. Die Ziegenkäse-Eier-Masse darauf verteilen.

6. Die Spargel-Speck-Schicht mit den Teigblättern belegen. Dabei jede einzelne Teigschicht mit zerlassener Butter bestreichen (ergibt 4–5 Teigschichten).

7. Die Form auf dem Rost in den vorgeheizten Backofen schieben. Die Tarte **etwa 40 Minuten backen.**

8. Die Form auf einen Kuchenrost stellen. Die Tarte etwa 5 Minuten in der Form ruhen lassen. Anschließend die Spargel-Frischkäse-Tarte auf eine große Platte stürzen und sofort mit den beiseitegelegten Frühlingszwiebelringen servieren.

Tipps: Zusätzlich die Tarte zum Servieren mit knusprig ausgebratenen Frühstücksspeckscheiben belegen. Wer den Spargel sehr weich mag, kann ihn auch etwa 5 Minuten vorgaren.

Spargel-Gratin | Einfach – für Gäste
6 Portionen

Pro Portion:
E: 14 g, F: 21 g, Kh: 8 g, kJ: 1164, kcal: 278

1,2 kg	weißer Spargel
4	Eier (Größe M)
150 g	Crème fraîche
3 EL	Semmelbrösel
150 ml	Spargelfond oder Milch
	Salz, frisch gemahlener Pfeffer
1 Bund	glatte Petersilie
50 g	fein geriebener Parmesan-Käse
100 g	Frühstücksspeck in Scheiben (Bacon)

Zubereitungszeit: 50 Minuten
Backzeit: etwa 40 Minuten

1. Den Spargel von oben nach unten schälen. Darauf achten, dass die Schalen vollständig entfernt, die Köpfe aber nicht verletzt werden. Die unteren Enden abschneiden (holzige Stellen vollkommen entfernen). Spargelstangen, -schalen und -enden abspülen und abtropfen lassen.

2. Die Spargelschalen und -enden in einem Topf mit Wasser zum Kochen bringen und zugedeckt etwa 20 Minuten bei schwacher Hitze leicht kochen lassen. Anschließend in ein Sieb geben, dabei den Spargelfond auffangen.

3. Den Backofen vorheizen.
Ober-/Unterhitze: etwa 180 °C
Heißluft: etwa 160 °C

4. Eier, Crème fraîche und Semmelbrösel verrühren. Den Spargelfond oder Milch unterrühren, mit Salz und Pfeffer würzen. Petersilie abspülen und trocken tupfen. Die Blättchen von den Stängeln zupfen. Blättchen fein hacken und unter die Eier-Crème-fraîche-Masse rühren.

5. Spargelstangen längs halbieren und in eine Auflaufform (gefettet) legen. Eier-Crème-fraîche-Masse darauf verteilen und mit Käse bestreuen. Die Speckscheiben darauflegen.

6. Die Form auf dem Rost in den vorgeheizten Backofen schieben. Das Gratin **etwa 40 Minuten backen.**

Beilage: Neue Kartoffeln.

Spargel-Kartoffel-Auflauf | Raffiniert
4 Portionen

Pro Portion:
E: 37 g, F: 39 g, Kh: 34 g, kJ: 2697, kcal: 646

800 g	festkochende Kartoffeln
1 kg	grüner Spargel
	Salzwasser
300 g	gekochter Schinken
1	Knoblauchzehe
150 g	Crème fraîche
125 g	Schlagsahne
2	Eier (Größe M)
	Salz
	frisch gemahlener, weißer Pfeffer
100 g	geriebener Emmentaler Käse

Zubereitungszeit: 65 Minuten
Garzeit: etwa 30 Minuten

1. Kartoffeln gründlich waschen, mit Wasser bedeckt zum Kochen bringen und zugedeckt 15–20 Minuten kochen lassen.

2. In der Zwischenzeit von dem Spargel nur das untere Drittel schälen und die Enden abschneiden. Den Spargel abspülen, abtropfen lassen und in 3–4 cm lange Stücke schneiden. Salzwasser in einem Topf zum Kochen bringen. Spargelstücke darin 4–6 Minuten garen.

3. Spargelstücke in einem Sieb abtropfen lassen. Kartoffeln abgießen, abdämpfen, heiß pellen und in dünne Scheiben schneiden.

4. Den Backofen vorheizen.
Ober-/Unterhitze: etwa 180 °C
Heißluft: etwa 160 °C

5. Den Schinken in kleine Würfel schneiden. Spargelstücke mit Kartoffelscheiben und Schinkenwürfeln mischen, in einer Auflaufform (gefettet) verteilen.

6. Knoblauch abziehen und durch eine Knoblauchpresse drücken. Crème fraîche mit Sahne, Eiern und Knoblauch verrühren, mit Salz und Pfeffer würzen. Die Crème-fraîche-Eier-Masse auf dem Auflauf verteilen und mit Käse bestreuen.

7. Die Form auf dem Rost in den vorgeheizten Backofen schieben. Den Auflauf **etwa 30 Minuten garen.**

Tipps: Einen gemischten grünen Salat dazureichen. Der Auflauf schmeckt auch lauwarm sehr gut.

Spargel-Quiche mit Parmaschinken | Raffiniert

4 Portionen

Pro Portion:
E: 23 g, F: 29 g, Kh: 44 g, kJ: 2221, kcal: 530

       500 g weißer Spargel
              Salzwasser
        20 g Butter
     1 Prise Zucker

Für den Quark-Öl-Teig:
       200 g Weizenmehl
  3 gestr. TL Dr. Oetker Backin
       100 g Magerquark
        50 ml kaltes Wasser
        3 EL Olivenöl
  1 gestr. TL Salz
         1 TL Zucker

Für den Belag:
      1 Dose Artischockenböden
              (Abtropfgewicht 210 g)
       2 Eier (Größe M)
       150 g Schlagsahne
              Salz, Cayennepfeffer
        30 g geriebener Parmesan-Käse
      einige
              Blätter Rucola (Rauke)
  8 Scheiben Parmaschinken

Zubereitungszeit: 60 Minuten
Backzeit: etwa 30 Minuten

1. Den Spargel von oben nach unten schälen. Darauf achten, dass die Schalen vollständig entfernt, die Köpfe aber nicht verletzt werden. Die unteren Enden abschneiden (holzige Stellen vollkommen entfernen). Spargel abspülen, abtropfen lassen und in etwa 3 cm lange Stücke schneiden.

2. Salzwasser mit Butter und Zucker in einem Topf zum Kochen bringen. Die Spargelstücke hinzufügen, wieder zum Kochen bringen und zugedeckt etwa 5 Minuten garen. Spargelstücke in einem Sieb abtropfen lassen.

3. Für den Quark-Öl-Teig Mehl mit Backpulver in einer Rührschüssel mischen. Quark, Wasser, Öl, Salz und Zucker hinzufügen. Die Zutaten mit Handrührgerät mit Knethaken auf höchster Stufe in etwa 1 Minute zu einem glatten Teig verarbeiten (nicht zu lange kneten, Teig klebt sonst).

4. Den Backofen vorheizen.
Ober-/Unterhitze: etwa 200 °C
Heißluft: etwa 180 °C

5. Den Teig auf einer leicht bemehlten Arbeitsfläche zu einer runden Platte (Ø etwa 32 cm) ausrollen. Den Teig vorsichtig von 4 Seiten zur Mitte hin falten.

6. Anschließend den Teig in eine Tarte- oder Quiche-form (Ø 26–28 cm, gefettet) legen.

7. Den Teig in der Form auseinanderfalten und die Teigränder andrücken. Den Teigboden mit einer Gabel mehrmals einstechen.

8. Für den Belag Artischockenböden in einem Sieb abtropfen lassen und in dünne Scheiben schneiden.

9. Eier mit Sahne verschlagen, mit Salz und Cayenne-pfeffer würzen.

10. Die Artischockenscheiben und die Spargelstücke nacheinander auf den Teigboden legen. Die Eiersahne darauf verteilen und mit Parmesan-Käse bestreuen.

11. Die Form auf dem Rost in den vorgeheizten Back-ofen schieben. Die Quiche **etwa 30 Minuten backen.**

12. Den Rucola putzen, waschen und trocken tupfen. Die dicken Stiele herausschneiden. Rucola in kleine Stücke schneiden oder zupfen.

13. Die Form auf einen Kuchenrost stellen. Die Quiche vor dem Servieren mit Parmaschinken und Rucola garnieren. Die Spargel-Quiche mit Parmaschinken heiß oder kalt servieren.

Tipp: Wenn Sie keinen frischen Spargel bekommen, können Sie auch die gleiche Menge tiefgekühlten Spargel verwenden.

Spiegeleier-Toast | Schnell
12 Stück

Pro Stück:
E: 10 g, F: 18 g, Kh: 12 g, kJ: 1069, kcal: 255

12 Scheiben	Buttertoast (etwa 9 x 8 1/2 cm)
12 EL	Olivenöl
	Salz
	frisch gemahlener Pfeffer
12	frische Eier (Größe M)
etwa 50 g	frisch geriebener Gouda- oder Emmentaler Käse
25 g	fein gewürfelter, magerer Speck (geräuchert)
1 Bund	Schnittlauch

Zubereitungszeit: 30 Minuten
Backzeit: etwa 10 Minuten je Backblech

1. Den Backofen vorheizen.
Ober-/Unterhitze: etwa 200 °C
Heißluft: etwa 180 °C

2. Jeweils 6 Scheiben Toastbrot auf je ein Backblech (mit Backpapier belegt) legen. Aus jeder Toastscheibe mit einer runden Ausstechform (Ø etwa 5 cm) einen Kreis ausstechen. Die Brotkreise ebenfalls auf die Backbleche legen.

3. Die Brotscheiben und -kreise mit Olivenöl bestreichen, mit Salz und Pfeffer bestreuen.

4. Die Eier jeweils in einer kleinen Tasse oder einem Glas aufschlagen und vorsichtig in die zuvor ausgestochenen Brotscheibenkreise gleiten lassen.

5. Die ausgestochenen Toastbrotkreise mit dem geriebenen Käse und Speck bestreuen.

6. Die Backbleche nacheinander (bei Heißluft zusammen) in den vorgeheizten Backofen schieben. Spiegeleier-Toast **etwa 10 Minuten je Backblech backen.**

7. In der Zwischenzeit Schnittlauch abspülen, trocken tupfen und in Röllchen schneiden. Spiegeleier-Toast und die Brotkreise mit Schnittlauchröllchen bestreuen und heiß servieren.

Tipps: In die ausgestochenen Toastbrotscheiben jeweils 1 Scheibe Frühstücksspeck (Bacon) legen und das Ei vorsichtig daraufgeben. Oder die ausgestochenen Toastbrotscheiben mit Käse bestreuen und dann das Ei daraufgeben.

Spinat vom Blech, gebacken I
Vegetarisch – einfach
8–10 Portionen

Pro Portion:
E: 20 g, F: 24 g, Kh: 3 g, kJ: 1301, kcal: 310

3 kg	TK-Blattspinat
3	Knoblauchzehen
80 g	Pinienkerne
5 EL	Olivenöl
250 g	Mozzarella-Käse
100 g	geriebener Parmesan-Käse
	Salz, frisch gemahlener Pfeffer

Zubereitungszeit: 35 Minuten, ohne Auftauzeit
Backzeit: 15–20 Minuten

1. Den Blattspinat nach Packungsanleitung auftauen lassen und in einem Sieb abtropfen lassen.

2. Den Backofen vorheizen.
Ober-/Unterhitze: etwa 220 °C
Heißluft: etwa 200 °C

3. Knoblauch abziehen, durch eine Knoblauchpresse drücken und auf dem Backblech (mit Olivenöl bestrichen) verteilen. Blattspinat evtl. noch etwas ausdrücken und auf dem Blech verteilen. Pinienkerne daraufstreuen. Das Olivenöl daraufträufeln.

4. Mozzarella abtropfen lassen und in feine Würfel schneiden. Mozzarellawürfel und Parmesan-Käse auf dem Spinat verteilen, mit Salz und Pfeffer würzen.

5. Das Backblech in den vorgeheizten Backofen schieben. Den Spinat **15–20 Minuten backen.**

Tipps: Gebackenen Spinat als Beilage zu Kurzgebratenem oder mit Baguette als Vorspeise reichen. Der Spinat kann auch mit Schafkäse zubereitet werden.

Rezeptvariante: Für **gebackenen Mangold** vom Blech 3 kg Mangold waschen und in Streifen schneiden. Die Mangoldstreifen in Salzwasser blanchieren, etwas ausdrücken und dann weiter wie den Spinat verarbeiten. Es können zusätzlich noch Tomatenwürfel von 6 enthäuteten, entkernten Tomaten oder 1 Tetra Pak® (370 g) Tomaten untergehoben werden.

Spitzkohlauflauf mit Pilzen und Möhren | Vegetarisch – mit Alkohol
4 Portionen

Pro Portion:
E: 14 g, F: 59 g, Kh: 15 g, kJ: 2725, kcal: 652

1 kg	Spitzkohl
500 g	Pilze, z. B. braune Champignons
500 g	Möhren
8 EL	Sesamöl
75 ml	trockener Weißwein
400 g	Schlagsahne
	Salz
	frisch gemahlener Pfeffer
	frisch geriebene Muskatnuss
1 Msp.	Kreuzkümmel
2 EL	Sesamsamen
einige	Stängel Petersilie oder Kerbel

Zubereitungszeit: 30 Minuten
Garzeit: etwa 45 Minuten

1. Den Spitzkohl putzen, halbieren und in 8 Spalten schneiden. Den Strunk so herausschneiden, dass die Stücke nicht auseinanderfallen. Kohl kurz abspülen und abtropfen lassen.

2. Die Pilze putzen, mit Küchenpapier abreiben, evtl. abspülen. Pilze halbieren oder vierteln. Möhren putzen, schälen, abspülen, abtropfen lassen und schräg in dünne Scheiben schneiden.

3. Den Backofen vorheizen.
Ober-/Unterhitze: etwa 180 °C
Heißluft: etwa 160 °C

4. Etwas Sesamöl in einer Pfanne erhitzen, portionsweise den Spitzkohl, die Pilze und die Möhrenscheiben darin nacheinander anbraten. Das Gemüse in einer Auflaufform (gefettet) verteilen.

5. Wein mit Sahne verrühren, mit Salz, Pfeffer, Muskatnuss und Kreuzkümmel abschmecken. Die Weinsahne auf das angebratene Gemüse in der Auflaufform gießen. Sesam daraufstreuen.

6. Den Auflauf auf dem Rost im unteren Drittel in den vorgeheizten Backofen schieben. Den Auflauf **etwa 45 Minuten garen.**

7. Kräuterstängel abspülen, trocken tupfen und die Blättchen von den Stängeln zupfen. Spitzkohlauflauf mit frischen Kräuterblättchen bestreut servieren.

Beilage: In Butter geschwenkte Petersilienkartoffeln.

Tipps: Wer keinen Kreuzkümmel mag, kann ihn auch durch etwas gemahlenen Kümmel oder Currypulver ersetzen. Der Weißwein kann auch durch Gemüsebrühe ersetzt werden.

Steak-Blech | Für die Party
12 Portionen

Pro Portion:
E: 41 g, F: 31 g, Kh: 22 g, kJ: 2235, kcal: 535

```
2 kg    Kartoffeln
  2     mittelgroße Zwiebeln oder
        2–3 Schalotten
100 g   gewürfelter Katenschinken
  6 EL  Olivenöl
```

Für den Belag:
```
   1    Knoblauchzehe
500 g   Crème fraîche
  3 EL  gehackte Petersilie
  3 EL  Schnittlauchröllchen
        Salz
        frisch gemahlener Pfeffer
200 g   frisch geriebener Gouda-Käse

 12     Kalbssteaks (je etwa 140 g)
etwa 4 EL Olivenöl
```

Zubereitungszeit: 45 Minuten
Garzeit: etwa 35 Minuten

1. Den Backofen vorheizen.
Ober-/Unterhitze: etwa 200 °C
Heißluft: etwa 180 °C

2. Kartoffeln schälen, abspülen, abtropfen lassen und in dünne Scheiben schneiden. Die Kartoffelscheiben in eine Fettpfanne (30 x 40 cm, mit etwas Speiseöl bestrichen) geben. Zwiebeln oder Schalotten abziehen, klein würfeln. Die Zwiebel- oder Schalottenwürfel mit Schinkenwürfeln und Olivenöl vermischen, auf den Kartoffelscheiben verteilen und gut untermengen.

3. Die Fettpfanne auf mittlerer Einschubleiste in den vorgeheizten Backofen schieben. Kartoffelscheiben **etwa 20 Minuten garen,** dabei die Kartoffelscheiben nach der Hälfte der Garzeit einmal wenden.

4. Für den Belag Knoblauch abziehen und in kleine Würfel schneiden. Die Crème fraîche mit Petersilie, Schnittlauchröllchen und Knoblauchwürfeln verrühren, mit Salz und Pfeffer würzen. Die Hälfte des geriebenen Käses unterrühren.

5. Steaks mit Küchenpapier trocken tupfen. Die Hälfte des Öls in einer großen Pfanne erhitzen. Die Steaks darin in 2 Portionen von jeder Seite etwa 2 Minuten anbraten, herausnehmen.

6. Die Crème-fraîche-Käse-Masse und Kalbssteaks auf den Kartoffelscheiben verteilen und mit dem restlichen Käse bestreuen. Die Fettpfanne wieder in den vorgeheizten Backofen schieben. Die Steaks **etwa 15 Minuten überbacken.**

Beilage: Tomatensalat und Ciabatta-Brot.

Tipps: Statt Kalbssteaks Schweinenackensteaks oder Putenschnitzel verwenden. Dann den Belag nur etwa 10 Minuten überbacken. Sollte der Käse noch nicht genügend gebräunt sein, kurz den Backofengrill einschalten. Das Steak-Blech nach Belieben mit Petersilienblättchen garnieren.

Steinpilz-Crespelle | Raffiniert
4 Portionen

Pro Portion:
E: 26 g, F: 30 g, Kh: 31 g, kJ: 2097, kcal: 501

15–20 g	getrocknete Steinpilze
125 ml (1/8 l)	lauwarmes Wasser
150 g	Weizenmehl
200 ml	Milch
1/2 TL	Salz
3	Eier (Größe M)
750 g	frischer Spinat oder Mangold (ersatzweise 300 g TK-Blattspinat)
	frisch gemahlener Pfeffer
	frisch geriebene Muskatnuss
150 g	Cocktailtomaten
125 g	Ricotta (ital. Frischkäse, ersatzweise Doppelrahm-Frischkäse)
50 ml	Mineralwasser mit Kohlensäure
4–5 TL	Speiseöl
150 g	Gorgonzola-Käse

Zubereitungszeit: 45 Minuten, ohne Einweich- und Teigquellzeit
Backzeit: etwa 15 Minuten

1. Steinpilze in lauwarmem Wasser nach Packungsanleitung einweichen. Anschließend Pilze abgießen, dabei 100 ml Einweichwasser auffangen. Ein Drittel der Pilze fein hacken.

2. Das Mehl mit Milch, Pilz-Einweichwasser, Salz und Eiern mit Handrührgerät mit Rührbesen gut verrühren. Dann den Teig zugedeckt etwa 30 Minuten quellen lassen.

3. Inzwischen Spinat oder Mangold verlesen, abspülen und abtropfen lassen oder TK-Spinat auftauen lassen. Einen großen Topf erhitzen. Spinat oder Mangold darin tropfnass unter Rühren zusammenfallen lassen, mit Salz, Pfeffer und Muskat würzen, aus dem Topf nehmen und gut abtropfen lassen.

4. Tomaten abspülen, abtrocknen und vierteln. Spinat ausdrücken, grob hacken und mit Ricotta verrühren, Tomaten und die ungehackten Pilze untermischen und alles mit Salz und Pfeffer würzen.

5. Den Backofen vorheizen.
Ober-/Unterhitze: etwa 200 °C
Heißluft: etwa 180 °C

6. Mineralwasser und gehackte Pilze unter den Crespelle-Teig rühren. Eine mittelgroße Pfanne erhitzen und pro Crespelle (Pfannkuchen) etwa 1/2 Teelöffel Öl darin erhitzen. Aus dem Teig nacheinander bei mittlerer Hitze 8–10 dünne Crespelle backen.

7. Die Spinatfüllung auf den Crespelle verteilen. Die Crespelle aufrollen und nebeneinander in eine Auflaufform (gefettet) legen. Gorgonzola zerbröckeln und daraufstreuen.

8. Die Form auf dem Rost in den vorgeheizten Backofen schieben. Crespelle **etwa 15 Minuten backen.**

Süßer Spätzleauflauf | Süße Mahlzeit
6 Portionen

Pro Portion:
E: 19 g, F: 36 g, Kh: 93 g, kJ: 3314, kcal: 791

500 g	Spätzle
2 Gläser	entsteinte Sauerkirschen (Abtropfgewicht je 360 g)
500 g	Schlagsahne
5	Eier (Größe M)
60 g	Zucker
etwas	gemahlener Zimt

Zubereitungszeit: 30 Minuten
Backzeit: etwa 60 Minuten

1. Spätzle nach Packungsanleitung zubereiten. Die Spätzle abtropfen lassen.

2. Den Backofen vorheizen.
Ober-/Unterhitze: etwa 180 °C
Heißluft: etwa 160 °C

3. Sauerkirschen in einem Sieb abtropfen lassen. Sauerkirschen und Spätzle vermischen. Sahne und Eier verschlagen. Zucker und Zimt unter die Spätzle rühren.

4. Die Spätzle-Sauerkirsch-Mischung in einer flachen Auflaufform (gefettet) verteilen und mit der Eiersahne übergießen.

5. Die Form auf dem Rost in den vorgeheizten Backofen schieben. Süßen Spätzleauflauf **etwa 60 Minuten backen.**

Tipp: Dieser Auflauf kann je nach Geschmack zusätzlich mit Quark und Vanillin-Zucker verfeinert werden, dann zusätzlich 250 g Speisequark und noch 2 Päckchen Dr. Oetker Vanillin-Zucker unter die Eiersahne rühren.

Rezeptvariante: Süßer Milchreisauflauf. Dafür aus 250 g Milchreis, 1 ½ l Milch und 50 g Zucker nach Packungsanleitung Milchreis kochen, mit den übrigen Zutaten vermischen und backen.

Texas-Auflauf I
Deftig – vegetarisch
6 Portionen

Pro Portion:
E: 18 g, F: 30 g, Kh: 52 g, kJ: 2336, kcal: 558

750 g	TK-Kartoffel-Wedges (Kartoffelspalten)
300 g	TK-Brechbohnen
1 Dose	Kidneybohnen (Abtropfgewicht 250 g)
1 Dose	Gemüsemais (Abtropfgewicht 285 g)
je 1	rote und grüne Paprikaschote
	Salz

Für den Guss:

300 g	Schlagsahne
300 ml	Milch
4	Eier (Größe M)
	frisch gemahlener Pfeffer
1 gestr. TL	Paprikapulver edelsüß
	Cayennepfeffer

Zubereitungszeit: 30 Minuten, ohne Antauzeit
Garzeit: etwa 40 Minuten

1. Kartoffel-Wedges und Bohnen nach Packungsanleitung antauen lassen. Kidneybohnen in ein Sieb geben, mit kaltem Wasser abspülen, gut abtropfen lassen. Mais ebenfalls abtropfen lassen.

2. Paprikaschoten halbieren, entstielen, entkernen, weiße Scheidewände entfernen. Schoten abspülen, trocken tupfen, in Würfel schneiden. Wasser mit etwas Salz in einem Topf zum Kochen bringen. Paprikawürfel und Brechbohnen hinzufügen, zum Kochen bringen und 2–3 Minuten kochen lassen. Paprikawürfel und Brechbohnen in ein Sieb geben, mit kaltem Wasser abschrecken, gut abtropfen lassen.

3. Den Backofen vorheizen.
Ober-/Unterhitze: etwa 200 °C
Heißluft: etwa 180 °C

4. Für den Guss Sahne mit Milch und Eiern verschlagen. Mit Salz, Pfeffer, Paprika und Cayennepfeffer würzen.

5. Kartoffel-Wedges mit Kidneybohnen, Mais, Brechbohnen und Paprikawürfeln vermischen, in eine Auflaufform (gefettet) geben. Den Guss darauf verteilen.

6. Die Form auf dem Rost in den vorgeheizten Backofen schieben. Den Auflauf **etwa 40 Minuten garen.**

Beilage: Grüner Salat und Graubrot oder Roggenbrötchen.

Rezeptvariante: Für einen **texanischen Hackfleischauflauf** (6 Portionen) den Auflauf mit Gehacktem statt Kartoffel-Wedges zubereiten. Dafür 1 kg Rindergehacktes in etwa 3 Esslöffeln Olivenöl anbraten. 2 abgezogene, in Würfel geschnittene Zwiebeln mit anbraten. Mit Salz, Pfeffer und Chilipulver würzen. Abgetropfte Kidneybohnen, Mais sowie gekochte Brechbohnen und Paprikawürfel untermischen. Die Masse in eine Auflaufform (gefettet) geben. Den Sahne-Eier-Guss darauf verteilen. Den Auflauf bei der im Rezept angegebenen Backofeneinstellung etwa 30 Minuten garen.

Tilapiafilet „Bordelaise" I
Beliebt
4 Portionen

Pro Portion:
E: 34 g, F: 30 g, Kh: 26 g, kJ: 2148, kcal: 514

4	**Tilapiafilets** (je etwa 180 g)
	Salz
	frisch gemahlener Pfeffer
8 EL	**Semmelbrösel**
3–4 EL	**Olivenöl**
einige Stängel	**Schnittlauch**
5–6 Stängel	**Dill**
2 EL	**körniger Senf**
1–2 EL	**Butter**
600 g	**Salatgurke**
125 g	**Schmand (Sauerrahm)**
1 Prise	**Zucker**

Zubereitungszeit: 30 Minuten
Garzeit: 8–10 Minuten

1. Den Backofen vorheizen.
Ober-/Unterhitze: etwa 200 °C
Heißluft: etwa 180 °C

2. Fischfilets unter fließendem kalten Wasser abspülen, trocken tupfen, mit Salz und Pfeffer bestreuen. Die Fischfilets in eine Auflaufform (gefettet) legen.

3. Die Semmelbrösel mit dem Olivenöl zu einer feuchtkrümeligen Masse verrühren. Kräuter abspülen und trocken tupfen. Schnittlauch in feine Röllchen schneiden. Etwas Dill zum Garnieren beiseitelegen. Restliche Dillspitzen abzupfen und fein hacken.

4. Die Kräuter mit dem Senf unter die Bröselmischung rühren. Die Masse mit Pfeffer und Salz abschmecken, auf den Fischfilets verteilen. Die Butter in Flöckchen daraufsetzen.

5. Die Form auf dem Rost auf mittlerer Einschubleiste in den vorgeheizten Backofen schieben. Die Fischfilets **8–10 Minuten garen.**

6. In der Zwischenzeit die Gurken abspülen, abtrocknen und die Enden abschneiden. Die Gurken in dünne Scheiben schneiden oder hobeln.

7. Den Schmand glatt rühren, mit Salz, Pfeffer und Zucker würzen. Die Gurkenscheiben mit Schmand verrühren und nochmals abschmecken.

8. Die Fischfilets mit Schmandgurken servieren und mit beiseitegelegtem Dill garnieren.

Toast „Anatolia" | Einfach
10 Portionen

Pro Portion:
E: 25 g, F: 17 g, Kh: 31 g, kJ: 1564, kcal: 372

1	großes, ovales Fladenbrot
2–3	mittelgroße Zwiebeln
2	Knoblauchzehen
1	rote Paprikaschote
50 g	schwarze Oliven
200 g	Schafkäse
1 Bund	glatte Petersilie
800 g	Lammgehacktes
2	Eier (Größe M)
	Salz, frisch gemahlener Pfeffer
	Pul Biber
	(geschrotete Pfefferschoten)
4 EL	Olivenöl

Zubereitungszeit: 45 Minuten
Backzeit: 12–15 Minuten

1. Das Fladenbrot in etwa 20 Scheiben schneiden. Die Zwiebeln und den Knoblauch abziehen, in feine Würfel schneiden. Paprika halbieren, entstielen, entkernen und die weißen Scheidewände entfernen. Die Schote abspülen, abtropfen lassen und in kleine Würfel schneiden.

2. Oliven halbieren und die Steine entfernen. Oliven fein würfeln. Schafkäse in kleine Würfel schneiden. Petersilie abspülen, trocken tupfen und die Blättchen von den Stängeln zupfen. Blättchen fein hacken.

3. Lammgehacktes in eine Schüssel geben. Die Eier, Zwiebel-, Knoblauch-, Paprikawürfel, Petersilie, Oliven und die Hälfte des Schafkäses hinzugeben und gut vermengen. Masse mit Salz, Pfeffer und Pul Biber würzen.

4. Den Backofen vorheizen.
Ober-/Unterhitze: etwa 200 °C
Heißluft: etwa 180 °C

5. Gehacktesmasse gleichmäßig auf den Fladenbrotscheiben verstreichen, mit dem restlichen Schafkäse bestreuen. Die Fladenbrotscheiben auf 2 Backbleche (mit Backpapier belegt) legen, mit Olivenöl beträufeln.

6. Die Backbleche nacheinander (bei Heißluft zusammen) in den vorgeheizten Backofen schieben. Toasts **12–15 Minuten backen.**

7. Toasts mit dem Backpapier auf einen Kuchenrost ziehen und erkalten lassen.

Tipp: Mit Krautsalat und Zaziki servieren. Für einen **selbst gemachten Krautsalat** 1 großen Kopf Weißkohl (etwa 2½ kg) putzen, achteln und den Strunk entfernen. Den Kohl waschen, abtropfen lassen und in feine Streifen schneiden. Kohlstreifen mit 2 gehäuften Teelöffeln Salz verkneten und etwa 60 Minuten durchziehen lassen. 2 Zwiebeln abziehen und in feine Würfel schneiden. Zwiebelwürfel mit Salz, Pfeffer, etwas Zucker, 4 Esslöffeln Kräuteressig, 6 Esslöffeln Speiseöl, 2 Teelöffeln Meerrettich (aus dem Glas) und 2 Esslöffeln gemischte Kräuter vermischen. Die Mischung zum Weißkohl geben und den Krautsalat gut durchziehen lassen.

Tomaten „Berner Art" | Vegetarisch
4 Portionen

Pro Portion:
E: 25 g, F: 48 g, Kh: 31 g, kJ: 2757, kcal: 658

600 g	Kartoffeln
2–3 EL	gehackte Petersilie
2	Eier (Größe M)
250 g	Schlagsahne
	Salz
	frisch gemahlener Pfeffer
	Paprikapulver rosenscharf
200 g	geriebener Greyerzer Käse
8	Tomaten
2 EL	Semmelbrösel
100 g	Schmand (Sauerrahm)

Zubereitungszeit: 30 Minuten
Backzeit: etwa 45 Minuten

1. Den Backofen vorheizen.
Ober-/Unterhitze: etwa 180 °C
Heißluft: etwa 160 °C

2. Die Kartoffeln schälen, abspülen, abtropfen lassen und in dünne Scheiben schneiden. Kartoffelscheiben schuppenförmig in eine flache Auflaufform (gefettet) legen, mit etwas Petersilie bestreuen.

3. Die Eier mit Sahne verrühren, mit Salz, Pfeffer und Paprika würzen. Eiersahne über die Kartoffeln gießen. 50 g Käse daraufstreuen.

4. Die Form auf dem Rost in den vorgeheizten Backofen schieben. Die Kartoffeln **etwa 25 Minuten vorgaren.**

5. Tomaten abspülen, trocken tupfen und am Stängelansatz einen Deckel abschneiden. Etwas Tomatenfruchtfleisch mit einem Teelöffel herausheben. Restlichen Käse, Semmelbrösel, Schmand, etwas Pfeffer und restliche Petersilie verrühren und die Tomaten damit füllen. Die Tomaten auf die Kartoffeln setzen. Die Tomatendeckel wieder auflegen.

6. Die Form wieder in den vorgeheizten Backofen schieben. Das Ganze **weitere etwa 20 Minuten backen.**

Tomaten-Ciabatta-Lasagne I
Vegetarisch
4 Portionen

Pro Portion:
E: 35 g, F: 38 g, Kh: 43 g, kJ: 2769, kcal: 658

1	Ciabatta-Brot vom Vortag
4 EL	Olivenöl
375 g	Mozzarella-Käse
5	mittelgroße, reife Tomaten
1	Knoblauchzehe
1 kleines	
	Bund Basilikum
	Salz, frisch gemahlener Pfeffer
250 g	passierte Tomaten (aus dem Tetra Pak®)
100 g	geriebener Parmesan- oder Pizza-Käse

Zubereitungszeit: 40 Minuten
Garzeit: etwa 40 Minuten

1. Den Backofen vorheizen.
Ober-/Unterhitze: etwa 200 °C
Heißluft: etwa 180 °C

2. Brot in dünne Scheiben schneiden, von beiden Seiten mit Olivenöl beträufeln, auf ein Backblech legen und in den vorgeheizten Backofen schieben. Brotscheiben **etwa 10 Minuten rösten.** Das Brot zwischendurch einmal wenden.

3. Mozzarella abtropfen lassen. Tomaten abspülen, abtrocknen, halbieren und die Stängelansätze herausschneiden. Mozzarella und Tomaten in dünne Scheiben schneiden. Knoblauch abziehen, halbieren und eine große Auflaufform (gefettet) damit ausreiben. Basilikum abspülen, trocken tupfen und die Blättchen von den Stängeln zupfen. Einige Basilikumblättchen zum Garnieren beiseitelegen.

4. Die Hälfte der Brot- und Tomatenscheiben in die Auflaufform legen. Ein paar Basilikumblätter darauflegen und mit Salz und Pfeffer würzen. Die Hälfte des Mozzarellas, die gesamten passierten Tomaten und die Hälfte des geriebenen Käses daraufschichten, mit Salz und Pfeffer würzen. Die restlichen Zutaten in gleicher Reihenfolge einschichten, mit Mozzarella und geriebenem Käse abschließen.

5. Lasagne auf dem Rost auf mittlerer Einschubleiste in den vorgeheizten Backofen schieben. Lasagne **etwa 30 Minuten garen.**

6. Die Lasagne vor dem Servieren mit den beiseitegelegten Basilikumblättchen bestreuen.

Tipp: Zusätzlich 100 g gekochten oder Parmaschinken mit einschichten, dann aber vorsichtig salzen.

Tomatenfisch auf Gurkengemüse I
Kalorienarm – schnell
4 Portionen

Pro Portion:
E: 30 g, F: 11 g, Kh: 6 g, kJ: 1031, kcal: 245

4	Pangasius- oder Seelachsfilets (je etwa 150 g)
1	Zwiebel
1	Knoblauchzehe
2	Tomaten (etwa 200 g)
2	Salatgurken (etwa 800 g)
2 EL	Speiseöl, z. B. Sonnenblumenöl
	Salz, frisch gemahlener Pfeffer
40 g	geriebener Parmesan-Käse

1–2 Stängel Dill

Außerdem:
1 Bratfolienschlauch (etwa 60 cm)

Zubereitungszeit: 25 Minuten
Garzeit: etwa 15 Minuten

1. Den Backofen vorheizen.
Ober-/Unterhitze: etwa 200 °C
Heißluft: etwa 180 °C

2. Filets unter fließendem kalten Wasser abspülen und trocken tupfen.

3. Zwiebel und Knoblauch abziehen und in kleine Würfel schneiden. Tomaten abspülen, abtrocknen, die Stängelansätze herausschneiden und die Tomaten in Scheiben schneiden.

4. Die Gurken nach Belieben schälen oder abspülen und abtrocknen, die Enden abschneiden. Die Gurken längs halbieren und die Kerne mit einem Teelöffel herausschaben. Die Gurkenhälften in schmale Streifen schneiden.

5. Öl in einem Topf erhitzen. Zwiebel- und Knoblauchwürfel darin andünsten. Gurkenstreifen hinzufügen, kurz mitdünsten, dabei ab und zu umrühren. Gurkengemüse mit Salz und Pfeffer würzen.

6. Bratfolienschlauch an einer Seite verschließen (Packungsanleitung beachten) und auf ein Backblech legen. Gurkengemüse in den Bratschlauch legen. Fischfilets mit Salz und Pfeffer würzen und auf das Gemüse legen. Die Tomatenscheiben darauf verteilen und mit Käse bestreuen.

7. Zweite Seite des Bratfolienschlauchs fest verschließen und nach Packungsanleitung einschneiden.

8. Das Backblech im unteren Drittel in den vorgeheizten Backofen schieben. Den Tomatenfisch mit dem Gurkengemüse **etwa 15 Minuten garen,** bis der Fisch gar und der Käse zerlaufen ist.

9. Nach Belieben Dill abspülen, trocken tupfen und die Spitzen von den Stängeln zupfen. Den Bratfolienschlauch vorsichtig aufschneiden. Tomatenfisch auf Gurkengemüse anrichten, mit Dill betreut servieren.

Beilage: Salzkartoffeln.

Tipps: Wer keine Extra-Beilage reichen möchte, bereitet einfach mehr Gurkengemüse zu. Dann 3 Salatgurken (etwa 1,2 kg) verwenden. Beim Garen im Bratfolienschlauch können Sie fast ganz auf Fett verzichten, trotzdem gart alles aromatisch und saftig.

Tomaten-Koteletts I
Raffiniert – dauert länger
10–12 Portionen

Pro Portion:
E: 44 g, F: 20 g, Kh: 7 g, kJ: 1631, kcal: 390

2–2½ kg	Schweinenacken (ohne Knochen)
	Salz
	frisch gemahlener Pfeffer
2	Gemüsezwiebeln
1	Knoblauchzehe
½ Bund	frischer oder 1 TL gerebelter Thymian
2 Dosen	geschälte Tomaten (je 800 g)
1 Glas	feurige Taco-Sauce (Einwaage 225 g)
2	Lorbeerblätter

einige Stängel Thymian und Petersilie

Zubereitungszeit: 15 Minuten
Garzeit: 2–2½ Stunden

1. Den Backofen vorheizen.
Ober-/Unterhitze: etwa 200 °C
Heißluft: etwa 180 °C

2. Schweinenacken mit Küchenpapier trocken tupfen und in 10–12 gleich große Scheiben schneiden, evtl. etwas flach klopfen. Die Fleischscheiben mit Salz und Pfeffer kräftig würzen.

3. Zwiebeln und Knoblauch abziehen. Die Zwiebeln zuerst in Scheiben schneiden, dann in Ringe teilen. Knoblauch in Scheiben schneiden.

4. Thymian abspülen und trocken tupfen. Die Blättchen von den Stängeln zupfen. Den Thymian mit den Tomaten (Tomaten evtl. in der Dose zerkleinern) und der Taco-Sauce verrühren. Lorbeerblätter grob zerreiben und unterrühren. Die Tomatensauce mit Salz und Pfeffer würzen.

5. Die Fleischscheiben abwechselnd mit Zwiebelringen, Knoblauchscheiben und Tomatensauce in einen großen Bräter (gefettet) schichten. Die letzte Schicht sollte aus Zwiebelringen und Tomatensauce bestehen.

6. Den Bräter auf dem Rost im unteren Drittel in den vorgeheizten Backofen schieben. Anschließend die Koteletts **2–2½ Stunden garen.**

7. Die Kräuter abspülen und trocken tupfen. Die Koteletts aus dem Backofen nehmen und mit den Kräutern garniert servieren.

Beilage: Röstkartoffeln, Baguette oder Fladenbrot.

Tipp: Statt der Taco-Sauce aus dem Glas können Sie auch Curryketchup (dann wird die Sauce etwas lieblicher, weniger scharf) oder Paprika-Zubereitungen aus dem Glas bzw. der Dose verwenden, z. B. Letscho (ungarisches Paprikagemüse) oder Ajvar (orientalische Paprika-Gemüse-Mischung).

Tomaten-Krabben-Gratin
Raffiniert – schnell
2 Portionen

Pro Portion:
E: 38 g, F: 27 g, Kh: 5 g, kJ: 1787, kcal: 426

4	Tomaten
5 Stängel	Basilikum
150 g	Butterkäse
	(2 Scheiben, je etwa 1 cm dick)
	Salz, frisch gemahlener Pfeffer
200–250 g	Nordsee-Krabbenfleisch
	(ohne Schale)

Zubereitungszeit: 20 Minuten
Garzeit: etwa 5 Minuten

1. Den Backofen vorheizen.
Ober-/Unterhitze: etwa 220 °C
Heißluft: etwa 200 °C

2. Tomaten kreuzweise einschneiden und mit kochendem Wasser begießen. Nach 1–2 Minuten herausnehmen und mit kaltem Wasser abschrecken. Anschließend enthäuten, halbieren und die Stängelansätze herausschneiden. Eine Tomate in Würfel, die restlichen Tomaten in Scheiben schneiden.

3. Basilikum abspülen, trocken tupfen und die Blättchen von den Stängeln zupfen. Die Hälfte der Blättchen fein hacken, die restlichen Blättchen zum Garnieren beiseitelegen. Käse würfeln.

4. Die Tomatenscheiben in eine flache Auflauf- oder Gratinform (gefettet) legen. Tomatenscheiben mit Salz, Pfeffer und gehacktem Basilikum bestreuen. Das Krabbenfleisch und die Käsewürfel daraufgeben.

5. Die Form auf dem Rost in den vorgeheizten Backofen schieben. Das Gratin **etwa 5 Minuten garen,** bis der Käse zu zerlaufen beginnt.

6. Tomaten-Krabben-Gratin herausnehmen, mit den Tomatenwürfeln und den beiseitegelegten Basilikumblättchen garniert servieren.

Beilage: Frisches Roggen-Vollkornbrot.

Tipps: Wenn der Hunger sehr groß ist, die Zutaten um jeweils die Hälfte verdoppeln. Statt Butterkäse können Sie jungen Gouda nehmen.

Tomaten-Wirsing-Tarte I
Für Gäste
6 Portionen

Pro Portion:
E: 22 g, F: 47 g, Kh: 30 g, kJ: 2647, kcal: 633

Für den Teig:
- 200 g Weizenmehl
- 1 Prise Salz
- 1 Ei (Größe M)
- 125 g Butter
- 2 EL Wasser

Für die Füllung:
- 400 g Wirsing
- 600 g Tomaten
- 1–2 EL Olivenöl
- 250 g Gehacktes (halb Rind-, halb Schweinefleisch)
- Salz, frisch gemahlener Pfeffer
- 3 Eier (Größe M)
- 250 g Schlagsahne
- 50 g geriebener Gouda-Käse
- frisch gemahlene Muskatnuss

Zubereitungszeit: 30 Minuten
Backzeit: etwa 50 Minuten

1. Einen Bogen Backpapier auf den Boden einer Springform (Ø 26 cm) legen und mit dem Springformrand straff einspannen.

2. Für den Teig das Mehl in eine Rührschüssel geben. Restliche Teigzutaten hinzufügen und mit Handrührgerät mit Knethaken zunächst auf niedriger, dann auf höchster Stufe gut durcharbeiten. Den Teig kurz auf einer leicht bemehlten Arbeitsfläche zu einem glatten Teig verkneten.

3. Den Teig in die Springform geben und mit leicht bemehlten Händen zu einem Boden andrücken, dabei einen etwa 1 ½ cm hohen Rand am Springformrand hochziehen. Teigboden in den Kühlschrank stellen.

4. Wirsing putzen, abspülen, abtropfen lassen und in feine Streifen schneiden. Die Tomaten kreuzweise einschneiden und kurz in kochendes Wasser legen. Anschließend mit kaltem Wasser abschrecken, enthäuten, halbieren und die Stängelansätze herausschneiden. Die Tomaten in Scheiben schneiden, evtl. nochmals halbieren.

5. Den Backofen vorheizen.
Ober-/Unterhitze: etwa 200 °C
Heißluft: etwa 180 °C

6. Öl in einer Pfanne erhitzen. Gehacktes hinzugeben und unter Rühren darin anbraten, dabei die Fleischklümpchen mit einer Gabel zerdrücken. Wirsingstreifen hinzugeben und etwa 5 Minuten unter gelegentlichem Rühren mitbraten, mit Salz und Pfeffer würzen.

7. Die Eier mit Sahne verschlagen. Geriebenen Käse unterrühren. Eiersahne kräftig mit Salz, Pfeffer und Muskatnuss abschmecken. Die Hack-Wirsing-Masse in die Springform geben und auf dem Teigboden gleichmäßig verteilen. Die Tomatenscheiben kreisförmig nebeneinander darauflegen, leicht andrücken. Die Eiersahne daraufgießen.

8. Die Form auf dem Rost im unteren Drittel in den vorgeheizten Backofen schieben. Die Tomaten-Wirsing-Tarte **etwa 50 Minuten backen.**

9. Dann die Tarte in der Form auf einem Kuchenrost etwas abkühlen lassen. Die Springform entfernen. Die Tarte lauwarm servieren.

Tipp: Die Tarte mit Crème fraîche und Schnittlauchröllchen oder gehackter Petersilie bestreut servieren.

T

257

Topfenpalatschinken | Süße Mahlzeit
4 Portionen

Pro Portion:
E: 20 g, F: 36 g, Kh: 69 g, kJ: 2982, kcal: 712

Für die Palatschinken:
- 3 Eier (Größe M)
- 100 g Weizenmehl
- 125 ml (⅛ l) Milch
- 1 Prise Salz
- etwas Mineralwasser
- 50 g Butter

Für die Füllung:
- 300 g Magerquark (Topfen)
- 30 g Honig
- 40 g Sultaninen
- 200 g Aprikosenkonfitüre

Für den Guss:
- 150 g saure Sahne
- 100 g Schlagsahne

Zum Bestäuben:
- etwas Puderzucker

Zubereitungszeit: 40 Minuten
Backzeit: 15–20 Minuten

1. Für die Palatschinken Eier mit Mehl verrühren, nach und nach Milch zugeben, mit Salz würzen, mit einem Schuss Mineralwasser aufgießen, sodass ein dünnflüssiger Teig entsteht. Butter portionsweise in einer Pfanne erhitzen und 8 dünne Pfannkuchen darin aus dem Teig ausbacken.

2. Den Backofen vorheizen.
Ober-/Unterhitze: etwa 220 °C
Heißluft: etwa 200 °C

3. Für die Füllung Quark mit Honig und Sultaninen verrühren. Palatschinken mit Konfitüre bestreichen, die Quarkmasse darauf verteilen. Palatschinken zusammenrollen und in eine flache Auflaufform (gefettet) dicht nebeneinander einschichten.

4. Für den Guss saure Sahne und Schlagsahne verrühren, über die Palatschinken gießen. Die Form auf dem Rost in den vorgeheizten Backofen schieben. Topfenpalatschinken **15–20 Minuten backen.**

5. Die Topfenpalatschinken mit Puderzucker bestäuben und sofort servieren.

Tortellini-Auflauf mit Pesto I
Einfach
4 Portionen

Pro Portion:
E: 23 g, F: 48 g, Kh: 59 g, kJ: 3204, kcal: 765

200 g	TK-Erbsen
2	Tomaten (etwa 100 g)
3 Scheiben	Frühstücksspeck (Bacon, etwa 30 g)
4 EL	Olivenöl
500 g	frische Tortellini (aus dem Kühlregal, je nach Belieben mit Käse-, Spinat- oder Fleischfüllung)
100 ml	Milch
200 g	Schlagsahne
4 EL	rotes Pesto (aus dem Glas)
	Salz
	frisch gemahlener Pfeffer
50 g	geriebener Parmesan-Käse

Zubereitungszeit: 15 Minuten, ohne Auftauzeit
Garzeit: etwa 30 Minuten

1. TK-Erbsen auf einen großen Teller geben und auftauen lassen.

2. In der Zwischenzeit die Tomaten abspülen, abtrocknen, halbieren und die Stängelansätze herausschneiden. Tomaten entkernen und in Würfel schneiden.

3. Frühstücksspeck in grobe Stücke schneiden. Eine Pfanne ohne Fett erwärmen und die Speckstücke darin knusprig braten, dann die Speckstücke herausnehmen.

4. Olivenöl in der Pfanne erhitzen. Die Erbsen darin kurz andünsten. Tomatenwürfel hinzugeben und kurz mitdünsten.

5. Die Tortellini nach Packungsanleitung zubereiten, abtropfen lassen und in eine Auflaufform (gefettet) geben. Angedünstete Erbsen-Tomaten-Mischung und etwa die Hälfte der Speckstücke hinzugeben und unterrühren.

6. Den Backofen vorheizen.
Ober-/Unterhitze: etwa 200 °C
Heißluft: etwa 180 °C

7. Milch mit Sahne und 2 Esslöffeln Pesto verrühren, mit Salz und Pfeffer würzen. Pestosahne auf die Tortellini-Mischung gießen. Restliches Pesto in Klecksen darauf verteilen. Parmesan daraufstreuen.

8. Die Form auf dem Rost im unteren Drittel in den vorgeheizten Backofen schieben. Den Auflauf **etwa 30 Minuten garen.**

9. Zum Servieren den Auflauf mit den restlichen Speckscheiben garnieren.

Tipp: Das rote Pesto kann durch grünes Pesto ersetzt werden.

Tortilla mit Spargel vom Blech
Vegetarisch
6 Portionen

Pro Portion:
E: 23 g, F: 37 g, Kh: 23 g, kJ: 2196, kcal: 524

750 g	weißer Spargel
	Salzwasser
10 g	Butter
1 Prise	Zucker
750 g	festkochende Kartoffeln
2	rote Paprikaschoten (etwa 350 g)
2	Zwiebeln
1 Bund	glatte Petersilie
3 EL	Olivenöl
	Salz, frisch gemahlener Pfeffer
1 gestr. TL	Paprikapulver edelsüß
2 EL	Olivenöl
15	Eier (Größe M)
250 g	Schlagsahne

Zubereitungszeit: 45 Minuten
Garzeit: 30–40 Minuten

1. Den Spargel von oben nach unten schälen. Darauf achten, dass die Schalen vollständig entfernt, die Köpfe aber nicht verletzt werden. Die unteren Enden abschneiden (holzige Stellen vollkommen entfernen). Spargel abspülen, abtropfen lassen und in 2–3 cm lange Stücke schneiden.

2. Salzwasser mit Butter und Zucker in einem Topf zum Kochen bringen. Die Spargelstücke hinzufügen, wieder zum Kochen bringen, zugedeckt etwa 6 Minuten kochen lassen. Spargelstücke in einem Sieb abtropfen lassen.

3. Kartoffeln schälen, abspülen, abtropfen lassen und in dünne Scheiben schneiden. Paprikaschoten halbieren, entstielen, entkernen und die weißen Scheidewände entfernen. Schotenhälften abspülen, abtropfen lassen und in Würfel schneiden.

4. Zwiebeln abziehen und in kleine Würfel schneiden. Petersilie abspülen und trocken tupfen. Die Blättchen von den Stängeln zupfen. Einige Blättchen zum Garnieren beiseitelegen. Restliche Blättchen fein hacken.

5. Öl in einer großen Pfanne erhitzen. Kartoffelscheiben darin unter mehrmaligem Wenden etwa 10 Minuten goldbraun braten, mit Salz und Pfeffer würzen. Gehackte Petersilie unterheben. Die gebratenen Kartoffelscheiben in einer Fettpfanne (gefettet) verteilen.

6. Den Backofen vorheizen.
Ober-/Unterhitze: etwa 180 °C
Heißluft: etwa 160 °C

7. Öl in der Pfanne erhitzen. Zwiebel- und Paprikawürfel darin andünsten, mit Salz, Pfeffer und Paprika würzen. Spargelstücke unterheben. Das angedünstete Gemüse auf den Kartoffelscheiben verteilen.

8. Eier mit Sahne verschlagen, mit Salz, Pfeffer und Paprika würzen. Die Eiersahne auf dem Gemüse verteilen. Die Fettpfanne in den vorgeheizten Backofen schieben. Die Tortilla **30–40 Minuten garen.**

9. Fettpfanne auf einen Kuchenrost stellen. Tortilla etwas abkühlen lassen, in Stücke schneiden und mit den beiseitegelegten Petersilienblättchen garniert servieren.

Tipps: Die Tortilla vor dem Garen zusätzlich mit Pinienkernen oder schwarzen Olivenringen bestreuen. Statt des frischen Spargels können Sie auch tiefgekühlten Spargel verwenden. Tortilla alternativ mit Schnittlauchröllchen bestreut servieren.

Tortilla-Auflauf I
Raffiniert
6 Portionen

Pro Portion:
E: 37 g, F: 41 g, Kh: 49 g, kJ: 3007, kcal: 717

½	Eisbergsalat
1 Dose	Gemüsemais
	(Abtropfgewicht 140 g)
400 g	Tomaten
450 g	Hähnchenbrustfilet
	Salz
	frisch gemahlener Pfeffer
3 EL	Olivenöl
2	Knoblauchzehen
250 g	Magerquark
250 g	Crème fraîche
100 g	Joghurt
	Saft von
2	Limetten
1	Avocado
1 Bund	glatte Petersilie
8	Tortillas (360 g)
50 g	Röstzwiebeln
100 g	geraspelter Mozzarella-Käse
	Chilipulver

Zubereitungszeit: 30 Minuten
Garzeit: etwa 35 Minuten

1. Von dem Eisbergsalat die äußeren welken Blätter entfernen. Salathälfte halbieren und den Strunk entfernen. Eisbergsalat in breite Streifen schneiden, abspülen und trocken schleudern. Mais in einem Sieb abtropfen lassen. Tomaten abspülen, abtropfen lassen und halbieren. Die Stängelansätze herausschneiden und Tomaten in Scheiben schneiden.

2. Hähnchenbrustfilet unter fließendem kalten Wasser abspülen, trocken tupfen und in Streifen schneiden. Hähnchenstreifen mit Salz und Pfeffer würzen.

3. Das Olivenöl in einer Pfanne erhitzen und die Hähnchenstreifen darin goldbraun braten. Knoblauch abziehen, fein würfeln, zu den Hähnchenstreifen geben und kurz mit andünsten.

4. Den Backofen vorheizen.
Ober-/Unterhitze: etwa 220 °C
Heißluft: etwa 200 °C

5. Quark mit Crème fraîche, Joghurt und Limettensaft verrühren und mit Salz und Pfeffer würzen. Avocado halbieren und den Kern herauslösen. Avocado schälen und das Fruchtfleisch in Würfel schneiden. Petersilie abspülen, trocken tupfen und die Blättchen von den Stängeln zupfen.

6. Die Tortillas vierteln und den Boden und den Rand einer großen, flachen Auflaufform (gefettet) mit der Hälfte der Tortillaviertel auslegen. Darauf achten, dass die Tortillaviertel mit dem Rand der Form abschließen. Salatstreifen auf die Tortillas geben. Tomatenscheiben darauf schichten und mit Röstzwiebeln bestreuen. Mais darauf verteilen und mit einigen Tortillavierteln bedecken.

7. Die Hälfte der Quarkmasse als Kleckse auf die Tortillaschicht geben und mit den restlichen Tortillavierteln belegen. Gebratene Hähnchenstreifen darauf verteilen. Avocadowürfel, Petersilienblättchen und den Käse unter die restliche Quarkmasse rühren und diese als Kleckse auf dem Auflauf verteilen.

8. Den Auflauf mit Chilipulver bestreuen. Die Form auf dem Rost im unteren Drittel in den vorgeheizten Backofen schieben. Den Auflauf **etwa 35 Minuten garen.** Den Auflauf vor dem Servieren mit einem Messer in Stücke schneiden.

Überbackene Erbsen-Püree-Kartoffeln | Raffiniert

4 Portionen

Pro Portion:
E: 22 g, F: 12 g, Kh: 81 g, kJ: 2213, kcal: 530

8 große, festkochende Kartoffeln (je etwa 200 g)

Für die Füllung:
- 200 g TK-Erbsen
- 50 ml Gemüsebrühe
- 1 Pck. Kartoffelpüree (für 3 Portionen)
- 375 ml (³⁄₈ l) Wasser
- ½ gestr. TL Salz
- 125 ml (⅛ l) Milch
- 2 EL gemischte TK-Kräuter
- 125 g Magerquark
- Salz, frisch gemahlener Pfeffer
- frisch geriebene Muskatnuss

Zum Beträufeln und Bestreuen:
- 30 g Butter
- 40 g geriebener Parmesan-Käse

Zubereitungszeit: 75–80 Minuten, ohne Abkühlzeit
Backzeit: etwa 15 Minuten

1. Die Kartoffeln unter fließendem Wasser abbürsten, abtropfen lassen und in einen großen Topf geben. So viel Wasser hinzufügen, dass die Kartoffeln knapp mit Wasser bedeckt sind. Kartoffeln zum Kochen bringen.

2. Kartoffeln zugedeckt in 25–35 Minuten, je nach Größe der Kartoffeln, gar kochen. Kartoffeln abgießen, mit kaltem Wasser abschrecken, nochmals abgießen und etwas abkühlen lassen. Kartoffeln längs halbieren.

3. Den Backofen vorheizen.
Ober-/Unterhitze: etwa 200 °C
Heißluft: etwa 180 °C

4. Die Erbsen mit Brühe in einem kleinen Topf zum Kochen bringen und etwa 5 Minuten kochen lassen. Erbsen mit der Brühe in einen hohen Rührbecher geben und pürieren.

5. Kartoffelpüreepulver mit Wasser, Salz und Milch nach Packungsanleitung zubereiten. Kräuter, Quark und Erbsenpüree unterrühren. Die Masse mit Salz, Pfeffer und Muskat kräftig würzen, auf den Kartoffelhälften verteilen und mit einem Teelöffel leicht verstreichen. Die Kartoffeln auf ein Backblech (mit Backpapier belegt) legen.

6. Butter zerlassen. Die Püreemasse damit bestreichen. Käse daraufstreuen. Das Backblech auf mittlerer Einschubleiste in den vorgeheizten Backofen schieben. Die Kartoffeln **etwa 15 Minuten überbacken.**

Tipps: Die Kartoffeln nach Belieben mit kleinen Rosmarinzweigen oder Petersilienblättchen garniert servieren. Sie können die Kartoffeln bis einschließlich Punkt 5 vorbereiten und zugedeckt kalt stellen. Dann die vorbereiteten Kartoffeln mit der zerlassenen Butter bestreichen und mit Käse bestreuen, im vorgeheizten Backofen (bei Ober-/Unterhitze: etwa 180 °C, Heißluft: etwa 160 °C) 30–40 Minuten überbacken.

Überbackene Farfalle mit Tomaten-Pesto-Ragout I

Schnell
4 Portionen

Pro Portion:
E: 42 g, F: 26 g, Kh: 57 g, kJ: 2700, kcal: 644

2 ½ l	Wasser
2 ½ gestr. TL	Salz
250 g	Farfalle (Schleifennudeln)
300 g	Hähnchenbrustfilet
	Salz
	frisch gemahlener Pfeffer
½ Bund	Frühlingszwiebeln
6	kleine Fleischtomaten
1	mittelgroße Aubergine
2 EL	Olivenöl
1 Prise	Zucker
3 EL	Basilikum-Pesto (aus dem Glas)
125 g	Mozzarella-Käse
4–5 EL	geriebener Parmesan-Käse

Zubereitungszeit: 25 Minuten
Backzeit: 15–20 Minuten

1. Das Wasser in einem großen Topf zugedeckt zum Kochen bringen. Dann Salz und Nudeln hinzugeben. Die Nudeln im geöffneten Topf bei mittlerer Hitze nach Packungsanleitung kochen lassen, dabei gelegentlich umrühren.

2. Anschließend die Nudeln in ein Sieb geben, mit heißem Wasser abspülen und abtropfen lassen.

3. In der Zwischenzeit Hähnchenbrustfilet kurz unter fließendem kalten Wasser abspülen, trocken tupfen und in schmale Streifen schneiden. Hähnchenstreifen mit Salz und Pfeffer würzen.

4. Die Frühlingszwiebeln putzen, abspülen, abtropfen lassen und in Ringe schneiden. Tomaten abspülen, trocken tupfen, halbieren und die Stängelansätze herausschneiden. Tomatenhälften in grobe Stücke schneiden. Aubergine abspülen, abtrocknen und den Stängelansatz abschneiden. Die Aubergine in Würfel schneiden.

5. Den Backofen vorheizen.
Ober-/Unterhitze: etwa 180 °C
Heißluft: etwa 160 °C

6. Einen Esslöffel Olivenöl in einer Pfanne erhitzen. Die Filetstreifen und Frühlingszwiebelscheiben darin kräftig unter Rühren anbraten und herausnehmen. Restliches Olivenöl zum verbliebenen Bratfett in die Pfanne geben und erhitzen. Auberginenwürfel darin kräftig anbraten. Tomatenstücke hinzugeben und mit den Auberginenwürfeln etwa 4 Minuten unter Rühren dünsten, mit Salz, Pfeffer und Zucker würzen. Pesto unterrühren.

7. Die Nudeln mit den Hähnchenfleischstreifen, Frühlingszwiebelringen und dem Tomaten-Ragout in eine Auflaufform (gefettet) geben, gut vermischen. Mozzarella abtropfen lassen, in feine Scheiben schneiden und darauf verteilen. Parmesan-Käse daraufstreuen.

8. Die Form auf dem Rost in den vorgeheizten Backofen schieben. Den Auflauf **15–20 Minuten überbacken.**

Tipp: Falls Sie sich den Arbeitsgang des Bratens ersparen möchten, einfach 200 g Kochschinken in Streifen unter das Tomaten-Ragout mischen.

Überbackene Hähnchenstreifen mit Spinat | Einfach

4 Portionen

Pro Portion:
E: 68 g, F: 41 g, Kh: 13 g, kJ: 2904, kcal: 694

600 g	TK-Blattspinat
800 g	Hähnchenbrustfilet
2	Tomaten
3	Knoblauchzehen
3 EL	Olivenöl
4 EL	Pinienkerne
	Salz, frisch gemahlener Pfeffer
	frisch geriebene Muskatnuss
500 ml (½ l)	Milch
40 g	Butter
20 g	Mehl
100 g	frisch geriebener Parmesan-Käse
1 Spritzer	Zitronensaft

Zubereitungszeit: 30 Minuten, ohne Auftauzeit
Backzeit: 10–12 Minuten

1. Den Blattspinat nach Packungsanleitung auftauen und gut in einem Sieb abtropfen lassen (evtl. zusätzlich noch etwas ausdrücken).

2. Hähnchenbrustfilet unter fließendem kalten Wasser abspülen, trocken tupfen und in Streifen schneiden.

3. Die Tomaten abspülen, abtrocknen, vierteln und die Stängelansätze herausschneiden. Tomaten entkernen und würfeln. Knoblauch abziehen und fein würfeln.

4. Den Backofen vorheizen.
Ober-/Unterhitze: etwa 200 °C
Heißluft: etwa 180 °C

5. Olivenöl in einer Pfanne erhitzen. Die Hähnchenstreifen darin kurz anbraten. Knoblauch und Pinienkerne dazugeben und mitbraten. Danach Spinat und Tomatenwürfel untermischen, mit Salz, Pfeffer und Muskatnuss würzen. Die Hähnchen-Spinat-Mischung in eine Auflaufform (gefettet) geben.

6. Milch in einem Topf unter Rühren aufkochen. Butter mit Mehl verkneten und unter Rühren in die heiße Milch geben. Die Milch nochmals aufkochen.

7. Die Hälfte des Parmesan-Käses unterrühren. Die Käsesauce mit Salz, Pfeffer und etwas Zitronensaft abschmecken. Die Käsesauce über die Hähnchen-Mischung gießen. Den restlichen Käse daraufstreuen.

8. Die Form auf dem Rost auf mittlerer Einschubleiste in den vorgeheizten Backofen schieben. Hähnchen mit Spinat **10–12 Minuten überbacken.**

Rezeptvariante: Für einen **überbackenen Hähnchenauflauf mit Camembert** (4 Portionen) 250 ml (¼ l) Gemüsebrühe mit 200 g Schlagsahne aufkochen. 1 Lorbeerblatt und 750 g festkochende, geschälte, in Scheiben geschnittene Kartoffeln hinzugeben, etwa 5 Minuten köcheln lassen. 600 g geputzten, in Streifen geschnittenen Porree (Lauch) hinzugeben und weitere 5 Minuten köcheln lassen. Das Ganze mit Salz und Pfeffer würzen. Den Backofen wie im Rezept angegeben vorheizen. 750 g Hähnchenbrustfilet unter fließendem kalten Wasser abspülen, trocken tupfen, mit Salz und Pfeffer würzen. 2 Esslöffel Olivenöl in einer Pfanne erhitzen und das Filet darin unter Wenden 10–12 Minuten braten. Sahne-Lauch-Kartoffeln in eine große Auflaufform (gefettet) geben. Filet daraufsetzen. 200 g Camembert (mind. 45 % Fett) in Scheiben schneiden und auf den Zutaten verteilen. Die Form auf dem Rost in den vorgeheizten Backofen schieben. Den Auflauf 10–12 Minuten garen.

Überbackene Schnitzel in Currysauce | Beliebt

8 Portionen

Pro Portion:
E: 34 g, F: 26 g, Kh: 16 g, kJ: 1829, kcal: 437

Für die Sauce:

1 kleine	
Dose	Aprikosenhälften
	(Abtropfgewicht 240 g)
1 große	Zwiebel
2	Knoblauchzehen
2 EL	Rapsöl
1 geh. EL	Weizenmehl
250 ml (¼ l)	Rindfleischbrühe
100 ml	Kokosmilch (aus der Dose)
200 g	Schlagsahne
250 ml (¼ l)	Currysauce
	Salz
	frisch gemahlener Pfeffer
	Paprikapulver edelsüß
2 EL	Mango-Chutney
etwas	Aprikosensaft (aus der Dose)
8	dünne Putenschnitzel
	(je etwa 150 g, vom Metzger
	jeweils eine Tasche
	einschneiden lassen)
	Currypulver
200 g	Doppelrahm-Frischkäse
1 kleine, rote	Paprikaschote
1	Banane
etwas	frischer Estragon
4 EL	Rapsöl

Außerdem:

8	Holzstäbchen

Zubereitungszeit: 60 Minuten
Garzeit: etwa 60 Minuten

1. Für die Sauce Aprikosenhälften in einem Sieb abtropfen lassen, den Saft dabei auffangen.

2. Zwiebel und Knoblauch abziehen, in kleine Würfel schneiden. Öl in einem Topf erhitzen. Zwiebel- und Knoblauchwürfel darin glasig dünsten. Mehl darüberstäuben. Brühe, Kokosmilch und Sahne nach und nach hinzugießen, mit einem Schneebesen durchschlagen, darauf achten, dass keine Klümpchen entstehen. Currysauce unterrühren.

3. Sauce mit Salz, Pfeffer, Paprika, Mango-Chutney und Aprikosensaft abschmecken.

4. Den Backofen vorheizen.
Ober-/Unterhitze: etwa 200 °C
Heißluft: etwa 180 °C

5. Schnitzel mit Küchenpapier trocken tupfen, mit Salz, Pfeffer, Paprika und Curry würzen. Die Schnitzeltaschen innen mit Frischkäse bestreichen.

6. Die Paprika halbieren, entstielen, entkernen und die weißen Scheidewände entfernen. Die Schote abspülen, abtropfen lassen und in Würfel schneiden.

7. Banane schälen und ebenfalls in Würfel schneiden. Estragon abspülen und trocken tupfen. Die Blättchen von den Stängeln zupfen. Einige Blättchen zum Garnieren beiseitelegen.

8. Die Schnitzeltaschen jeweils mit Aprikosenhälften, Paprika-, Bananenwürfeln und Estragonblättchen füllen. Die Öffnungen jeweils mit Holzstäbchen zusammenstecken. Restliche Schnitzelfüllung in die Sauce geben.

9. Das Rapsöl in einer großen Pfanne erhitzen. Die Schnitzel von beiden Seiten gut darin anbraten, herausnehmen und in eine große, flache Auflaufform (gefettet) legen. Die Currysauce auf den Schnitzeln verteilen.

10. Die Form auf dem Rost in den vorgeheizten Backofen schieben. Schnitzel **etwa 60 Minuten garen.**

11. Die Schnitzel mit beiseitegelegten Estragonblättchen garniert servieren.

Tipp: Probieren Sie die überbackenen Schnitzel statt mit Aprikosenhälften mit Pfirsichen aus der Dose. Diese nach dem Abtropfen in Spalten schneiden.

Verhülltes Fischfilet | Kalorienarm
4 Portionen

Pro Portion:
E: 37 g, F: 11 g, Kh: 7 g, kJ: 1147, kcal: 273

750 g	TK-Seelachsfilet
2 Stangen	Porree (Lauch)
2 EL	Speiseöl, z. B. Sonnenblumenöl
	Salz, frisch gemahlener Pfeffer
4	Tomaten
½ Bund	glatte Petersilie
3 EL	Röstzwiebeln

Außerdem:

4 Bögen	Back- oder Butterbrotpapier (je etwa 30 x 30 cm)
	etwas Küchengarn

Zubereitungszeit: 25 Minuten, ohne Auftauzeit
Garzeit: 20–25 Minuten

1. Seelachsfilet nach Packungsanleitung auftauen lassen.

2. Porree putzen. Die Stangen längs halbieren, gründlich abspülen, abtropfen lassen und in feine Streifen schneiden. Öl in einer Pfanne erhitzen. Porreestreifen hinzugeben und unter gelegentlichem Rühren etwa 3 Minuten dünsten. Mit Salz und Pfeffer würzen.

3. Den Backofen vorheizen.
Ober-/Unterhitze: etwa 200 °C
Heißluft: etwa 180 °C

4. Seelachsfilet unter fließendem kalten Wasser abspülen, trocken tupfen und in 4 gleich große Stücke teilen. Fisch mit Salz und Pfeffer bestreuen. 4 Bögen Back- oder Butterbrotpapier auf der Arbeitsfläche ausbreiten. Den Porree gleichmäßig mittig darauf verteilen und je 1 Fischstück darauflegen.

5. Tomaten abspülen, abtrocknen, halbieren und die Stängelansätze herausschneiden. Tomaten in Stücke schneiden. Petersilie abspülen und trocken tupfen. Die Blättchen von den Stängeln zupfen. Blättchen grob hacken, mit Tomatenstücken und Röstzwiebeln mischen, auf dem Fisch verteilen.

6. Fisch und Gemüse in dem Papier so einpacken, dass der Falzrand oben liegt. Dazu die gegenüberliegenden Seiten der Papierbögen jeweils oben zueinander führen und wie eine Ziehharmonika nach unten falten. An den Seiten die Päckchen wie bei einem Bonbon zusammendrehen, mit Küchengarn zusammenbinden.

7. Die Päckchen auf ein Backblech legen. Das Backblech in den vorgeheizten Backofen schieben. Seelachsfilets **20–25 Minuten garen.**

8. Jeweils 1 Seelachsfilet-Päckchen auf einen Teller legen. Die Päckchen öffnen und den Fisch sofort servieren.

Beilage: Pellkartoffeln.

Tipp: Statt Back- oder Butterbrotpapier kann auch Alufolie verwendet werden.

Viktoriabarsch auf getrockneten Tomaten | Schnell
4 Portionen

Pro Portion:
E: 36 g, F: 20 g, Kh: 22 g, kJ: 1745, kcal: 418

- 150 g getrocknete Tomaten in Öl
- 50 g Pinienkerne
- 60 g Semmelbrösel
- 3 EL Olivenöl
- 2 Bio-Limetten (unbehandelt, ungewachst)
- ½ Topf Basilikum

- 600 g Viktoriabarschfilet
- Salz
- frisch gemahlener Pfeffer

Zubereitungszeit: 30 Minuten
Garzeit: etwa 20 Minuten

1. Den Backofen vorheizen.
Ober-/Unterhitze: etwa 220 °C
Heißluft: etwa 200 °C

2. Die Tomaten etwas abtropfen lassen, in Streifen schneiden und mit Pinienkernen, Semmelbröseln und Olivenöl vermischen. Limetten heiß abspülen, trocken tupfen und in Stücke schneiden.

3. Basilikum abspülen, trocken tupfen und die Blätter von den Stängeln zupfen. Jeweils die Hälfte der Tomatenmischung, der Limettenstücke und der Basilikumblätter auf dem Boden einer Auflaufform (gefettet) verteilen.

4. Fischfilet unter fließendem kalten Wasser abspülen, trocken tupfen und mit Salz und Pfeffer würzen. Fischfilets in die Auflaufform legen. Die restliche Tomatenmischung und die restlichen Limettenstücke darauf verteilen.

5. Die Auflaufform auf dem Rost im unteren Drittel in den vorgeheizten Backofen schieben. Den Fisch **etwa 20 Minuten garen.**

6. Die Auflaufform aus dem Ofen nehmen und den Fisch mit den restlichen Basilikumblättern bestreut servieren.

Beilage: Kartoffelpüree oder Risotto.

Tipp: Die Pinienkerne schmecken besonders nussig, wenn Sie sie vor der Verwendung ohne Fett in einer Pfanne goldbraun rösten.

Viktoriabarsch mit Möhren-Nuss-Kruste I

Einfach
4 Portionen

Pro Portion:
E: 36 g, F: 28 g, Kh: 13 g, kJ: 1888, kcal: 451

- 4 Viktoriabarschfilets (je etwa 150 g)
- Salz
- frisch gemahlener Pfeffer
- 1 Möhre (etwa 100 g)
- 8 Stängel Koriander
- 50 g Semmelbrösel
- 100 g gemahlene Haselnusskerne
- 2 Eier (Größe M)
- 2–3 EL Olivenöl

Zubereitungszeit: 40 Minuten
Garzeit: 12–15 Minuten

1. Den Backofen vorheizen.
Ober-/Unterhitze: etwa 180 °C
Heißluft: etwa 160 °C

2. Fischfilets unter fließendem kalten Wasser abspülen, trocken tupfen, mit Salz und Pfeffer bestreuen. Fischfilets in eine flache Auflaufform (gefettet) legen.

3. Die Möhre putzen, schälen, abspülen und trocken tupfen. Die Möhre auf der Haushaltsreibe fein raspeln. Koriander abspülen, trocken tupfen, von 4 Stängeln die Blätter abzupfen und hacken.

4. Geraspelte Möhre mit Semmelbröseln, Haselnusskernen, Eiern und Olivenöl verrühren. Die Masse mit Salz und Pfeffer würzen und gehackten Koriander unterrühren.

5. Die Möhren-Nuss-Masse auf den Viktoriabarschfilets verteilen. Die Form auf dem Rost in den vorgeheizten Backofen schieben. Die Fischfilets, je nach Dicke der Filets, **12–15 Minuten garen.**

6. Fischfilets mit restlichem Koriander garnieren.

Beilage: Gemischter Salat mit Joghurt-Dressing und Kartoffelpüree. Für das **Joghurt-Dressing** 125 g Joghurt natur mit Salz und Pfeffer sowie etwas Zitronensaft und Olivenöl würzen und über den Salat geben.

Weißkohl-Mett-Lasagne | Deftig
6 Portionen

Pro Portion:
E: 31 g, F: 43 g, Kh: 20 g, kJ: 2490, kcal: 595

1	Weißkohl (etwa 1,2 kg)
1–2 TL	Salz
500 g	Kartoffeln
2	Zwiebeln
1	rote Paprikaschote
150 g	geräucherter Bauchspeck
500 g	gewürztes Schweinemett
3	Eier (Größe M)
200 g	Schlagsahne
	Salz
	frisch gemahlener Pfeffer
	Kümmelsamen
125 g	Mozzarella-Käse

Zubereitungszeit: 35 Minuten
Garzeit: 50–60 Minuten

1. Weißkohl putzen, vierteln und den Strunk herausschneiden. Den Kohl abspülen und abtropfen lassen. Wasser in einem großen Topf zum Kochen bringen. Salz hinzufügen.

2. Die Weißkohlviertel nacheinander darin blanchieren, bis die äußeren Blätter sich lösen. Dann in ein Sieb geben, mit kaltem Wasser abschrecken und abtropfen lassen. Einige Kohlblätter ablösen und beiseitelegen.

3. Den Backofen vorheizen.
Ober-/Unterhitze: etwa 200 °C
Heißluft: etwa 180 °C

4. Kartoffeln schälen, abspülen, abtropfen lassen und in dünne Scheiben schneiden. Die Zwiebeln abziehen und in kleine Würfel schneiden. Die Paprika halbieren, entstielen, entkernen und die weißen Scheidewände entfernen. Die Schote abspülen, abtropfen lassen und in Würfel schneiden.

5. Speck zuerst in dünne Scheiben, dann in Streifen schneiden. Speckstreifen mit den Kartoffelscheiben in eine große, flache Auflaufform (gefettet) geben.

Kohlviertel darauf verteilen. Schweinemett und Zwiebelwürfel darauf verteilen, mit den beiseitegelegten Kohlblättern zudecken, fest andrücken. Paprikawürfel streifenförmig auf die Lasagne streuen.

6. Eier mit der Sahne verschlagen, mit Salz und Pfeffer würzen und auf die Lasagne gießen. Mit Kümmel bestreuen. Mozzarella abtropfen lassen, in Scheiben schneiden und auf den Paprikawürfeln verteilen.

7. Die Form auf dem Rost im unteren Drittel in den vorgeheizten Backofen schieben. Lasagne **50–60 Minuten garen**.

Wirsingroulade mit Gemüsefüllung | Vegetarisch

4 Portionen

Pro Portion:
E: 14 g, F: 33 g, Kh: 12 g, kJ: 1672, kcal: 400

16–24	*große Wirsingblätter (möglichst die Außenblätter)*
2	*Zwiebeln*
2	*Möhren*
200 g	*Tofu*
5–6 EL	*Speiseöl, z. B. Sonnenblumenöl*
60 g	*Butter oder Margarine*
	Salz
	frisch gemahlener Pfeffer
1 EL	*gehackte Liebstöckelblätter (ersatzweise 1 geh. Msp. getrockneter Liebstöckel)*
1 TL	*gemahlener Kümmel*
200 ml	*Gemüsebrühe*
je 1	*kleine, rote und gelbe Paprikaschote*
5 Stängel	*Petersilie*

Außerdem:

Küchengarn oder Rouladennadeln

Zubereitungszeit: 40 Minuten
Garzeit: etwa 40 Minuten

1. Die Wirsingblätter in reichlich kochendem Wasser etwa 5 Minuten blanchieren, anschließend gut abtropfen lassen.

2. Zwiebeln abziehen. Möhren putzen, schälen, abspülen und abtropfen lassen. Zwiebeln, Möhren und Tofu in kleine Würfel schneiden. In einem Topf 2 Esslöffel Öl und 30 g Butter oder Margarine erhitzen. Zwiebel-, Möhren- und Tofuwürfel darin unter gelegentlichem Rühren kurz andünsten. Alles mit Salz, Pfeffer, Liebstöckel und Kümmel würzen.

3. Den Backofen vorheizen.
Ober-/Unterhitze: etwa 180 °C
Heißluft: etwa 160 °C

4. Jeweils 2–3 Wirsingblätter je Roulade übereinanderlegen. Ein Viertel des angedünsteten Tofu-Gemüses daraufgeben, die Blätter seitlich einschlagen und zu Rouladen aufrollen. Die Rouladen mit Küchengarn verschnüren oder mit Rouladennadeln feststecken.

5. Restliches Öl in einem Bräter erhitzen. Die Rouladen darin von allen Seiten kurz anbraten. Die Brühe hinzugießen und den Bräter mit Deckel auf dem Rost in den vorgeheizten Backofen schieben. Die Rouladen **etwa 40 Minuten garen.**

6. In der Zwischenzeit Paprika entstielen, entkernen und die weißen Scheidewände entfernen. Paprika abspülen, abtropfen lassen und in kleine Würfel schneiden. Petersilie abspülen und trocken tupfen.

7. Etwa 10 Minuten vor Ende der Garzeit restliche Butter oder Margarine in einem kleinen Topf zerlassen. Paprikawürfel hinzufügen und kurz darin andünsten. Die Wirsingrouladen mit Paprikawürfeln und Petersilie garnieren.

Beilage: **Gemüse-Kartoffel-Püree** (4 Portionen). Dafür 600 g mehligkochende Kartoffeln schälen, abspülen, abtropfen lassen und in Stücke schneiden. Kartoffeln zugedeckt in einem Topf mit reichlich Wasser und etwas Salz zum Kochen bringen. Kartoffeln etwa 20 Minuten kochen und abgießen. Inzwischen 1 Zwiebel abziehen und fein würfeln. 2 Möhren putzen, schälen, abspülen und abtropfen lassen. Möhren in Scheiben schneiden. 1 Stange Porree (Lauch) putzen. Die Stange längs halbieren, abspülen und abtropfen lassen. Porree in Ringe schneiden. 20 g Butter in einem Topf zerlassen, die Möhrenscheiben und Porreeringe kurz darin andünsten. 100 ml heiße Gemüsebrühe hinzugießen und das Gemüse etwa 10 Minuten garen. Anschließend die Kartoffeln zum Gemüse geben und mit einem Kartoffelstampfer zerdrücken. 20 g Butter und 200 ml heiße Milch nach und nach mit einem Schneebesen unter die Gemüse-Kartoffel-Masse rühren. Püree mit Salz, Pfeffer und Muskatnuss würzen. Je 1 Esslöffel Crème fraîche und frisch gehackte Petersilie unterrühren.

Tipp: Statt Tofu nehmen Sie Schafkäse – so werden die Gemüserouladen noch pikanter im Geschmack.

Zitronenhähnchenauflauf I
Gut vorzubereiten
4 Portionen

Pro Portion:
E: 61 g, F: 50 g, Kh: 22 g, kJ: 3321, kcal: 793

1	Poularde (Fleischhähnchen, etwa 1,25 kg)
	Salz, frisch gemahlener Pfeffer
3 EL	Speiseöl, z. B. Olivenöl
350 g	Kartoffeln
450 g	Möhren
2	Bio-Zitronen (unbehandelt, ungewachst)
300 g	Joghurt
100 g	Schlagsahne
150 g	geriebener Gouda-Käse
1 TL	gerebelter Thymian

Zubereitungszeit: 30 Minuten
Garzeit: etwa 60 Minuten

1. Die Poularde unter fließendem kalten Wasser abspülen, trocken tupfen und in etwa 12 Stücke teilen. Die Poulardenstücke mit Salz und Pfeffer bestreuen. Speiseöl in einer großen Pfanne erhitzen. Die Poulardenstücke darin rundherum anbraten und anschließend in eine flache Auflaufform (gefettet) legen.

2. Den Backofen vorheizen.
Ober-/Unterhitze: etwa 200 °C
Heißluft: etwa 180 °C

3. Kartoffeln schälen, abspülen, abtropfen lassen und in etwa 1 cm große Würfel schneiden. Möhren putzen, schälen, abspülen, abtropfen lassen und in etwa 2 cm lange Stücke schneiden.

4. Zitronen heiß waschen, abtrocknen und in etwa 2 cm dicke Scheiben oder Spalten schneiden. Kartoffelwürfel, Möhrenstücke und Zitronenscheiben oder -spalten zu dem Fleisch in die Auflaufform geben.

5. Joghurt mit Sahne und Käse verrühren, mit Thymian, Salz und Pfeffer würzen und über den Auflauf gießen. Die Form auf dem Rost im unteren Drittel in den vorgeheizten Backofen schieben. Den Auflauf **etwa 60 Minuten garen.**

6. Nach etwa 30 Minuten Garzeit die Backofentemperatur um etwa 20 °C auf Ober-/Unterhitze: etwa 180 °C, Heißluft: etwa 160 °C herunterschalten und den Auflauf fertig garen.

Zucchini, gefüllt mit Hackfleisch

Einfach – für Kinder
4 Portionen

Pro Portion:
E: 33 g, F: 36 g, Kh: 7 g, kJ: 2013, kcal: 480

1 EL	Olivenöl
500 g	Gehacktes (halb Rind-, halb Schweinefleisch)
1	Zwiebel
2	Knoblauchzehen
	Salz
	frisch gemahlener Pfeffer
1–2 TL	Paprikapulver edelsüß
2	Zucchini (etwa 600 g)
4 EL	Olivenöl
2	Fleischtomaten
	gerebelter Oregano
100 g	geriebener Gouda-Käse

Zubereitungszeit: 45 Minuten
Backzeit: etwa 20 Minuten

1. Das Olivenöl erhitzen. Das Gehackte darin anbraten, dabei die Fleischklümpchen mit einer Gabel zerdrücken. Zwiebeln und Knoblauch abziehen, würfeln und mitbraten. Gehacktesmasse mit Salz, Pfeffer und Paprika würzen.

2. Den Backofen vorheizen.
Ober-/Unterhitze: etwa 200 °C
Heißluft: etwa 180 °C

3. Zucchini abspülen, abtrocknen und die Enden abschneiden. Zucchini längs halbieren. Olivenöl in einer großen Pfanne erhitzen und die Zucchinihälften mit der Schnittfläche nach unten darin anbraten.

4. Zucchinihälften aus der Pfanne nehmen, kurz abkühlen lassen. In der Zwischenzeit Tomaten abspülen, abtrocknen, halbieren und die Stängelansätze herausschneiden. Tomaten in Scheiben schneiden.

5. Zucchinihälften mit einem Löffel aushöhlen, sodass ein etwa ½ cm breiter Rand stehen bleibt. Das ausgehöhlte Gemüsefleisch klein schneiden, mit dem Gehackten vermengen und mit den Gewürzen abschmecken. Die Masse in die Zucchinihälften füllen.

6. Die Zucchini nebeneinander in eine flache Auflaufform (gefettet) setzen. Die Tomatenscheiben darauf verteilen, mit Salz, Pfeffer und Oregano bestreuen. Käse darauf verteilen.

7. Die Form auf dem Rost in den vorgeheizten Backofen schieben. Die Zucchini **etwa 20 Minuten überbacken**.

Zucchini mit Couscous-Füllung I
Vegetarisch
4 Portionen

Pro Portion:
E: 23 g, F: 18 g, Kh: 52 g, kJ: 1955, kcal: 463

        2 Zwiebeln
        2 Knoblauchzehen
        3 EL Olivenöl
        2 Dosen stückige Tomaten (je 400 g)
        1 Bund Majoran
        3 Fleischtomaten
        4 mittelgroße Zucchini (je etwa 250 g)
        Salz
        frisch gemahlener Pfeffer
300 ml Gemüsebrühe
250 g Instant-Couscous
        Cayennepfeffer
100 g geriebener Manchego- oder Emmentaler Käse

Zubereitungszeit: 45 Minuten
Garzeit: 15–20 Minuten

1. Zwiebeln und Knoblauch abziehen und in kleine Würfel schneiden. Olivenöl in einem Topf erhitzen. Die Zwiebel- und Knoblauchwürfel darin andünsten. Die Tomatenstücke hinzufügen und unter gelegentlichem Rühren etwa 10 Minuten leicht kochen lassen.

2. Majoran abspülen und trocken tupfen. Die Blättchen von den Stängeln zupfen und fein hacken. Die Tomaten abspülen, abtropfen lassen, kreuzweise einschneiden und mit kochendem Wasser übergießen. Tomaten mit kaltem Wasser abschrecken. Tomaten enthäuten, halbieren, entkernen und Stängelansätze herausschneiden. Fruchtfleisch in Stücke schneiden.

3. Zucchini abspülen, abtrocknen und die Enden abschneiden. Zucchini halbieren. Zucchinihälften leicht aushöhlen und Fruchtfleisch in Würfel schneiden.

4. Den Backofen vorheizen.
Ober-/Unterhitze: etwa 200 °C
Heißluft: etwa 180 °C

5. Majoran unter die Tomatensauce rühren, mit Salz und Pfeffer würzen und Sauce halbieren. Eine Hälfte beiseitestellen. Zu der zweiten Saucenhälfte die Gemüsebrühe gießen, zum Kochen bringen und Couscous, Zucchiniwürfel und Tomatenstücke hinzufügen, mit Salz und Cayennepfeffer würzen. Die Sauce von der Kochstelle nehmen.

6. Die ausgehöhlten Zucchinihälften auf ein Backblech (mit Backpapier belegt) legen und mit Salz und Pfeffer bestreuen. Die Zucchinihälften mit der Couscous-Zucchini-Tomaten-Masse füllen und mit Käse bestreuen. Das Backblech in den vorgeheizten Backofen schieben. Zucchini **15–20 Minuten garen.**

7. Die beiseitegestellte Tomatensauce erhitzen. Die gefüllten Zucchini mit der Sauce servieren.

Zucchini-Cannelloni in leichter Zitronensauce | Raffiniert
4 Portionen

Pro Portion:
E: 20 g, F: 28 g, Kh: 42 g, kJ: 2110, kcal: 504

      1 Zwiebel
      ½ Bio-Zitrone
         (unbehandelt, ungewachst)
  25 g Butter oder Margarine
  25 g Weizenmehl
200 ml Gemüsebrühe
300 ml Milch
        Salz, frisch gemahlener Pfeffer
300 g Zucchini
250 g feines Wurstbrät, z. B. Kalbsbrät
  ½ TL gerebelter Thymian
etwa 16 Cannelloni-Rollen
200 g stückige Tomaten
        (aus dem Tetra Pak®)
  30 g frisch geriebener
        Parmesan-Käse
evtl. etwas frischer Thymian

Zubereitungszeit: 20 Minuten, ohne Ruhezeit
Garzeit: 45–50 Minuten

1. Zwiebel abziehen und in kleine Würfel schneiden. Zitrone heiß abwaschen, abtrocknen, von der Zitronenhälfte die Schale fein abreiben und den Saft auspressen.

2. Den Backofen vorheizen.
Ober-/Unterhitze: etwa 180 °C
Heißluft: etwa 160 °C

3. Die Butter oder Margarine in einem Topf zerlassen. Zwiebelwürfel darin andünsten. Mehl hinzufügen und unter Rühren so lange erhitzen, bis es hellgelb ist. Die Brühe und Milch hinzugießen und mit einem Schneebesen durchschlagen. Dabei darauf achten, dass keine Klümpchen entstehen. Sauce mit etwas Salz, Pfeffer und Zitronenschale würzen. Die Sauce zum Kochen bringen und etwa 3 Minuten bei schwacher Hitze kochen lassen. Zitronensaft unterrühren. Die Sauce würzig abschmecken.

4. Zucchini abspülen, abtrocknen und die Enden abschneiden. Zucchini auf einer groben Haushaltsreibe raspeln. Die Zucchiniraspel in eine Schüssel geben. Wurstbrät und Thymian hinzugeben und gut unterarbeiten. Evtl. mit etwas Pfeffer würzen (nicht salzen, da das Brät bereits gewürzt ist!).

5. Die Zucchini-Brät-Masse evtl. in einen Spritzbeutel mit großer Lochtülle füllen und in die Cannelloni spritzen. Oder Zucchini-Brät-Masse mithilfe eines Löffels in die Cannelloni geben. Cannelloni nebeneinander in eine große Auflaufform (gefettet) legen. Die stückigen Tomaten darauf verteilen und mit der Sauce gleichmäßig übergießen. Parmesan-Käse daraufstreuen.

6. Die Form auf dem Rost in den vorgeheizten Backofen schieben. Die Cannelloni **45–50 Minuten garen.**

7. Die Form aus dem Backofen nehmen. Cannelloni etwa 5 Minuten ruhen lassen.

8. Nach Belieben Thymian abspülen und trocken tupfen. Die Blättchen von den Stängeln zupfen. Zucchini-Cannelloni mit Thymianblättchen bestreut servieren.

Tipp: Lecker würzig wird die Sauce, wenn Sie etwa 2 Esslöffel Röstzwiebeln (aus der Packung) unterrühren.

Zucchini-Pie | Vegetarisch
6 Portionen

Pro Portion:
E: 19 g, F: 44 g, Kh: 27 g, kJ: 2418, kcal: 578

Für den Pie-Boden:
- 200 g Weizenmehl
- 100 g Butter
- 1 Ei (Größe M)
- ½ TL Salz

Für die Füllung:
- 50 g Pinienkerne
- 1 kleines Bund Petersilie
- 200 g Zucchini
- 200 g Doppelrahm-Frischkäse
- 3 Eier (Größe M)
- 2 EL Olivenöl
- 100 g geriebener Gouda-Käse
- 1 TL gerebelter Majoran
- Salz
- frisch gemahlener Pfeffer
- frisch geriebene Muskatnuss
- 1 EL Olivenöl

Zubereitungszeit: 30 Minuten
Backzeit: 35–40 Minuten

1. Für den Pie-Boden Mehl, Butter Ei und Salz mit Handrührgerät mit Knethaken zunächst auf niedriger, dann auf höchster Stufe gut durcharbeiten. Dann kurz auf einer leicht bemehlten Arbeitsfläche zu einen Teig verkneten.

2. Den Teig in eine Tarteform (Ø etwa 26 cm, gefettet) geben und mit leicht bemehlten Händen zu einem Boden ausdrücken, dabei die Ränder hochziehen. Den Teigboden kalt stellen.

3. Für die Füllung Pinienkerne in einer Pfanne ohne Fett goldbraun rösten und auf einen Teller geben.

4. Den Backofen vorheizen.
Ober-/Unterhitze: etwa 200 °C
Heißluft: etwa 180 °C

5. Petersilie abspülen, trocken tupfen und die Blättchen von den Stängeln zupfen. Einige Blättchen zum Garnieren beiseitelegen. Die restlichen Blättchen fein hacken.

6. Zucchini abspülen, abtrocknen und die Enden abschneiden. Zwei Drittel der Zucchini grob raspeln.

7. Frischkäse mit Eiern und Olivenöl in einen Rührbecher geben und glatt rühren. Zucchiniraspel, geriebenen Käse, etwa zwei Drittel der Pinienkerne, gehackte Petersilie und Majoran unterrühren. Die Füllung mit Salz, Pfeffer und Muskatnuss abschmecken.

8. Die Füllung auf dem vorbereiteten Pie-Boden verteilen. Die Form auf dem Rost im unteren Drittel in den vorgeheizten Backofen schieben. Pie **35–40 Minuten backen.**

9. in der Zwischenzeit die restliche Zucchini in dünne Scheiben schneiden. Das Olivenöl in einer Pfanne erhitzen. Die Zucchinischeiben darin von beiden Seiten anbraten.

10. Die gebackene Zucchini-Pie zum Servieren mit den gebratenen Zucchinischeiben, den restliche Pinienkernen und Petersilienblättchen garniert servieren.

Tipp: Statt der Pinienkerne können Sie auch gehackte Walnusskerne verwenden.

Z

Zucchini-Porree-Tarte I
Raffiniert – vegetarisch
4 Portionen

Pro Portion:
E: 15 g, F: 39 g, Kh: 35 g, kJ: 2286, kcal: 546

150 g	Porree (Lauch)
450 g	Zucchini
70 g	mittelalter Gouda-Käse
100 ml	Olivenöl
2 EL	Senfkörner
	frisch gemahlener Pfeffer
120 g	Weizenmehl
30 g	Hartweizengrieß
3 gestr. TL	Dr. Oetker Backin
1 gestr. TL	Salz
50 ml	Buttermilch
2	Eier (Größe M)

Zubereitungszeit: 30 Minuten, ohne Abkühlzeit
Backzeit: 35–40 Minuten

1. Den Porree putzen, der Länge nach durchschneiden, abspülen, abtropfen lassen und quer in etwa 1 cm breite Streifen schneiden. Zucchini abspülen, trocken tupfen und die Enden abschneiden. Zucchini zuerst der Länge nach in etwa ½ cm dicke Scheiben, dann quer in dünne Streifen schneiden. Den Käse auf der Haushaltsreibe reiben.

2. Zwei Esslöffel Olivenöl in einem kleinen Topf erhitzen. Porreestreifen darin zugedeckt etwa 3 Minuten dünsten. Zucchinistreifen und Senfkörner hinzufügen und kurz miterhitzen. Den Topf von der Kochstelle nehmen. Die Gemüsemasse abkühlen lassen, bis sie lauwarm ist. Mit Pfeffer würzen.

3. Den Backofen vorheizen.
Ober-/Unterhitze: etwa 180 °C
Heißluft: etwa 160 °C

4. Für den Teig Mehl, Grieß, Backpulver und Salz in eine Rührschüssel geben und mit einem Schneebesen verrühren. Buttermilch, Eier und restliches Olivenöl dazugeben und mit Handrührgerät mit Rührbesen unterrühren. Jeweils drei Viertel der Gemüsemasse und des geriebenen Käses unter den Teig rühren.

5. Den Teig in eine Tarteform (Ø 26–28 cm, gefettet, mit Semmelbröseln ausgestreut) füllen und glatt streichen. Restliches Gemüse darauf verteilen, mit dem restlichen Käse bestreuen.

6. Die Form auf dem Rost auf mittlerer Einschubleiste in den Backofen schieben. Die Zucchini-Porree-Tarte **35–40 Minuten backen.**

7. Die Form auf einen Kuchenrost stellen. Die Tarte in der Form erkalten lassen. Zum Servieren die Tarte in Stücke schneiden.

Zwiebelkuchen | Klassisch
etwa 8 Stücke

Pro Stück:
E: 22 g, F: 32 g, Kh: 49 g, kJ: 2404, kcal: 575

Für den Hefeteig:
- 250 ml (¼ l) Milch
- 400 g Weizenmehl (Type 550)
- 1 Pck. Dr. Oetker Trockenbackhefe
- 1 TL Zucker
- 2 TL Salz
- 4 EL Speiseöl, z. B. Olivenöl

Für den Belag:
- 1½ kg Gemüsezwiebeln
- 3 EL Speiseöl, z. B. Olivenöl
- Salz, frisch gemahlener Pfeffer
- 1 TL Kümmelsamen
- 150 g durchwachsener Speck oder Frühstücksspeck (Bacon)
- 200 g geriebener Emmentaler Käse
- 3 Eier (Größe M)
- 150 g Crème fraîche

Zubereitungszeit: 45 Minuten, ohne Teiggeh- und Abkühlzeit
Backzeit: etwa 40 Minuten

1. Für den Hefeteig die Milch lauwarm erwärmen. Mehl mit Hefe in einer Rührschüssel sorgfältig vermischen. Zucker, Salz, Öl und lauwarme Milch hinzufügen.

2. Die Zutaten mit Handrührgerät mit Knethaken zunächst auf niedrigster, dann auf höchster Stufe in etwa 5 Minuten zu einem glatten Teig verarbeiten. Den Teig mit Mehl bestäuben und so lange an einem warmen Ort gehen lassen, bis er sich sichtbar vergrößert hat (etwa 20 Minuten).

3. Für den Belag Gemüsezwiebeln abziehen, halbieren und in Scheiben schneiden. Öl in einer großen Pfanne oder einem Topf erhitzen. Die Zwiebeln darin etwa 10 Minuten dünsten, mit Salz und Pfeffer würzen. Kümmel unterrühren. Die Masse etwa 20 Minuten abkühlen lassen.

4. Speck in kleine Würfel schneiden. Die Speckwürfel, Käse, Eier und Crème fraîche unter die Zwiebelmasse rühren, mit Salz und Pfeffer würzen.

5. Den Backofen vorheizen.
Ober-/Unterhitze: etwa 200 °C
Heißluft: etwa 180 °C

6. Teig und Arbeitsfläche leicht mit Mehl bestäuben. Den Teig auf der Arbeitsfläche kurz durchkneten. Den Teig auf einem Backblech (etwa 30 x 40 cm, gefettet) ausrollen, an den Seiten hochdrücken. Den Zwiebelbelag auf den Teig geben und verstreichen.

7. Den Teig nochmals so lange an einem warmen Ort gehen lassen, bis er sich sichtbar vergrößert hat (etwa 15 Minuten).

8. Das Backblech im unteren Drittel in den vorgeheizten Backofen schieben. Den Zwiebelkuchen **etwa 40 Minuten backen.**

9. Den Zwiebelkuchen heiß oder kalt servieren.

Register

Mit Fisch und Meeresfrüchten

Asiatische Lachsstücke	14
Asiatischer Auflauf mit Glasnudeln und Garnelen	15
Cannelloni mit Lachs	44
Doppeltes Fischfilet	54
Dorade, gebacken	55
Fisch Caprese	63
Fisch in der Hülle	64
Fisch, indisch	65
Fisch mit Chipskruste	66
Hamburger Pannfisch	104
Italienische Fisch-Lasagne	108
Kabeljau „ungarisch"	112
Kabeljaufilet „Italienische Art"	113
Kohlrabi-Lachs-Lasagne	135
Krabbenbrötchen, überbacken	137
Kürbis-Fisch-Gratin	139
Lachs mit Spargelkruste	142
Lachsforelle auf Blattspinat	143
Lachspäckchen	144
Makrelen auf Mittelmeerart	150
Makrelenfilets „Bretonische Art"	151
Meeräsche in der Salzkruste	156
Mini-Paprikaschoten mit Fischfüllung	158
Ofenfilet all' italiana	164
Ofenkartoffeln mit Lachs	167
Pfefferlachs	178
Pizza Tonno	186
Porree-Pfifferlings-Fisch	188
Schmorgurken, mit Lachs gefüllt	214
Seelachs alla pizzaiola	231
Seelachsfilet, gefüllt	232
Seelachsfilet mit Frischkäsehaube	233
Seeteufel auf Currywirsing	234

Tilapiafilet „Bordelaise"	249
Tomatenfisch auf Gurkengemüse	253
Tomaten-Krabben-Gratin	255
Tortilla mit Garnelen	126
Tunfisch-Pizza-Toasts	185
Verhülltes Fischfilet	268
Viktoriabarsch auf getrockneten Tomaten	269
Viktoriabarsch mit Möhren-Nuss-Kruste	270

Mit Fleisch

Ananas-Kasseler im Brotteig	6
Asiatische Hackfleischpizza	12
Asiatischer Geflügel-Champignon-Auflauf	16
Auberginen, gebacken	17
Auberginen-1001-Nacht	19
Bauernterrine	25
Bitotschki (russische Frikadellen)	26
Blätterteigpastetchen mit Blutwurst	27
Blätterteigpastetchen mit Leberwurst	27
Blätterteigtaschen mit Hackfleischfüllung	28
Blumenkohlauflauf mit Käsehaube	30
Bohnenauflauf	31
Bohnenauflauf mit Gorgonzola	32
Bohnenauflauf nach Cowboy-Art	33
Brathähnchen	35
Calzone	41
Calzone-Braten	42
Champignons, gefüllt mit Schinken	48
Champignons „italienisch"	173
Chicken-Wings (Hähnchenflügel)	49
Chicorée im Schinkenmantel	50
Crêpes-Auflauf mit Hack und Pilzen	52

Register

Elsässer Bäckerofe	57	Kartoffelauflauf mit Speck	117
Emmentaler Käsekartoffeln	58	Kartoffel-Gemüse-Auflauf	119
Farfalle-Gratin mit Spinat	60	Kartoffel-Hack-Pizza	120
Filetpastete	62	Kartoffel-Porree-Pfanne	121
Fladenbrot-Pizza	67	Kartoffel-Schinken-Tortilla	123
Fladenkuchen mit Lauch	69	Kasseler-Ananas-Pfanne	130
Fleischtomaten mit Austernpilzen und gekochtem Schinken	70	Kichererbsen-Spinat-Gratin	131
		Knoblauchtomaten	133
Frikadellenauflauf	71	Kohlrabi, gefüllt	134
Frikadellentopf	72	Kohlrabi-Schinken-Auflauf	136
Gebackener Sommer	74	Kürbiskuchen	141
Geflügel-Shrimps-Curry in Auberginen	75	Lammhackbraten mit Schafkäse	145
Gemüseplätzchen	82	Lammhaxenauflauf	146
Gemüsezwiebeln mit Pilzen gefüllt	83	Landfrauenauflauf mit Frühlingsquark	147
Geschichtetes Schnitzel-Sahne-Gratin	84	Lasagne	148
Geschmorte Hähnchen mit Datteln	85	Marinierte Hähnchenkeulen mit Rosmarinkartoffeln	155
Gorgonzola-Schnitzel-Pfanne	87		
Griechische Lammsteaks	89	Mexikanischer Blechkuchen	157
Grüner Nudel-Schnitzel-Auflauf	93	Moussaka	159
Hackbraten auf Kartoffelgratin	94	Nackensteaks auf dem Blech	160
Hackbraten vom Blech	95	Nudelauflauf mit Gemüse und Schinken	161
Hähnchen mit Reis-Tomaten-Füllung	97	Ofengulasch mit Möhren und Kartoffeln	166
Hähnchenbrust, mit Mozzarella überbacken	98	Ofentomaten mit Couscous-Füllung	168
		Orangenhähnchen vom Blech	171
Hähnchenbrust mit Pfirsichen	99	Paprika-Reis-Auflauf	175
Hähnchenbrust mit Senfkruste	100	Party-Baguettes	176
Hähnchenbrustfilet in Tomatensauce	101	Pastete mit Schafkäse	177
Hähnchengeschnetzeltes in Zwiebel-Sahne-Sauce	102	Pfifferlings-Steak-Auflauf	179
		Pikant geschmorte Putenkeule	181
Hähnchenkeulen	103	Pizza Amore Mio	183
Hot-Chicken-Pizza	107	Pizza Contadina	183
Italienische Schnitzel	109	Pizza Salami	186
Jägerbällchen	111	Pizza Schinken	186
Kalbsschnitzel im Paprikarahm	114	Pizza-Schnitzel	184
Kartoffelauflauf mit Hackfleisch und Porree	116	Pizza-Toasts	185

283

Register

Provenzalischer Auflauf	189
Putenauflauf	190
Putenauflauf „Schwäbische Art"	191
Putenkeule mit Gemüse	192
Rahmschnitzel mit Zwiebel-Kräuter-Kruste	194
Ravioli-Käse-Auflauf	195
Reisauflauf mit Schafkäse	198
Reisauflauf mit Spargel	199
Riesentoast	202
Roastbeef in Salzkruste	203
Rösti auf Kasseler	204
Runder Schichtbraten	205
Russische Frikadellen (Bitotschki)	26
Salbeihähnchen	171
Salzbraten	206
Sauerkraut-Pie	208
Scheibenbraten, überbacken	210
Schlemmertopf	212
Schnelle Pizza-Brötchen	215
Schneller Mexicana-Auflauf mit Cabanossi	216
Schnitzel aus dem Backofen	217
Schnitzelpfanne	218
Schupfnudeln mit Sauerkraut	221
Schweinefilet im Zwiebelbett	223
Schweinefilet in Käsesauce	224
Schweinefilet mit Spätzle	225
Schweinefiletmedaillons in süßsaurer Pflaumensauce	226
Schweineschnitzel „Jäger Art"	228
Schweizer Kartoffelpfanne	229
Shepherd's Pie	235
Sieben-Pfund-Topf	236
Spargel-Frischkäse-Tarte	237

Spargel-Gratin	238
Spargel-Kartoffel-Auflauf	239
Spargel-Quiche mit Parmaschinken	240
Spiegeleier-Toast	242
Steak-Blech	245
Tandoori-Hähnchenkeulen	103
Texanischer Hackfleischauflauf	248
Toast „Anatolia"	250
Tomaten-Koteletts	254
Tomaten-Wirsing-Tarte	256
Tortellini-Auflauf mit Pesto	259
Tortilla-Auflauf	261
Überbackene Farfalle mit Tomaten-Pesto-Ragout	263
Überbackene Hähnchenstreifen mit Spinat	265
Überbackene Schnitzel in Currysauce	266
Überbackener Hähnchenauflauf mit Camembert	265
Weißkohl-Mett-Lasagne	271
Zitronenhähnchenauflauf	274
Zucchini, gefüllt mit Hackfleisch	275
Zucchini-Cannelloni in leichter Zitronensauce	277
Zwiebelkuchen	281

Ohne Fleisch

Auberginen „französisch"	172
Auberginen-Tomaten-Auflauf	20
Austernpilztoast	22
Backofengemüse	24
Blätterteigtaschen mit Spinat-Schafkäse-Füllung	28
Blechkartoffeln mit Kräuterquark	29

Register

Brotauflauf mit Datteln und Walnusskernen	36
Bunte Quiche mit Kräuter-Eier-Sahne	38
Cannelloni auf Blattspinat	43
Champignonauflauf	45
Champignon-Pizza-Toasts	185
Champignon-Porree-Torte mit Senfquark	46
Chinakohl-Gratin	51
Eier im Béchamel-Safran-Spinatbett	56
Enchiladas	59
Fenchel in Tomatensauce	61
Frühlings-Gemüse-Wähe	73
Gefüllte Paprikaschoten mit Sauerkraut	76
Gelbe Paprikaschoten, gefüllt	76
Gemüse aus der Bratfolie	78
Gemüseauflauf	79
Gemüseauflauf mit Möhren	79
Gemüse-Kartoffel-Fächer	80
Gemüse-Kartoffel-Wedges	81
Gemüse-Ofenschlupfer	201
Geschmortes Ofengemüse mit Walnusspesto	86
Gratinvariationen mit Kartoffeln (Kartoffelgratin)	88
Griechische Schafkäsepastete	90
Italienischer Brotauflauf	110
Kartoffelecken mit Kräutern und Cocktailtomaten	118
Kartoffelgratin	88
Kartoffelgratin mit Champignons	88
Kartoffel-Möhren-Gratin	88
Kartoffel-Schichttorte	122
Kartoffel-Spinat-Gratin	124
Kartoffeltorte	125
Kartoffel-Tortilla	126

Kartoffel-Wedges mit Zaziki	128
Kartoffel-Zucchini-Gratin	129
Kürbis mit Zartweizen, überbacken mit Frischkäse	138
Kürbis-Käsekuchen vom Blech	140
Mallorquinischer Schmortopf	152
Mangold, gebacken	243
Ofengemüse mit Käsehaube	165
Ofenkartoffeln	167
Paprika „Olé" (Paprikaschoten, gefüllt mit Reis)	172
Paprikapastete mit Blätterteig	174
Paprikaschoten, gefüllt mit Reis	172
Pizza Margherita	186
Regenbogen-Lasagne	196
Schafkäse-Tarte	209
Schmorgurken mit Feta-Reis-Füllung	213
Schwarzwurzelauflauf	222
Spargelwähe	73
Spinat vom Blech, gebacken	243
Spinat-Lasagne	148
Spitzkohlauflauf mit Pilzen und Möhren	244
Steinpilz-Crespelle	246
Texas-Auflauf	248
Tomaten „Berner Art"	251
Tomaten-Ciabatta-Lasagne	252
Tortilla mit Spargel vom Blech	260
Tortilla vom Blech	126
Überbackene Erbsen-Püree-Kartoffeln	262
Überbackene Möhren mit Zartweizen	138
Wirsingroulade mit Gemüsefüllung	273
Zucchini mit Couscous-Füllung	276
Zucchini-Pie	278
Zucchini-Porree-Tarte	280
Zwiebel-Tomaten-Toast	22

Register

Süße Mahlzeit

Ananas-Knusper-Mahlzeit.	7
Äpfel mit Karamell.	8
Apfel-Lasagne.	9
Apfel-Quark-Auflauf.	10
Apple-Crumble mit Vanillesauce	11
Auflauf vom Kaiserschmarrn.	21
Bratäpfel.	34
Buchteln.	37
Buchteln mit Pflaumenmus.	37
Grießauflauf mit Obst.	92
Hefebuchteln mit Backobst.	105
Hirseauflauf	106
Kirschmichel	132
Maracuja-Quark-Strudel.	153
Nussauflauf mit Früchten	163
Pfirsich-Kirsch-Gratin	180
Rhabarber-Ofenschlupfer	201
Salzburger Nockerln.	207
Schoko-Kirsch-Crumble	219
Schokoladenauflauf mit Aprikosen.	220
Süßer Milchreisauflauf	247
Süßer Spätzleauflauf	247
Topfenpalatschinken	258

Schnell oder einfach

Ananas-Knusper-Mahlzeit.	7
Äpfel mit Karamell.	8
Apfel-Quark-Auflauf.	10
Asiatische Lachsstücke	14
Asiatischer Auflauf mit Glasnudeln und Garnelen.	15
Auflauf vom Kaiserschmarrn.	21
Austernpilztoast.	22

Blätterteigtaschen mit Hackfleischfüllung.	28
Blätterteigtaschen mit Spinat-Schafkäse-Füllung	28
Blechkartoffeln mit Kräuterquark.	29
Blumenkohlauflauf mit Käsehaube.	30
Bohnenauflauf.	31
Bohnenauflauf mit Gorgonzola	32
Brotauflauf mit Datteln und Walnusskernen	36
Bunte Quiche mit Kräuter-Eier-Sahne . . .	38
Champignon-Pizza-Toasts	185
Chicken-Wings (Hähnchenflügel).	49
Chicorée im Schinkenmantel.	50
Chinakohl-Gratin	51
Doppeltes Fischfilet	54
Emmentaler Käsekartoffeln.	58
Enchiladas	59
Fenchel in Tomatensauce.	61
Fladenbrot-Pizza	67
Fleischtomaten mit Austernpilzen und gekochtem Schinken	70
Frikadellenauflauf	71
Frühlings-Gemüse-Wähe	73
Gemüseplätzchen	82
Geschichtetes Schnitzel-Sahne-Gratin . . .	84
Gorgonzola-Schnitzel-Pfanne	87
Hähnchen mit Reis-Tomaten-Füllung	97
Hähnchenbrust, mit Mozzarella überbacken	98
Hähnchenbrust mit Senfkruste	100
Hähnchenbrustfilet in Tomatensauce	101
Kabeljau „ungarisch"	112
Kabeljaufilet „Italienische Art"	113
Kartoffelecken mit Kräutern und Cocktailtomaten.	118

Register

Kartoffel-Gemüse-Auflauf. 119

Kartoffel-Tortilla. 126

Kartoffel-Wedges mit Zaziki 128

Kartoffel-Zucchini-Gratin 129

Knoblauchtomaten. 133

Kürbis mit Zartweizen, überbacken mit
    Frischkäse. 138

Makrelen auf Mittelmeerart 150

Maracuja-Quark-Strudel. 153

Mexikanischer Blechkuchen 157

Nudelauflauf mit Gemüse und Schinken. . 161

Ofenfilet all' italiana. 164

Ofentomaten mit Couscous-Füllung. 168

Orangenhähnchen vom Blech 171

Pfirsich-Kirsch-Gratin 180

Pikant geschmorte Putenkeule 181

Pizza Margherita 186

Pizza Salami 186

Pizza Schinken 186

Pizza Tonno 186

Pizza-Toasts 185

Pizza-Variationen vom Blech. 186

Porree-Pfifferlings-Fisch 188

Rahmschnitzel mit
    Zwiebel-Kräuter-Kruste. 194

Ravioli-Käse-Auflauf 195

Rösti auf Kasseler 204

Salzburger Nockerln. 207

Schnelle Pizza-Brötchen. 215

Schneller Mexicana-Auflauf
    mit Cabanossi 216

Schnitzel aus dem Backofen. 217

Schokoladenauflauf mit Aprikosen. 220

Schupfnudeln mit Sauerkraut 221

Schweinefilet in Käsesauce 224

Seelachsfilet, gefüllt 232

Seelachsfilet mit Frischkäsehaube. 233

Spargel-Gratin. 238

Spargelwähe. 73

Spiegeleier-Toast. 242

Spinat vom Blech, gebacken. 243

Tilapiafilet „Bordelaise" 249

Toast „Anatolia" 250

Tomatenfisch auf Gurkengemüse 253

Tomaten-Krabben-Gratin 255

Tortellini-Auflauf mit Pesto 259

Tunfisch-Pizza-Toasts 185

Überbackene Farfalle mit
    Tomaten-Pesto-Ragout. 263

Überbackene Möhren mit Zartweizen . . . 138

Viktoriabarsch auf getrockneten Tomaten 269

Zucchini, gefüllt mit Hackfleisch 275

Zwiebel-Tomaten-Toast 22

Mit Alkohol

Bratäpfel. 34

Elsässer Bäckerofe 57

Fisch mit Chipskruste 66

Geschmorte Hähnchen mit Datteln 85

Putenauflauf. 190

Schoko-Kirsch-Crumble. 219

Schweinefiletmedaillons in süßsaurer
    Pflaumensauce 226

Für Fragen, Vorschläge oder Anregungen steht Ihnen der Verbraucherservice der Dr. Oetker Versuchsküche Telefon: 00800 71 72 73 74 Mo.–Fr. 8:00–18:00 Uhr, Sa. 9:00–15:00 Uhr (gebührenfrei in Deutschland) oder die Mitarbeiter des Dr. Oetker Verlages Telefon: +49 (0) 521 520645 Mo.-Fr. 9:00–15:00 Uhr zur Verfügung.

Oder schreiben Sie uns:
Dr. Oetker Verlag KG, Am Bach 11, 33602 Bielefeld oder besuchen Sie uns im Internet unter www.oetker-verlag.de oder www.oetker.de.

Umwelthinweis	Dieses Buch und der Einband wurden auf chlorfrei gebleichtem Papier gedruckt. Die Einschrumpffolie – zum Schutz vor Verschmutzung – ist aus umweltfreundlichem und recyclingfähigem PE-Material.
Copyright	© 2010 by Dr. Oetker Verlag KG, Bielefeld
Redaktion	Andrea Gloß
Innenfotos	Walter Cimbal, Hamburg (S. 128)
	Fotostudio Diercks (Thomas Diercks, Kai Boxhammer, Christiane Krüger), Hamburg (S. 6, 17, 18, 29, 31, 32, 34–36, 39, 47, 49, 50, 53, 55, 56, 59, 61, 65–67, 72, 75, 78, 79, 81, 85, 87, 95–98, 102, 103, 106, 115, 119, 120, 124, 125, 130, 131, 133–135, 137, 139, 140, 142, 143, 149, 150, 153, 156–159, 161, 162, 164, 166–170, 181, 184, 185, 193–195, 200, 203, 207, 209, 213–215, 220, 225, 227, 229–234, 236–239, 242, 244, 245, 249, 251, 254, 257, 259, 260, 263, 264, 267, 272, 277–279, 280)
	Ulli Hartmann, Halle/Westf. (S. 24, 48, 70, 74, 77, 83, 84, 89, 100, 101, 111–113, 116, 117, 122, 144, 145, 147, 151, 152, 160, 165, 171, 189, 191, 198, 204, 206, 212, 223, 224, 228, 247, 269, 276)
	Bela Hoche, Hamburg (S. 14, 82, 255)
	Ulrich Kopp, Sindelfingen (S. 51)
	Bernd Lippert (S. 231, 256)
	Herbert Maass, Hamburg (S. 110, 129, 243)
	Janne Peters, Hamburg (S. 86, 132, 141, 178, 219, 235)
	Antje Plewinski, Berlin (S. 10, 20, 23, 26, 28, 42, 44, 60, 63, 64, 68, 88, 94, 118, 123, 127, 138, 154, 173, 180, 182, 221, 241, 248, 252, 253, 262, 268, 270, 281)
	Christiane Pries, Borgholzhausen (S. 30, 43)
	Hans-Joachim Schmidt, Hamburg (S. 5, 9, 11, 13, 15, 16, 33, 40, 71, 105, 107–109, 121, 136, 146, 175, 179, 187, 188, 190, 197, 199, 205, 211, 216, 222, 246, 261, 271, 274)
	Axel Struwe, Bielefeld (S. 27, 62, 91, 163, 174, 177, 202, 208, 250)
	Norbert Toelle, Bielefeld (S. 7, 69, 80, 92, 93, 104, 176, 217, 218, 258, 275)
	Brigitte Wegner, Bielefeld (S. 8, 21, 25, 37, 38, 45, 54, 57, 58, 73, 90, 201, 265)
Rezeptberatung	Susanne Raht, Hamburg
	Olaf Brummel, Bielefeld
	Annette Elges, Bielefeld
Lektorat	no:vum, Susanne Noll, Leinfelden-Echterdingen
Nährwertberechnungen	Nutri Service, Hennef
Grafisches Konzept und Gestaltung	MDH Haselhorst, Bielefeld
Titelgestaltung	kontur:design GmbH, Bielefeld
Satz und Layout	MDH Haselhorst, Bielefeld
Druck und Bindung	Mohn media Mohndruck GmbH, Gütersloh

Die Autoren haben dieses Buch nach bestem Wissen und Gewissen erarbeitet. Alle Rezepte, Tipps und Ratschläge sind mit Sorgfalt ausgewählt und geprüft. Eine Haftung des Verlages und seiner Beauftragten für alle erdenklichen Schäden an Personen, Sach- und Vermögensgegenständen ist ausgeschlossen.

Nachdruck und Vervielfältigung (z. B. durch Datenträger aller Art) sowie Verbreitung jeglicher Art, auch auszugsweise, ist nur mit ausdrücklicher Genehmigung und Quellenangabe gestattet.

ISBN: 978–3–7670–0719–2